文化と会話スタイル
多文化社会・オーストラリアに見る異文化間コミュニケーション

How Different Are We?
Spoken Discourse in Intercultural Communication

ヘレン・フィッツジェラルド 著

村田泰美 監訳

重光由加・大谷麻美・大塚容子 訳

ひつじ書房

How Different Are We?

Spoken Discourse in Intercultural Communication

by Helen Gay FitzGerald

Copyright © 2003 by Helen FitzGerald

Japanese translation published
by arrangement with Channel View Publications Ltd/Multilingual Matters
through The English Agency (Japan) Ltd.

訳者まえがき

　オーストラリアは「英語で行われる異文化間コミュニケーション」の壮大な実験場である。異なる文化・言語の出身者同士が英語で話す時にどんな問題が起きるのか、そしてその原因はどこにあるのか。このような問題を探る時にオーストラリアは格好のデータを与えてくれる。オーストラリアはよく知られているように、同化融合主義でなく、多文化主義を取り入れており、英語という共通語を共有しつつも移民の出身文化や言語を尊重し、維持しながらオーストラリアで生活を営んでいくことを政策として奨励しているからである。オーストラリアのアングロ・サクソン系、ヨーロッパ系の人口比は低下傾向にあり、逆に中近東、北アフリカ系、アジア系の移民が増えていることから、2025年には非アングロ・サクソン系が全人口の四人に一人を超えると予測されている。しかしオーストラリアでは民族間の争いは相対的に少なく、平和的な共存が今まで実現されてきた。

　移民の英語教育や異文化トレーニングにかかわってきた著者は本書で、移民たちがオーストラリア社会で不利益を受けないためにはどのように「英語的に」振る舞えばよいのかを実際の会話データ分析をもとに明らかにした。彼女の結論には英語について今までほとんど指摘されてこなかった極めて重要な点が含まれている。その結論は、英語は単刀直入なコミュニケーションを好むと思ってきた人には意外に思われるだろう。また人間関係をうまく調整しながら、なるべく円満に話し合いを進めるためには、情報のやりとりができるだけでは、全く不十分なこともわかるであろう。

　本書で扱われているような問題、つまりどのように英語を話せば相手に好印象をあたえるか、そして相手と良好な人間関係を築けるかという問題は、現在の英語教育界ではあまり顧みられていない。しかし、ビジネスやホームスティなどの場面で相手の心証を害さない配慮が必要であることは言を俟た

ない。言語はその文化を反映している。英語には英語の文化がある。それは細かい部分ではあっても、一応知っておく必要がある。

　しかしながら、本書は英語文化に則って話すことを強要するものではない。選択肢となり得るように、英語型のコミュニケーションを教えるべきとするのみである。それを実践するかどうかは、学習者の自主性に委ねればよいと考えるのである。

　本書はまた、外国人のための日本語教育に携わっている人たちに対しても多くの示唆を含んでいる。日本で就業する外国人が、日本人の上司の機嫌を損ねないような口のきき方とはどのようなものなのだろうか。外国人が日本語を話す時には、どのような誤解が起こりやすいのだろうか。外国人労働者人口が増えると予想されている今こそ、日本語を対象として本書のような研究を行う必要性があることに思い至る。

　英語教育や日本語教育に携わる方々はもちろん、異なった言語や文化をもつ人々が英語で語り合うときに、そこにはどのような問題が出てくるのか、その解決策は何かを考えたい方々に是非本書を読んでいただきたいと思う。

村田泰美

はじめに

　異文化間コミュニケーション能力が言語習得において重要であることは、言語教育に携わる人々の共通認識となってきている。そして最近の研究では、語学教育の一環として異文化間コミュニケーションのスキルを教えることが可能なことも明らかにされている。しかし異文化間コミュニケーションのスキルを学んだことによって、それがどのように学習者のコミュニケーションの方法に影響を与えるかを知るためには、実際の異文化間コミュニケーションの場での会話を検証しなければならない。本書では、クラス内で行われた異文化間コミュニケーションが詳細に分析されている。文化的要因とコミュニケーションの方法が深くかかわり合うこと、及び文化によって異なるコミュニケーションの型を学ぶことで、学習者のコミュニケーションの仕方が変容したかどうかを、会話分析の手法を用いて検証したのである。

　これまで異文化間コミュニケーションに関する研究は数多く行われてきたが、その大多数は異文化間コミュニケーションにおける誤解や、コミュニケーション不全を扱うものであった。本書は学習者が効果的な異文化間コミュニケーションを図るための知識を提示し、またそれを教えることが有効であることを示した。研究対象はオーストラリアに限定されるが、オーストラリアでの異文化間コミュニケーションは、その移民の多様性から、極めて複雑な様相を呈している。そして、それはオーストラリアの異文化間コミュニケーションの中身も複雑であることを意味する。オーストラリアでの異文化間コミュニケーションには、英語母語話者が含まれない場合さえあり得るのである。英語を共通言語として用いながら非英語母語話者たちがコミュニケーションを成功させ、コミュニケーションの目的を果たしていく過程の中で異文化間コミュニケーションを捉えた点に、本書の重要性がある。

　しかしながら本書は、異なった文化圏出身の人たちを英語母語話者の型に

はめることを提唱するものではない。英語母語話者の型というのは、数多くある文化の型の一つであり、英語文化出身ではない人が必要に応じて使いこなす参照知識に過ぎないという立場を取る。異文化間コミュニケーションは「英語母語話者 VS 非英語母語話者」と図式化できるほど単純ではない。英語教師に要求されるのは、文化を相対的に捉える見方を教えることであろう。自文化を知り、そして他のさまざまな文化に対してそれを相対化することを教える。その相対関係を念頭において、適切な言語行動を自ら決定できることが、異文化間コミュニケーション能力である。異文化学習というのは単に他の文化を知り、その規範を学ぶという作業ではなく、日常の中で経験する差異への対処法を学ぶ方法論なのである。（抄訳）

アンソニー　J.　リディコート（Anthony J. Liddicoat）

翻訳上の注意

　本文中の英語データの日本語訳は理解を手助けするという目的で記した。そのために基本的な意味を示すだけのものである。発話の重なりなどの表記も省略した。元の英語に間違いがある場合、その間違いが反映されるよう、あえてカタカナで記したところがある。

英語会話データの記号

　文字転記の記号は Du Bois, Cumming & Schuetze-Coburn (1988) からのものを若干変更して使用した。

{　　数字 }	示された同数字のカッコ部分が同時発話であることを示す
x x	聞き取り不能な部分
<u>word</u>	下線の引かれた単語は英語として間違っていることを示す
―	データが省略されている部分
word	太字部分はそこで分析の対象になっているものであることを示す
WORD	大文字は強調されて発音されていることを示す
..	短かめの沈黙
...	長めの沈黙
(*laughter*)	複数会話参加者の笑い
(*laughing*)	話し手の笑い

目次

訳者まえがき　　iii

はじめに　　v

第1章　序論　　1
1.1　研究の目的とその範囲　　1
1.2　本書の構成　　2
1.3　本研究が目指すものと関連する理論　　3
1.4　オーストラリアの移民プログラムと英語教育支援　　6
1.5　異文化間コミュニケーション理論　　10

第2章　本研究で扱うデータ　　13
2.1　会話参加者　　13
2.2　データの収集方法　　15
2.3　データの分析方法　　17
2.4　本研究の会話データに見られる一般的特徴　　18
　2.4.1　場面状況　　18
　2.4.2　適応と同調　　22
　2.4.3　ラポールとユーモア　　22

第3章　文化に見られる価値観の体系化—先行研究　　25
3.1　文化と文化的価値観の定義　　25
3.2　文化的価値観の体系　　27
3.3　集団主義と個人主義　　27
3.4　権力格差　　28

3.5　男性性と女性性　29
　3.6　先天的属性と後天的達成　30
　3.7　問題解決法と意思決定法　30
　3.8　対人関係　31
　3.9　近代化と文化の収れん　33
　3.10　考察　34

第4章　データ分析―会話に影響を与える文化的価値観　37
　4.1　はじめに　37
　4.2　繰り返し出てきたパターン：会話の中に反映される価値観　38
　　4.2.1　グループA：個人より集団を優先する価値観
　　　　　―階層の重要性　38
　　4.2.2　グループB：個人より集団を優先する価値観
　　　　　―教育の高さや性のモラルの重要性　42
　　4.2.3　グループC：個人より集団を優先する価値観
　　　　　―階層と性のモラルの重要性　46
　　4.2.4　グループD：個人より集団を優先する価値観
　　　　　―階層の重要性　50
　　4.2.5　グループE：教育の資格の重要性　52
　4.3　問題の生じた会話―異なった価値観と相容れない世界観　55
　　4.3.1　ペア会話（a）：知識と価値観の共有の欠如　55
　　4.3.2　グループF：文化衝突　63
　　4.3.3　グループG：異なる価値観―説明の失敗例　73
　4.4　文化の違いから生まれるもの　77
　　4.4.1　グループH：多文化社会で必要な妥協点　77
　　4.4.2　グループI：文化的にふさわしい解決方法の発見　82
　　4.4.3　グループJ：別の見方を考える　88
　　4.4.4　考察　92
　4.5　まとめ　94

第5章　コミュニケーション・スタイル―先行研究　99
　5.1　はじめに　99
　5.2　コミュニケーション・スタイルの枠組　101

第6章　データ分析―会話の展開方法とレトリック・ストラテジー　109

- 6.1　はじめに　109
- 6.2　会話の展開方法　109
  - 6.2.1　帰納的な会話の展開（南アジア出身者）：ペア会話（b）　112
  - 6.2.2　帰納的な会話の展開（南アジア出身者）と演繹的な展開（東ヨーロッパ出身者）との対照：グループK　119
  - 6.2.3　反対意見を述べるための帰納的な会話の展開（東南アジア出身者）：グループB　123
  - 6.2.4　会話の展開の三つのタイプ：グループL　127
- 6.3　レトリック・ストラテジー　133
  - 6.3.1　母語のスタイルを反映したレトリック・ストラテジー（中東出身者）：グループF　133
  - 6.3.2　母語のスタイルを反映したレトリック・ストラテジー（中東出身者と南アジア出身者）：グループM　136
- 6.4　考察　142

第7章　データ分析―ターン・テイキングの種類と発話量の差　145

- 7.1　はじめに　145
- 7.2　インタラクションの一般的な特徴　148
- 7.3　高度にかかわり合うスタイルと高度に配慮したスタイル　150
  - 7.3.1　発言権の交代とターン・テイキング：グループB　150
  - 7.3.2　オーバーラップ：グループN　154
- 7.4　ターン・テイキング・スタイル　156
  - 7.4.1　順番に話すタイプと同時に入り乱れて話すタイプの対照的な二つのグループ：グループLとグループO　157
  - 7.4.2　同時に入り乱れて話すタイプ：グループO　159
- 7.5　会話を仕切る人たち　163
  - 7.5.1　会話を仕切る人―失敗例：グループP　163
  - 7.5.2　比較的成功した会話：グループQ　166
- 7.6　考察　172

第8章　データ分析―自己主張、不同意、意見の対立　179

- 8.1　はじめに　179
  - 8.1.1　強い不同意の表明

（東アジア出身男性の例）：グループ A　　　　　　187
　8.2　自己主張と不同意　　　　　　　　　　　　　　　　　192
　　8.2.1　はっきりとした不同意の表明
　　　　　（東南アジア出身女性の例）：グループ N　　　　192
　　8.2.2　自己主張と直接的な不同意の表明
　　　　　（東アジアと東南アジア出身女性の例）：グループ R　199
　8.3　不同意　　　　　　　　　　　　　　　　　　　　　　208
　　8.3.1　融和的な不同意の表明
　　　　　（東南アジア出身男性の例）：グループ B　　　　208
　　8.3.2　融和的だが直接的な不同意の表明
　　　　　（東南アジア出身男性の例）：グループ S　　　　209
　8.4　考察　　　　　　　　　　　　　　　　　　　　　　　214
　8.5　まとめ　　　　　　　　　　　　　　　　　　　　　　218

第 9 章　コミュニケーション能力の養成
　　　　――異文化間コミュニケーションと言語文化コミュニケーション　227
　9.1　どのような能力が教えられるべきか　　　　　　　　　227
　9.2　会話におけるコミュニケーション能力の発達の軌跡　　240
　　9.2.1　トレーニング以前：グループ H　　　　　　　　241
　　9.2.2　トレーニングの中段階：グループ M　　　　　　248
　　9.2.3　トレーニング後：グループ T　　　　　　　　　254
　　9.2.4　英語母語話者と非英語母語話者を交えた会話の成功例：
　　　　　グループ U　　　　　　　　　　　　　　　　　264
　9.3　考察　　　　　　　　　　　　　　　　　　　　　　　273

第 10 章　結論　　　　　　　　　　　　　　　　　　　　　275
　10.1　コンテクストの重要性　　　　　　　　　　　　　　275
　10.2　見えてきたもの　　　　　　　　　　　　　　　　　277
　10.3　教育への応用とトレーニング　　　　　　　　　　　279

補遺1	会話参加者	285
補遺2	問題とタスクの内容	290
補遺3	異文化間コミュニケーションのトレーニング―方法と材料	293
補遺4	「演習2」の解説	322
補遺5	「演習5」の事例研究の解説	324
補遺6	「演習6」の非言語行動に関する解説	326

| 参考文献 | 329 |
| 索　　引 | 341 |

第1章　序論

1.1　研究の目的とその範囲

　異文化間コミュニケーションはその性質上、問題を伴うのが普通である。文化によって異なった価値観やコミュニケーション・スタイルが意思疎通を阻むからである。今まで文化的差異の多くは、観察や質問紙調査などにより明らかにされてきている。本書の目的は、第1に話しことば（spoken discourse）のデータの中でそのような文化的差異がどのように現れたかを探ることである。データの中に現れた文化的価値観やスタイルの特徴は何なのか。それはどの程度コミュニケーションや当事者の人間関係に影響を与えるのだろうか。もう一つの目的は、コミュニケーションを成功させる要因、つまり何が異文化間コミュニケーション能力を構成するのかを明らかにすることである。異文化間コミュニケーション能力が訓練によって開発されることも示したい。本研究から得られる知見は、言語教育や職場研修にさまざまな影響を与える性質のものである。本書の最後には、補遺として異文化間コミュニケーションを成功に導く手助けとなるトレーニングや教材を掲載した。

　本研究で使用したデータはビデオおよびテープに収録されたコーパスであるが、それらはオーストラリア国内の専門職についていて第二言語として英語を使用する移民と、英語母語話者であるオーストラリア人との会話（1対1の会話を含む）である。会話は討論や問題解決を目指すものであった。データの数は多く、合計で76種類、延べ時間数は約40時間、会話の参加者数は移民155名、英語母語話者6名にのぼる。移民の出身地は全大陸、104カ国にわたっている。会話参加者の大半には自らがもつと考える価値観と、自分がより好ましいと感じるコミュニケーション・スタイルについての質問紙調査も行った。これにより参加者が自分でもっていると考える価値観やスタイルと、実際の会話の中で現れたものを比較することができる。

　コミュニケーションの性質はそれが行われる場面状況（situational context）

によって大きく影響を受けるため、本研究は、ある状況下で得られた知見が異なる場面でも適用されるわけではないという前提を基本としている。しかしながらここで扱ったコミュニケーションの状況において、成功例に加えて問題点、文化的差異がきちんと抽出できれば、語学教育や異文化間トレーニングに対して有益な指針を示すことが可能であると考える。

1.2 本書の構成

この章では本書の構成の概略を示し、続けて研究の目的をさらに広く捉えてみる。そのために、背景となるオーストラリアの移民政策と言語支援について述べなければならない。また本書のような研究を扱う分野や、コミュニケーション過程に関する現在の理論についても概説していく。

第2章ではデータの収集方法と分析方法が解説されている。データの会話が行われた場面状況、および会話全体に見られる特徴について述べる。第3章と第4章では文化的価値観を扱う。第3章ではさまざまな文化的価値体系に関する文献を概観し、本書のデータ分析の基礎となる枠組を取り出す。そうすることによって、データの中で現れやすいのはどのような価値観か、そして価値観の衝突が会話にどのような影響をもたらすのかを見ることが可能になる。また文化の多様性が問題解決に肯定的に働く過程についても述べる。第4章では第3章の枠組を使って実際のデータを検証する。

第5、6、7、8章ではコミュニケーション・スタイルを扱う。第5章は文献研究であるが、ここでは異なった枠組や知見を一貫した形にし、続く三つの章の分析の基本となる枠組を作っていく。これらの章では話者が属する文化で典型とされるコミュニケーション・スタイルが表出する箇所、また典型から逸脱している箇所を示すことを目的とする。典型的パターンから逸脱したケースではその理由もあわせて考察を試みる。具体的には第6、7、8章それぞれでコミュニケーション・スタイルにおいて最も重要と考えられる三つの要因、すなわち1)会話の展開方法とレトリック・スタイル、2)ターン・テイキングと発話量、3)意見や不同意に対する態度、についてデータ分析を行う。分析の結果を取り入れて理論的枠組をより精密にし、発展させる。

第9章では異文化間(intercultural)および言語文化特有(linguacultural specific)の、特定のコミュニケーション能力について考え、トレーニングが

どのようにコミュニケーション能力の養成に役立つかを考察する。第10章は本研究で得られた主な知見をまとめ、言語教育やトレーニングへの応用を考える。本書での知見をもとに考案された方法論、および教材は補遺3に掲載した。

1.3　本研究が目指すものと関連する理論

　本書で扱うような異文化間コミュニケーションを分析する目的はいったいどこにあるのだろうか。データには似たような年齢で最終学歴も同じような人々が、あまり上下関係を意識することなく比較的リラックスした雰囲気で話し合いをするサンプルが多量に集積されている。その目的の一つは、このデータから導き出される結果を、他の異なった集団や他の活動の場における異文化間コミュニケーションと比較することが可能になる点にある。また、データの規模が大きいため、今までに行われてきたような小規模なデータに基づく研究よりもさらに包括的な結論を出すことができる点もあげられる（Byrne & FitzGerald 1994、FitzGerald 1996）。

　20世紀最後の10年という時間の中で異文化が出会った時、それぞれの文化の中で最も深く浸透し、保持されている価値観は何なのだろうか。それを探る方法として、高等教育を受け英語能力のある比較的若い移民たちが、英語でのコミュニケーションの過程で自分が育った文化の価値観や信念にどの程度影響を受けているかを検証することは役に立つ。これは convergence debate（異文化が接触し、世界が近代化することによって全ての文化が一つに収れんするかどうかという議論）にも貢献できよう。会話参加者による質問紙調査の回答をもとに、自己申告された考えと実際のやりとりに現れた行動や態度を比較することができるからである。

　さらに、本書のデータには英語母語話者が含まれているため、英語母語話者と非英語母語話者との会話では、非英語母語話者が不利になるという議論についても検証が可能である。国際的な交渉や異文化間の交渉の場では英語が媒介言語になることが多く、これを文化帝国主義の一種であると主張する人たちがいる。たとえば英語能力の違いが力関係を形成し、英語母語話者は自分たちの意見や価値観を表明しやすいのに対し、非英語母語話者は消極的になり、その知能までも否定的に見なされるという議論である（Tsuda

1986)。また異文化接触の場で話し方を微妙に変える英語母語話者は、親切というより相手を馬鹿にしているようで、失礼であると思われるとする研究報告もある(Trifonovitch 1981、Kasper 1997)。

　異文化間コミュニケーションを成功に導く要因が解明できれば、異文化間コミュニケーション能力の具体的な中身がさらにわかりやすくなる。英語におけるコミュニカティブ・コンピテンス(言語運用能力)に関しては優れた研究がなされているが(たとえば Canale & Swain 1980、Bachman 1990)、これはわれわれが目指すものとは少し違う。非英語母語話者は英語文化という点において、どの程度その運用能力を発達させる必要があり、また異文化間コミュニケーション能力はどの程度必要となるのか。たとえば、英語は英語文化から独立して存在するものではなく、もし英語教師が英語の母語話者並みの能力の習得だけを目的とするなら、それは文化帝国主義と解釈されかねないことを忘れてはならない。多文化主義の社会では英語のネイティブ並みの能力だけを目指すのは適切ではない。なぜなら、それは英語母語話者なら他の文化集団について何も学ぶ必要はなく、また英語学習者がコミュニケーションで問題をもつのは英語の母語話者と話す時だけであり、非英語母語話者同士ではたとえ出身文化が違っていてもコミュニケーション上は問題が発生しないという考えを前提としているからである。

　本書で主張するのは、英語の授業においては、異なった言語には異なった文化的価値観が内在していること、その価値観は言語を形作り、言語に意味をもたせ、コミュニケーション・スタイルを含めたさまざまな行動に影響を与えるものであることを明確に学習者に伝えなければならないということである。ただ単に英語に接しているだけで学習者が文化的レベルまで理解を深めることはない。教える側が言語に含まれている考え方を明示的に説明しなければ、学ぶ側は自己の文化的価値観をものさしにして判断を下すことになり、結果的に英語に対して侮蔑的な気持ちを抱いたり、敵意さえもつようになることもある。学ぶ者がどの程度までの文化的適応を望むのか、たとえば英語のコミュニケーション・スタイルをどのくらい取り入れたいかを考えさせ、自ら決定できるように文化的な気づきや理解を促すことが重要である。英語というリンガ・フランカ(共通言語)で行われる実際の会話の中で起こった齟齬や問題点を取り上げ分析することで得られた結果は、英語教育に生かされてこそ意味がある。

本研究の結果は異文化に対する認識や知識を高める異文化対応トレーニングにすぐに応用できるものである。実際の例はコミュニケーションの問題点を浮かび上らせるのに有効で、問題を起こしている会話スクリプトを分析することで問題点が生き生きとよみがえり、克服すべき方策を探る助けとなる。現在は、英語母語話者と非英語母語話者の双方にとってこのような異文化対応訓練がますます必要となってくる時代である。たとえば、異なった背景をもつ人々の集団と同一文化の人々の集団を比較した場合、同一文化集団の考え方は同質であるがゆえに限定的だが、異文化集団は異質な分、斬新な考えを出しやすく生産性の高い集団になるという事実が広く認識されてきている。しかし異文化集団が生産的になるためには、集団のメンバーが異文化間に伴う問題への対応の仕方をわきまえていることが条件となる。さもなければ、異文化はストレスや、不信感、誤解ばかりを生み出し、かえって生産性を下げてしまうだろう（たとえば Adler 1991、Cox & Blake 1991、Gudykunst 1991、Watson 他 1998）。実際のところ異文化接触の場においては、お互いが相手に関してなるべく多くの知識をもち、しかも異文化間コミュニケーションでは確実に誤解が起きるという態度で接して初めてコミュニケーションが成り立つと言われている（たとえば Sarbaugh 1979、Scollon & Scollon 1995、Smith 1987、Tannen 1981）。Tannen は異文化間コミュニケーションの過程で相手の性格を判断するときの困難さを指摘し、相手の文化に関する知識をもつことが必須であると述べているが、実際相手が依拠する標準を知らなければ、相手の言語行動が標準からどのくらい乖離しているか知ることはできない。

　異文化を解釈し、その対応スキルを発達させる基礎固めのためには、文化集団を大きく分類して一般化し、構成員の共通要素を抽出することが必要となる。社会心理学では、このアプローチは個人に気づきをもたらし、日常のやりとりの中で異文化対応をする際に不可欠な知識を与えてくれるものとして支持されている。この方法をステレオタイプ化を促進するものとして排除してしまうと、異文化対応トレーニングは、政治的に正しくても、事実に基づかない、脆弱で曖昧なものとなる危険性がある。人々が異文化の一般化に目をつぶりたがる時、実はそこに自民族至上主義の考えが潜んでいることが多い。つまり自文化と異なるものを劣ったものと見なし、違いを知ることはステレオタイプ化された少数集団に対する否定的な見方につながると考える

からこそ、文化集団の一般化を拒むのである。しかし自文化至上的な考えをする人も異文化対応トレーニングを積み、自分の文化と異なる価値観に対して肯定的な目を養い、どのコミュニケーション・スタイルにも弱点や長所があることを学ぶことで、偏見は少なくなっていく。筆者は今まで英語教育や企業研修を通して、文化類型や、本書で説明されている文化分類がいかに有効であるかを、いろいろな文化背景をもつ学習者や受講者から直接聞かされてきた。彼らは今まで不可解であった相手の行動が、実は文化的な要因から発していたと、やっとわかったと言って安堵するのである。また長期にわたって異文化に身をおいている人たちからも、さまざまな異文化の中での経験を異なった目で解釈し理解できるようになったと、何度となく言われてきた。ステレオタイプ化だという批判に対しては、ステレオタイプを無視することがかえって異文化に対する理解を妨げることがあること、そしてステレオタイプに目をつぶっても、それがもつ影響力がなくなることはないことを指摘しておく。文化を類型化し賢明にそれを応用することで他文化を理解し、また必要に応じて類型化そのものを変更していけばよいと考えるのである。

　本書のように異文化間リテラシー（Luce & Smith 1987）を追求するアプローチは、同化主義的アプローチに内在するような危険性を含まない。異文化間リテラシーを習得するには、全ての市民、そこで出生した人々も外から移民としてきた人々も、文化が我々の行動に大きく影響することを学ばなければならないからである。行動に対する文化的影響を学ぶことによって自文化の特徴を意識し、同じことを行うにも他にいろいろなやり方があることを理解するだろう。その知識を基に異文化の人々と効果的にコミュニケーションをとるスキルを学べば、たとえ文化が大きく違ったとしても意思疎通に問題が起こることは少なくなるのである。

1.4　オーストラリアの移民プログラムと英語教育支援

　このような研究をするユニークな機会がなぜオーストラリアにあり、なぜオーストラリアでは実用レベルでこの種の研究を必要としているのか。理由の一つは現在のオーストラリアでは、歴史上かかわりをもったことが無く、かつ他の文化集団や英語母語話者集団とは異なるコミュニケーション・スタイルをもった人々のやりとりが見られるからである。こういう状況があるの

は、1945年以降の人口構成の激しい変化により、オーストラリアが世界で最も多様性に富む国の一つとなったからである。オーストラリアと同じ変化を遂げるのに、アメリカは6世代、カナダは3世代分の時間がかかった。1945年までのオーストラリアの人口は98%が英国出身者であったが、それ以降の新しい入植者たちの出身国は200カ国以上に上っている (Zubrzycki 1995)。オーストラリア移民省 (Department of Immigration and Multicultural Affaires 略して DIMA) の統計によれば1945年以降オーストラリアに入植したり、難民として渡ってきた人々は約560万人を数える。戦後50年以上にわたる移民政策でオーストラリアの人口は700万人から1850万人となった。1997年6月30日の時点で全人口の23.8%が外国生まれで、その内訳は英国およびアイルランドが6.2%、ヨーロッパが6.8%、アジアが5.3%、オセアニアが2.3%、中東と北アフリカが1.2%、その他が2%となっている。

　オーストラリアの雇用現場は、世界で最も文化的多様性に富む雇用現場の一つである。85%以上の職場には4カ国からの出身者が働いており、28%には11カ国からの出身者を数える (Byrne 1999)。移民奨励政策の初期の頃には、移民は非熟練職で人気のない分野に固まっていたが、今日では労働人口の4分の1を占め、ほとんどの職域にその存在が見られるようになった。

　1970年代以来、オーストラリアはそれまでの同化融和主義政策を多文化主義政策に改めてきた。多文化主義は多様性を歓迎する。多文化主義政策は、オーストラリア国家への義務とオーストラリアの民主主義の基本と価値観を共有するという大きなくくりにおいて、全てのオーストラリア人が出身文化を表明し保持する権利を認め、尊重するものである (National Multicultural Advisory Committee Report 国家多文化審議委員会報告書 1999)。多文化主義が奨励されても、現実はそれぞれの民族集団が独立して社会に存在しているのではない。社会には共通したオーストラリア式のやり方があり、「はっきりと認識できるオーストラリア文化、たとえば海外からオーストラリアへ帰ると、オーストラリア的と感じる何かが現実にある」(DIMA 1998) のである。その原因の一つは人種間の婚姻が多いことであろう。1980年代後半に人口学者の Charles Price はオーストラリアの人口を47%の英国系 (伝統的なオーストラリア人)、23%の非英語系移民、30%の両者の混血というふうに3分類した。その時点で両者の混血がすでに移民人口より多かったが、混血はその後も増え続け、最大比率の人口になりつつあ

る(Cosic 1994)。オーストラリアの5組に一組の婚姻は海外で生まれた者とオーストラリア生まれの者のカップルである。移民の子どもたち(つまり片親または両親が移民である子ども)の4分の3は自分とは異なる民族出身の者と結婚する(Gunn 1997)。

　オーストラリア的だと感じさせるもう一つの原因は、単一言語の社会と多文化主義は両立できるという信念であろう。コミュニティーの言語や外国語を学ぶことは義務づけられていない一方で、オーストラリアの通商や経済的な関係を強めるものとして、オーストラリア政府はアジア系の言語の学習に補助金を出している。またオーストラリアでは移民の多く、特にその二世たちが経済社会的な成功を収めていることも、オーストラリア的なものの実体の原因である。戦後に移民して来た人々はオーストラリア高額所得者番付で目立っているし、ある研究では南ヨーロッパからの移民二世たちはどの種類のオーストラリア人よりも成功しているという結果が出ている(Collins 1998)。歴史家のJohn Hirst(2001: 13)は、移民たちがやってきた社会は「平等主義で階層意識が薄く、社会へ受容されるのに出身背景は関係ないと考える社会であった。1940年代までオーストラリアは白豪主義を維持していたが、いったん移民が到来し始めると、移民たちはただちに受け入れられたのである」と記述している。差別や反駁はあったし、現在も移民が不利益を受けることはある。しかし「移住の過程がこのように比較的無難に平穏に運んだ国は他にないのである」(Zubrzycki 1995: 18)。

　移民政策が成功裏に運んだのは、定住のためのサービスと英語教育の支援によることころが大きい。成人移住者英語プログラム(The Adult Migrant English Program 略してAMEP)は1948年に始まった。この英語プログラムの趣旨は就職に必要な英語を移民たちに教えることであった。初期の段階ではオーストラリアに渡る船の中で英語が教えられたり、ラジオの通信教育によって英語が教えられたりしていた。近年ではテレビ番組と教室での授業が主な教育方法となっている。プログラムの50周年を記念する1998年には、AMEPは98億ドルの予算を使い、84の異種言語にまたがる38,000人の学習者に対して900万時間の英語教育を実施したことになる。他にもさまざまな政府系団体が英語教育支援を行っている(職場の特定のニーズにあった英語や、勉学のための英語であることが多い)。英語学習支援の一環として1983年には無料保育も導入された。通信教育や、ラジオやテレビを通して

AMEP の英語教育は誰にとってもアクセスしやすいものとなり、1974年からは英語教育の訓練を受けたボランティアによる Home Tutor Scheme（家庭内授業制度）も広く行われるようになっている（DIMA 2000）。

オーストラリアの雇用現場が文化的多様性あふれる場所であることは先にも述べた。移民してきたばかりの人々の小集団における問題解決の過程について研究すれば、移民たちにとって実用的なレベルで必要とされる英語が何かを特定できるだろう。会社の効率化を図るためには、うまくコミュニケーションをとれること、問題解決のスキルをもっていること、チームワークや会議を執行するスキルがあることが、必要だと考えられている。たとえばチームを基にした組織構造は、今や役員会から工場現場に至るまで普通に見られる。実際、チーム一丸となって問題を特定し、その解決策を共同で考えることが、職場では鍵とされるコミュニケーション能力なのである（National Office of Overseas Skills Recognition 略して NOOSR 1992）。ところが、この肝心なところで異文化を背景にもつ者が不利になるとされる（Willing 1992）。きちんとした研究知見に基づいた教育をすれば、移民たちが現実や職場で求められていることを理解する助けになるだろう。Millen, O'Grady & Porter（1992）によれば、オーストラリアの組織における上層部の移民比率は、オーストラリア全体の人口における移民比率より低くなっているという。彼らはその原因を職場のやりとりにおいて、文化やコミュニケーション・スタイルの相違が起こす誤解が積算されていく結果だとしている。関係者全員に対してトレーニングを行うことがこの問題の解決に役立つし、ひいては移民たちのもてるスキルが国家の利益へとつながることになっていく。

また、競争的な職場はもはやオーストラリア国内だけにとどまらない。英語母語話者も非英語母語話者も多国籍企業や国際組織やジョイント・ベンチャーや戦略的なパートナーシップの中で、対面会議はもちろん、E メールやファックスをやりとりし、テレビ会議に出席しながら仕事を遂行していく状況がある。そうなったとき、異文化間コミュニケーションのトレーニングを受けておくことは移民出身いかんにかかわらず、全てのオーストラリア人にとって有益であろう。さらに、海外留学生市場はオーストラリア内で成長を続けており、オーストラリアの第3の輸出サービス産業となっている。そのことは、教育する側にも留学生にも異文化間コミュニケーション能力が

必要となったことを意味する。外国人学生のための英語コース(The English Language Intensive Courses for Overseas Students 略して ELICOS)はこの市場の中の一角に過ぎない。

1.5 異文化間コミュニケーション理論

　異文化間コミュニケーションを研究しようとすると、研究に関連する分野が複数の研究分野にまたがることに戸惑う。Agar (1994: 222) が述べているように、異文化間コミュニケーションの研究文献は「合意や共通の焦点がないまま莫大で多様」に膨れ上がっている。さらに研究の上で問題なのは、分析に用いることのできる一貫して、かつ共有された理論がないことである (Knapp & Knapp-Potthoff 1987)。従って本研究を遂行するにあたっては、異なった分野を横断して文献を調査することになった。具体的に列挙すると、人類学、異文化間語用論、異文化心理学、コミュニケーション学、社会言語学、会話分析、マネージメント学などであるが、実際に現在コミュニケーションの過程に関して合意されている事項は、心理言語学や認知論などのさまざまな分野からの知見を基に形成されたものである。以下にコミュニケーションに関して合意を得ている部分を簡単にまとめてみよう。

　かつては話しことばを通じてのコミュニケーションの過程とは、人がもっている思考をことばにし、相手に伝えることであると見なされていた。コミュニケーションは荷物を送るのと同じように捉えられていたわけである。したがって思考が伝えられるためのことばさえ知っていれば、何の努力もなく相手の思考を解読できると考えたのである (Green 1989、Reddy 1979)。今ではコミュニケーションの過程をこのように捉えるのは大きな間違いであることがわかっている。コミュニケーションは単なることばという記号の発信、そしてその解読という単純明快な作業ではなく、はるかに複雑である。どのような条件のコミュニケーションであれ、コミュニケーションは問題を内在すると考えられるが、異なる文化背景をもつもの同士であれば問題はさらに複雑になる。コミュニケーションの研究者は現在では会話をジョイント・ベンチャーのように捉えており、会話から発生するさまざまな状況は会話者全員のやりとりの結果に由来すると考える。会話を通して伝わる意味はことばだけで伝えられるのでなく、聞き手がことばをどう解釈するかによっ

ても変わるのである。会話に従事するものは意味を汲み取るために、相手が伝えた意味に関して絶えず判断を下したり、判断を適宜変えながら解釈し、これから相手が何を言うかを予想しながら会話を行う。

　また会話者が予想をしたり、解釈をする際に必要な知識はランダムに蓄積されているのでなく、スキーマやフレームといった知識組織(knowledge structure)として整理されて存在すると考えられている。スキーマとは会話をするときに人が使う社会や文化に関する知識のことで、この中には個人的な経験も含まれる。スキーマには世界に関する客観的な知識も入っているが、大半は自己が過ごしてきた文化や社会の中で獲得された信条や、価値観や、コミュニケーション行動パターンで成り立っている。フレームとは話し手が伝達しようとする意図と聞き手が行う解釈を指す(たとえばBrown & Levinson 1987、Gumperz 1978、1982、1992a、1996、Scollon & Scollon 1995、Roberts 他 1992、Tannen 1989、1993)。

　本研究はいろいろな分野からの知見を参考にするが、データ分析に当たっては前述した分野の特定のアプローチに従うわけではないことを強調しておく。たとえばある分野に典型的に見られるような、会話の詳細な分析を試みるものではない。そういった分析は本研究で明らかにしようとする目的のためには必要ではないからである。そのため本書に記述されている会話はAntaki(1988: 110)が言うような「日常会話の単語の羅列を文字化したもの」のレベルにとどまる。またコンテクストや会話の状況の重要性にも言及しておこう。Jayasuria(1991)が議論しているように、文化的なアイデンティティーや文化に影響を受けた行動は、同一人物においても一定ではない。状況に応じて出現する性質のものであるので、それらが出やすい状況やそうでない状況があるのである。また、コミュニケーションが成立するか、失敗に終わるかについてもコンテクストによるところが大きい。次の章では本研究の対象となった会話のコンテクストやその他の情報を詳しく紹介していく。

第 2 章　本研究で扱うデータ

2.1　会話参加者

　前章で述べたように、ビデオおよび音声テープに収録された会話の参加者は非英語母語話者と英語母語話者の両者である。非英語母語話者の会話参加者は、第二言語としての英語（ESL）コースを履修しているオーストラリア国内の移民と難民である。移民か難民かでグループ分けをしなかったので、教師も学生も誰が移民で誰が難民であるかは知らなかった。ほとんどの会話参加者はこの英語コースの履修がオーストラリアにおける初めての英語学習であり、一般英語クラス（Orientation class）に在籍していた。就職向け英語クラス（English for Professional Employment（EPE）class）を履修していた会話参加者もいたが、その中にもこの就職向け英語クラスがオーストラリアにおける最初の英語クラスであるという者がいた。就職向け英語クラスの会話参加者の中には英語能力が高く、一般英語コースに適切なレベルが無かったために就職向け英語クラスに振り分けられた者もいた。また、この就職向け英語クラスには、前段階のクラス（通常、一般英語クラス）を修了したうえで履修している参加者もおり、そのような参加者はよりレベルの高いコースを同時に複数履修していた。会話参加者の中には渡豪時には全く英語ができなかったという者もいたが、ほとんどはデータ収集をした時点で、オーストラリア在住期間が 6 ヶ月未満であったにもかかわらず、会話力は中級レベルであった。一般英語クラスで在住期間が 6 ヶ月以上になっていた学生は、妊娠または仕事上の都合で、それ以前に授業が受けられなかった者たちである。就職向け英語クラスの会話参加者は、わずかの例外を除いて、オーストラリア在住経験が 2 年以内であった。前述したように英語能力のレベルに適した一般英語クラスがなかったために、渡豪後すぐに、就職向け英語クラスに入った学生もいる。

　会話参加者の年齢は、6 人を除き 20 代から 40 代で、母国で最低でも 12

年間の教育を受けていた。多くの会話参加者はそれ以上の高等教育を受けており、博士号取得者も二人いた。会話参加者のほとんどは渡豪前に熟練した技術が必要とされる仕事や専門職についていた。職種では技術者が多く、その他に医者、科学者、大学講師、ジャーナリスト、コンピュータ専門家やプログラマー、ビジネスマン、技術専門家、看護師、ソーシャルワーカー、事務職員、音楽家、教師、芸術家や映画監督がいた。会話参加者は皆、できればすぐにでも、また場合によってはもっと職業訓練を積んだり再訓練をしたりした後で、オーストラリアでも母国と同様の職業につくことを望んでいた。学生の多くは、英語のほかにもう一つ、またはそれ以上の言語を使うことができた。英語を話す能力はオーストラリアの第二言語能力評価段階（Australian Second Language Proficiency Rating Scale、Ingram & Wylie 1984）で、1+ から 3 であった。評価段階 1+ というのは、日常生活を営むための最小限の英語能力があることを示し、評価 2 は最小限の社会的英語能力、評価 3 は最小限の専門的英語能力があることを示している。「中級レベル」という記述は、大体 1+ から 2+ に相当し、「上級レベル」というのは、2+ から 3 に相当するであろう。今回の就職向け英語クラスの学生はだいたい評価 2 以上の能力があり、一般英語クラスの学生はクラス開始当初、評価 1+ の能力であった。後の章のデータ分析では、会話グループ構成員が就職向け英語クラスを履修している者で、一般英語クラスの参加者より高い英語力をもっていると考えられる場合はそれを明記した。

　会話参加者の中には、英語を話す能力の高い学生もいたが、そのような学生が英語の授業を履修しているのはオーストラリア英語やオーストラリアの慣用句に慣れていないために問題を抱えていたり、話す能力以外の能力、とりわけ書く能力が劣っていたりしたためである。実際のところ会話参加者の多くは、オーストラリアの教育機関や職場で好まれる文書スタイルに関して無知であったり、人事選考の過程やその基をなす暗黙の前提や期待についての知識が無かったりした。

　会話に参加した 6 人の英語母語話者はさまざまな年齢層の大学生で、非英語母語話者同様、20 代から 40 代である。うち二人は就業の経験があった。6 人とも、アングロ・サクソン系で、四人がオーストラリア生まれのオーストラリア育ち、残りの二人はイギリス生まれのオーストラリア育ちであった。この 6 人の英語母語話者には、無償ボランティアで議論に参加した者

と、若干の謝金をもらった者がいたが、謝金の有無にかかわらず6人とも議論に快く参加し、今回の調査に対し関心をもっていた。

23ページの表2.1は非英語母語話者の出身国とその人数を示す。この表からわかるように、出身国は多岐にわたっている。個人情報にかかわる事柄であるので、非英語母語話者の出身国は分析の中では明記せず、どの地理的位置に属しているかという大まかな分類にとどめている。仮名を使用するのも同様の理由からである。人数が一番多いのは43人の東・中央ヨーロッパの人々である。主に旧ユーゴスラビア人であるが、「東ヨーロッパ出身者」と言えば、この集団を指すことになる。西ヨーロッパ、スカンジナビア出身者が5人おり、この集団を「西ヨーロッパ出身者」と呼ぶことにする。わずかではあるが、ある一つの国からの会話参加者が多人数いるというケースがあり、その場合にはデータ分析で実際の出身国名を使用した。

2.2 データの収集方法

コーパスはグループ会話とペア会話の2種類に大別される。グループ会話は18本のビデオテープと43本の音声テープに収録されている。グループ会話は通常、参加者が4〜5人でさまざまな問題について議論するものである。ペア会話は音声テープの15本である。会話の中身はある問題や論点について議論するか、「会話を行う」ものであるが、それぞれの会話のデータは20〜50分で、大半は30〜40分間のものである。本書ではこれらのデータの中から23種類の会話が分析対象とされたので、分析データに含まれる会話参加者は、非英語母語話者70人と英語母語話者4人となった。この合計74人の会話参加者の詳細は補遺1に記載した。

会話収録には学校の教室か教師の自宅の個室を使い、通常の授業時間帯に録音または録画された。議論ができるだけ自然に、かつ自由に展開するように、教師は収録機器を設置した後、学生をグループやペアに分け、タスクを完成するように指示してから退室した。タスクには問題点を議論したり、問題を解決したりするものが含まれている。タスクの目的は会話管理技能（discourse management skills）を含めたコミュニケーション能力（communicative competence）を養成することである。このようなコミュニケーション能力は職場で的確に仕事を遂行するために必要とされる能力であ

る。機会があるたびに、学生たちのこれらの活動を収録し、時によっては文字化した。また、学生に録画を見せたり録音を聞かせたり、文字化されたものを読むように指示して、自分の活動を評価させることもあった。自己診断「チェック・シート」の記入を求めることもあった。

　このような会話を収録したクラスでは、どのクラスの学生も授業期間中に、異文化間コミュニケーションや、オーストラリアの職場や大学で好まれるコミュニケーションのタイプに関する課題に取り組んだ。ここでいう異文化間コミュニケーションとはさまざまな文化的価値観やコミュニケーション・スタイルを扱ったものであるが、多くの学生からこの課題に関係する事項について前もって質問紙調査で回答を得ておいた。この質問紙調査の第一の目的は、学生がもっていた自分自身の文化的価値観やコミュニケーション・スタイルについて意識を高め、考えさせることであった。分析の章で示されている抜粋例の基となるテープは、ほとんど異文化トレーニングの前に収録されたものである。そうでない場合には、データ分析のときに明記する。質問紙や自己診断シートから得られた情報が分析に関係する場合には、その都度、言及する。後ほど明らかになるが、このデータの収集にかかった何年かの間に質問紙のタイプは変化した。というのは、この研究によって明らかになったことを逐次的に利用し、それに伴って異なった異文化間対応トレーニングを試行してきたからである。質問紙を宿題とした場合もあったり、質問紙調査を行う時に欠席していた学生やコースをすでにやめていた学生もいたため、会話参加者全員がこの質問紙に回答したわけではない。本書では会話参加者のものの見方や、会話参加者のコミュニケーション行動を理解するのに有益だと思われる時だけ、必要に応じて参加者の回答を示す。このような質問紙の回答を見ることによって、参加者自身が報告した態度や好みと、コミュニケーション上の会話の中で実際に現れた態度や好みを比較することも可能となる。

　データとなった原集団は 16 種類の問題について議論した。これらのうち、本書のデータ分析で示されている抜粋例には八つの問題 (23 ページ表 2.2) が含まれている。それぞれの問題とタスクの内容は巻末の補遺 2 に示す。

　言語やコミュニケーションの研究では自然に発生した会話が最良のデータになると一般に考えられている。ここで収集された議論や会話はそのような

自然な会話に非常に近いものであるが、次のような問題点を含んでいる。まず、教師がこのような議論や会話をするよう設定し、問題や話題を決めていること、そして、いくつかの会話がロールプレイであるということである。しかし、ロールプレイという状況設定はコミュニケーションの文化規範を反映し、本来の会話に近い特徴が多く現れるということを示した研究がある（Clyne 1985、Kasper & Dahl 1991）。また、職場の会議では審議事項は前もって決められており、列記されているのが普通である。本研究のデータの会話の中で議論している問題が、参加者が直接関与しているものではないことも問題点と考えられるかもしれない。このことは当然、ある種の不自然さを生むし、ビデオカメラやカセットテープレコーダーやマイクが存在することも不自然なことである。このような問題点があることは否定しようがないが、多くの場合、当初落ち着かなく窮屈な様子の会話参加者もすぐに話題に夢中になったことも事実である。議論は極めて白熱し、会話参加者は現実味を帯びた関心事のように感情的になることさえあった。そして、他の会話参加者を説得しようとしたり、解決策を探ったり、合意点を見つけようとしたりしたのである。このような熱中ぶりは頻繁に見られ、会話参加者はテープの録音時間が終わっているのにも気づかずテープの交換を忘れ、そのまま議論を続けることも多かった。

2.3　データの分析方法

　録音された資料はすべて最低2回の聞き取りを行った。中には2回以上聞いたものもある。そして、それぞれの会話の一般的特徴を書き取った。その中で特に興味深い特徴をもっていると思われたテープは文字化した。全てを文字化したものもあれば、部分的に文字化したものもあり、英語クラスでの話し合いの材料として文字化したものもある。本書で示したものはいくつかの会話の抜粋にすぎないが、解釈や結論は全体のコーパスをデータとして導き出したものであり、それらはまた筆者の長年にわたるオーストラリアとアジアの両地域における学習者との会話や観察も踏まえている。

　本書で使ったデータのコーパスは数年にわたって収集されたものであり、当初の目的は別のところにあったこと、また多数の会話参加者がかかわっていることから、ひとつひとつのデータに対して会話参加者の反応を確認する

ことはできなかった。会話参加者が文化的価値観やコミュニケーション・スタイルに関する質問紙調査やコミュニケーション行動についての自己診断シートに記入したコメントや回答は、本研究の分析で導き出された結論を支持するものであるが、それはまた、筆者自身の分析も文化に縛られたものであることを意味する。しかし、この方法の強みはデータによる具体的な裏づけを取ることができるところにある。もし分析者の説明が独断であったり、偏向したりしていてデータが確認できない場合には、読者はそれを証拠に基づいたものではないと判断することができるのである。

　ある会話がコミュニケーションとして成功したと見なす判断に関しても、主観的要素が入る可能性があるので、最初に何をもって成功例とするのかを定義しておく必要がある。本研究ではデータ内の会話に関連して次の特徴が観察できる時に成功した会話であると評価した。まず会話参加者間でラポール（訳注　気持ちの通い合い）が構築されたこと、ユーモアが共有できていること、誤解や摩擦が無いこと（会話参加者間に不調和が生み出されそうな時でも、危機がうまく処理された場合は摩擦が無いとした）、与えられたタスクを完成させた（答えを出したり、結論を出したりすることができた）ことである。

　本書のような研究の問題点は、さまざまな文化背景をもつ会話参加者の行動や他の文化の価値観、およびコミュニケーション・スタイルを記述、比較しようとする時に、それ自体文化的な偏りをもった特定の言語を使用しなければならないことである。ある文化の言語では肯定的な用語で表現されるようなコミュニケーション行動や価値を英語で記述しなければならない時、その英語の単語が侮蔑的な意味合いをもっているかもしれない。このようなメタ言語の問題に関しては、本書では侮蔑的な意味合いの英語の語彙を分析で使ったとしても、それを決して批判的に使っているのではなく、筆者自身、メタ言語の限界と危険性を認識していることを強調しておくしかないであろう。

2.4　本研究の会話データに見られる一般的特徴

2.4.1　場面状況（situational context）

　前述した分野の研究者、特に相互作用（interaction）を研究する社会言語学者は、異文化の接触場面で起こりうる問題をさまざまなタイプに分類し、概

説している。しかし、このような異文化接触で起こりうる問題は、本研究のデータが示すように、場面状況の特徴や特質と直接関係がある。ここで今回のデータに含まれている会話の場面状況の特徴を詳述しておこう。

コミュニケーションに影響を及ぼす状況変数のリストはさまざまな分野の研究者が作成している（たとえば Amir 1969、Sarbaugh 1988、Saville-Troike 1982）。会話参加者と場面設定（setting）という二つの変数に関しては、既に本章の前半で説明したのでここでは繰り返さない。人間関係という変数に関しては、会話参加者が会話の目的をどの程度共有できていると思うか、会話参加者が互いに相手に対してどの程度肯定的（あるいは否定的）感情をもっているか、そして会話参加者が互いの関係をどの程度対等、あるいは非対等とみなしているかということが重要となる。このような観点から見ると、本研究の会話は非常に好ましい状況で行われたと言える。というのは、学生たちには前もって次のように会話の意図が伝えられていたからである。つまり、オーストラリアの職場や大学ではグループやチームで問題点を議論したり、問題を解決したりすることが求められているので、この活動を通して英語を話す練習をし、チームワークの技術を上達させると言われたのであった。学生は会話の必要性や目的がはっきりしているため、タスク遂行や問題解決の話し合いにおいて、積極的に協力して共に目的を達成しようとした。どの会話においても最初から、友好的で協力的態度が見られた。議論の間にそれが変わる時があったが、その時には特別な要因が働いたようであった。この点についてはデータ分析の箇所で述べる。

英語母語話者の会話参加者と非英語母語話者の参加者は面識がなかったが、非英語母語話者の参加者同士はお互いをクラスメートとして知っていた。しかし、親しさの程度はさまざまであった。というのは、コースの初期の頃に収集したデータもあれば、終了間近のデータもあり、収録時期が一定していなかったからである。これらのクラスの中では、皆から一目置かれているような学生がいるわけでもなく、学生間で目立った競争意識もなかった。学生たちが行ったタスクに対する評価は公表されなかった。さらに、職場であれば議論の結果や影響は昇格や評価に関係してくる可能性があるのだが、ここではそのような心配は無用であった。職場では個人の地位や力関係の違いを考えるが、そのような要素も考慮する必要がなかった。逆に言えば、与えられた話題について非常に率直な意見を述べているデータを収集す

ることは、今回のような場面であったからこそ可能となったと言えるのである。気の置けない仲間との会話の場合であっても、社会人に対してこの種のタスクをするために多くの時間を使わせることは難しいだろう。

最も重要なことは、前述したように、そのグループ内で一目置かれている人がいなかったという点で、会話参加者間の関係が対等であったということである。データ収録中、教師は在席しなかったし、学生が過去にどのような地位にあったかという点については人により大きな違いがあったものの、新しい国で学習者としてスタートしたということに関しては、明らかに対等の立場にあった。中には母国でのステータスを理由に優位に立とうとする者もいたが、他の学生がかつてのステータスを認めなかったので、そのような者が優位に立つことはなかった。教師たちがコースの当初から形式ばらない平等主義的な態度で学生に接し、いかなる差別的待遇もグループ間の不和も許さない方針であることも明確に学生たちに伝えられていた。ほとんどのクラスで学生間の結束力の発達が顕著に見られた。コース終了の際の学生たちの親しげな様子から、極めて強い絆が生まれたことがわかるクラスもあった。

実際、本研究のデータに登場する議論や会話には遠慮がほとんど存在しなかったと言えよう。これらの議論や会話が行われたクラスの雰囲気が友好的であったからである。皆、最初からざっくばらんであり、冗談が飛び交い、友情が芽生えやすいクラスであった。このデータ収集が終わる頃には、学生たちはさまざまな種類のコミュニケーション・タスクに慣れ、ラポールもタスクを実行する段取りもグループ内で確立されていた。しかし、データ収集時期までにどれだけの量の問題解決の課題を経験したか、どのぐらいコースに在籍していたかは会話参加者により異なっていた。データとなった会話が学生にとって初めての問題解決タスクや議論であった場合もあり、その場合には分析の際にその旨が明記してある。

このような肯定的な要素が総合的に働き、会話の成功につながったと考えられる。したがって、このような好条件であるにもかかわらず、会話の過程で誤解が起こったとしたら、それは人間関係のまずさに原因があるのではなく、価値観やコミュニケーション・スタイルの違いなどが原因になっていると考えなければならない。本書のデータでは、人間関係が良好で、よって悪い条件があまり存在しない時にも生じるコミュニケーション上の障害や問題は何なのかを明らかにすることが可能となる。またそのような障害や問題が

コミュニケーションに及ぼす度合いについても一層正確に分析することができる。

　言語記号体系という変数に関して言えば、状況はあまり好ましいものではなかった。共通の言語記号体系は英語だったが、会話参加者はさまざまな英語の変種の話し手であった。また、運用能力のレベルにもかなりの差があった。会話参加者の英語は、方法も違えば場所も異なったところで学習されたものである。学習者の英語には、英語母語話者の英語と非英語母語話者の英語の変種という意味で、世界に存在するほとんど全ての英語の種類（変種）が含まれていた。英語母語話者の英語の変種とはアメリカ英語、イギリス英語、オーストラリア英語といった明確に確立された種類の英語を指す。データ収集に協力した母語話者の英語はオーストラリア英語であった。「非母語話者の（英語）の変種」という用語は、制度化された（institutionalised）変種と、運用上（performance）の変種の両者を含む（Kachru 1982、Saville-Troike 1982）。制度化された英語変種とは、幅広いレジスターとスタイルを有し、公式な場やそうでない場の英語もその土地特有の使われ方になっているものを指す。アジア出身の参加者の中にはこのような変種の英語を話す者がいた。運用上の変種とは基本的に外国語として使用される場合に生まれる英語のことである。この英語の変種は一般的に言って、観光や商業などの特別な状況においてのみ使用され、機能的範囲が限定されている。たとえば、日本人やイラン人が使う英語などがこのような変種と見なされる。今回の調査の多くの参加者がこのような外国語としての英語の変種の話し手であった。またオーストラリアで学習した英語のみを話す参加者もいた。

　全てのコミュニケーションは潜在的に問題をはらんでいる。そして、グループの構成員に違いがあれば、問題はより大きくなる。ここにはさまざまな要因、たとえばジェンダー、年齢、民族・文化グループ、教育、居住地（ある国の中でも田舎か都会か）、収入レベルや職業等の相違が問題と関連してくる。このような要因に加えて個人的差異、たとえば、非常に紆余曲折した経歴をもっているとか、個性的なタイプの人であるとかということも関係してこよう。本研究はグループ構成員のもつ属性の違いではなく、会話の文化的側面に焦点をあてて分析を行うものである。ただし、ジェンダーの違いが重要であると思われる場合があり、その時はジェンダーの違いについて言及している。

2.4.2　適応（accommodation）と同調（convergence）

　本研究でのデータの会話の多くは成功しているが、それを説明するのにスピーチ・アコモデーション理論を用いることができる（Tarone & Yule 1989）。この理論では、さまざまな場面において話し手は相手の言語的特徴をとり入れた話し方に自分の話し方を同調させようとするとされる。この現象は二つの条件のもとで起こる。一つは話し手が聞き手に対して肯定的な態度をもち、聞き手に認めてほしいと思っていること、もう一つは話し方を同調させてもそれが話し手の社会的損失にならないことである。話し手が自分たちの仲間意識を強調し、聞き手の集団と自分の集団を分けて考えたい場合には、話し手は聞き手の言語形式に合わせようとはしないだろう。本研究のデータでは会話参加者は相手の話し方に同調したケースが多かった。同調現象が起こったのは文化を異にする多くのグループが存在しているにもかかわらず、その中で互いの関係が肯定的で上下関係が成立していない状況であり、自分が属する集団のアイデンティティーをあえて主張する必要がなかったからであると思われる。

2.4.3　ラポールとユーモア

　コミュニケーション上のやりとりが成功したか否かを決定する時に考慮に入れなければならない要素は、会話参加者がどの程度互いのかかわりを深めているかということである。「ラポール」や「共感」という用語はこの点を示すために使われている。ラポール構築の行動として本書では次の4種類を考える。それらは同意点を探ること、同じ立場を共有しているという前提をもつこと、意見の対立を避けること、冗談を言うことである（Brown & Levinson 1987）。分析の段階で示すが、今回のデータの多くの会話ではラポールの感情がはっきり現れていた。笑いの多さやユーモアのネタの豊富さを会話の際立った特徴としてあげることができるが、これはまさにラポールが存在しているという証拠となる。ユーモアは会話を活性化させる潤滑油になり、人々が困難を乗り越える助けになることは広く認められている。データでは第二言語（英語）でコミュニケーションすることに悪戦苦闘している会話参加者が、ユーモアと笑いによってそれをうまく乗り越えていることがしばしば観察された。

　ここまでの概要からわかるように、本書のデータの会話が行われた場面状

況はいろいろな要素が数多く結びついた結果として生まれたものである。以下の章では、このような場面状況における会話において、どんな文化的価値観が浮き彫りにされたかを述べ、異なるコミュニケーション・スタイルが存在することを明らかにしていく。したがって、ここでの分析が場面状況の異なる会話に当てはまるとは限らない。次章では、さまざまな文化的価値観の体系に関する先行研究を概観するが、これは第4章のデータの分析の枠組に必要となるものである。

表2.1　非英語母語話者の出身国

地域	人数	国名
東ヨーロッパ	43	旧ユーゴスラビア、ロシア、ウクライナ、ポーランド、ルーマニア、チェコスロバキア
東アジア	29	中国、香港、台湾、韓国、日本
東南アジア	17	ベトナム、インドネシア、フィリピン、タイ、ビルマ
ラテンアメリカ	15	チリ、アルゼンチン、ブラジル、メキシコ、エル・サルバドル
南アジア	14	スリランカ、インド、パキスタン、アフガニスタン、バングラデッシュ、ネパール
中東	14	ヨルダン、エジプト、レバノン、イラン、イラク、チュニジア
西ヨーロッパ	5	フランス、ドイツ、スウェーデン
南ヨーロッパ	3	スペイン、イタリア、キプロス
アフリカ	3	エチオピア、ザイール

表2.2　問題

問題1	心臓移植
問題2	男女共学
問題3	多文化マネージメント
問題4	エイズ教育
問題5	学校予算削減
問題6	予算編成
問題7	印刷会社の減収
問題8	人事選考

第3章　文化に見られる価値観の体系化
　　　　　先行研究

3.1　文化と文化的価値観の定義

　どのようなコミュニケーション行動がとられるかは、すでに体系化され分類されているそれぞれの文化のもつ価値観に強く影響を受けると考えられている。Samovar & Porter (1991: 108) は「文化的価値観に着目することは人間のインタラクションを研究する上で大切なことであるが、特に異文化間コミュニケーションを研究する場合は必要条件である」と述べている。さまざまな文化的背景をもった人同士のインタラクションを研究するにあたり、そもそも文化や文化的価値観の体系とは何を意味するのかを把握しておかなければならない。

　文化の定義については、Goodenough (1981: 191) による定義が最も多く引用されている。Goodenough の定義によれば社会の文化とは、その文化に属する人々の誰にも認められているやり方に従って生活し、与えられた役割を果たすための知識であり、信じているもの全ての事柄から構成されている。Goodenough は、集団の文化とは、生物学上の種の概念と類似していると言う。種の中の個体には一つとして全く同じものは存在しないが、自然淘汰の過程で、特殊な個体が発生しないような制限がかかる。これと同じように、ある文化では、誰ひとりとして全く同じ信条や考え方をもつ人はいないのだが、人々の中に極端な差異が発生しないような制限がある。文化をこのように捉えると、個人ひとりひとりに違いがあることを強調しつつも、同時に、同一の文化や社会に存在する人々の差異の程度には限りがあることが説明できる。また Loveday (1982) や他の一連の研究者たちは、文化の持つ適応性、創造性、変質性に注目している。異文化トレーニングのためには、Hofstede の定義が有効であり、彼は文化を集団構成員全員の心にインプットされたプログラミングにたとえて、それによって異なる集団同士が区別できると考える (1980: 25)。Hofstede は、このプログラミングを三つのレベルに分けた。

一つ目は、普遍的なレベルでこれはほぼ遺伝的なものである。二つ目は個性のレベルで、これは学習して得た部分と遺伝的な部分から構成されている。三つ目が文化のレベルで、これは学習で得たものである。

　価値観は文化の中心・中核をなすものである(Hofstede 1991)。Samovar & Porter (1991: 108–9)は、価値観を「ある信条を他の信条より良しとする恒久的な態度」であり、「自分たちの集団の文化的規範を示し、どのように振舞うべきかを大きな尺度で規定する社会的指標」と定義する。異なる文化的背景をもつ人々が異なった宗教や哲学に基づいた多様な世界観をもつことは広く認められている。世界観が違うということの具体的な中身はあまり理解されていないかもしれないが、多くの人は世界観の違いの存在には気づいている。ところが、世界観に大きく影響を受けている文化的価値観については、それが異文化の出会いにおいて人々が最も衝撃を受けるレベルであるにもかかわらず、あまり認知されていない。この原因は価値観というものが無意識のレベルで形成されたまま保持されており(Hofstede 1980)、また誰もが自分の価値観を普遍的に正しいと思う(O'Sullivan 1994)からであろう。Wierzbicka (1991: 69)は、それぞれの社会に異なった価値観が存在するというよりは、むしろ社会がどの価値観を重んじているかにより、それぞれが異なった体系をもつのだとしている。

　さまざまな研究者が文化的価値観体系の特徴を文化ごとに述べているので、データ分析に入る前に、彼らの考えてきた枠組や分類方法を、手短に紹介しよう。文化的価値観は絶えず変化しているので、このようなつかみどころのない概念を枠組に当てはめたり、ものさしの上に並べたりすることには確かに問題や危険がある。研究の見地からは、文化をそれぞれ別々に研究して説明するのが理想的であるのだが、語学の授業や異文化トレーニングで、民族中心主義的考えを減らし異文化に関する知識やスキル獲得を目的とする場合、そのような知識は百科事典のような膨大な情報になりすぎて実用には向かないし、使い勝手も悪い。実用目的には、他の人の行動や伝達の意図を解釈する何か大きな枠組が必要なのである。人々が他の人の文化的価値観を知らないと、自分たちの価値観に従って他の人の態度や話し方を評価してしまい、意図しない誤解や敵対心が生まれる可能性もある。大きな枠組があれば、マクロレベルの枠組でとらえた価値観をミクロレベルの実際のことばのやりとりに応用することができる。以下に、先に述べた大きな枠組となる概

念を示すが、特に本研究に直接関係し、教育現場で利用できるものに限定をして提示する。

3.2　文化的価値観の体系

多くの人々を対象とした実証的研究に基づき構築された代表的な三つの文化的価値観の枠組がある。Hofstede (1980、1991) の四つの文化要因、Trompenaars (1993) の七つの要因、Schwartz (1994) の七つの文化レベルの価値観タイプである。Hofstede の分析 (Hofstede & Bond 1993) は中国人の社会学者たちによる研究からも裏づけられている。Trompenaars (1993) の研究の延長線上にあるのが Smith, Dugan & Trompenaars (1996) である。これらの研究のいずれもが、文化の分類や、文化地域を明確にしていると Smith & Schwartz (1997) は言う。Smith & Bond (1999) によれば、柱となるこれら三つの枠組による研究の結論はほぼ同じであるが、これら以降の研究は Hofstede の研究を裏づけながら、改良したり発展させたりしているものだという。

3.3　集団主義と個人主義

3.2 で示した三つの枠組から得られた知見で、他の比較文化研究でもよくとりあげられ、議論の対象となる価値観に集団主義と個人主義がある。この集団主義か個人主義という特質は、人が自分を独立した個でなく、どの程度まで集団の一員として考えているのか、どの程度個人の目的より集団の目的を優先するのかという違いによる。集団というのは、主に家族・親族のことを指すが、属する集団は一つに限られているわけではない。職場組織、一門、部族、学校、民族を、重要な集団とみなす社会もある。Kagitcibasi (1994) は、「集団主義」という語は政治的意味合いでは用いられないが、集団主義的な国家では集団に対する忠誠心が愛国心にまで発展することがある一方、個人主義的な国家においては、個人の興味の方が重要になっていることを示す実例があると述べた。集団主義的な社会では、人間関係がかなり重要な意味をもち、ウチ集団員の人間関係においては、忠誠と義務が複雑に絡み合う。

Hofstede (1980、1991) や Trompenaars (1993) ら研究者の多くは、文化は高度に集団主義的なものから、高度に個人主義的なものまでの連続体の中に位置づけられると論じているが、多くの文化が集団主義的なものと位置づけられていることが広く認められている。この例外は、ヨーロッパの一部地域（特に、イギリス、西ヨーロッパ、北欧）、北アメリカ、オーストラリア、南アフリカやニュージーランドであるようだ。中央ヨーロッパや東ヨーロッパに関してはまだ研究が進められていないが、Hofstede の研究の対象となっている旧ユーゴスラビアでは、集団主義的な特徴がかなり強く見られていた。中央ヨーロッパや東ヨーロッパの国では家族のつながりのような限られた部分をとりあげると集団主義的傾向をより強く示したという研究もあるが(Reykowski 1994、Ronowicz 1995、Smith 他 1996)、その後の調査では、これらの国々のうちの8カ国に関しては、個人主義的傾向があることが明らかにされている (Smith & Schwartz 1997)。

3.4 権力格差

コミュニケーション行動を説明するために最も有効なのはおそらく権力格差 (Hofstede 1980、1991)、すなわち階層主義 – 平等主義 (Smith & Schwartz 1997、Sohn 1983) の物差しだろう。この物差しは社会の中で階級や、力関係の不均衡がどの程度受け入れられているのかを測るものである。力関係を重視する文化では、年齢や、性別、家柄から派生する階級社会（家族内の力関係も含む）を認めて受け入れており、高い地位にいる人はあからさまに自分の力を主張することが容認される。力関係に重きを置かない文化は、より平等主義的である。下の立場の者は、上の立場の者も基本的には自分と同じであると考え、上に立つ者も上の立場であることを誇示せず、本来の力が目立たないように心がける。このような社会においては、誰もが誰に対しても同じように接し、階級社会でよくあるような、相手によって極端にことばや物腰を変えたりする行動は見られない (Sohn 1983)。また平等主義の文化では、全ての人間は本質的には平等な価値をもつと信じられている。一般的には、権力格差が大きい場合は集団主義的特徴を示し、小さい場合は個人主義的となる。Schwartz (1994) は、集団主義をさらに縦方向の集団主義と横方向の集団主義とに二分した。縦方向は階層社会で見られる集団主義で、横方

向は平等主義社会で見られる集団主義である。集団主義は階級社会（縦軸）のコンテクストで起こるが、個人主義（横軸）的なコンテクストでも起こり、彼の研究によれば、環太平洋地域のアジア諸国は典型的な縦方向を基準とした階層社会的集団主義で、南ヨーロッパは典型的な横軸を基準とした平等的集団主義である。Wierzbicka (1991) や Hijirida & Sohn (1986) に代表されるような異文化語用論（cross-cultural pragmatics）でも、権力格差に関する知見を裏づける実例が示されている。

3.5 男性性と女性性

　Hofstede の枠組では、男性性とは主張したり成功を目指したりするような、社会で一般的に男らしさと見なされる特徴を示す度合いである。男性性の強い文化では、物質的価値観を中心に据え、性別による役割の違いが固定されることが多く、男女間のインタラクションがあまり行われない。女性性とは女性らしいと見なされている養育や、他の人への思いやりや生活の質にまつわることが優勢的なことである。女性性の強いところでは、性別による役割の違いはあまり固定されておらず、男女間のインタラクションも多い。異文化理解やそのトレーニングの際には、社会階層またはそれぞれの社会に特有な家族形態において男性や女性がどの位置に置かれているのか、そしてそれぞれにまかされた役割は何なのかを見ることが特に役に立つと考えられる。例をあげると、中東では、女性には家族をつなぐ神聖な役割があり、女性の完璧なふるまいが男尊の観念、男性の自尊心のよりどころとなる。実際、アラブ男性は女性の性的行動に対して責任があり、女性の貞淑さが男性の自尊心のよりどころの要因となっているとされる（Almaney & Alwan 1982、Patai 1973）。ラテンアメリカの国々でも、特に都市部ではジェンダーによって差別化することは少なくなっているものの、男意気や男らしさはまだ好ましく思われている。この考えによると、男性の威厳や名誉を保つための女性の役割が強調されており、男性は親戚の女性たちの性行動を監視するだけでなく、彼女たちの純潔を疑うような誹謗中傷や、それをほのめかすような発言からも女性たちを守ってやらなければならないのだと信じられている（Albert 1996、Sullivan 1987）。アジアのイスラム教、仏教、ヒンズー教、儒教においては基本的に男性支配が規範となっている。たとえば、中国、ベ

トナム、韓国の儒教社会では、女性の地位や役割は従来はっきりと定められてきた。女性の主要な役割とは男系の家系が続くように男児を生むことである。儒教の教えである三つの服従、すなわち女性はまず夫に服従し、次に自分の父、次に自分の息子に服従するという規範が社会を形成し、求められてきた。この考え方は変わりつつあるが、保守的な人々の間にはまだ広く根付いている（Bunge & Shinn 1981、Goodwin & Tang 1996、Hu & Grove 1991）。

3.6　先天的属性と後天的達成

地位の獲得についてもまた Trompenaars（1993）が明らかにしたが、これは本研究とも関連がある。後天的達成型社会では、社会的地位は個人の努力の結果得られるものであるが、先天的属性に関心を向ける生得権型社会では、社会的地位は年齢、性別、家柄、教育や財産を基本として定められる。総じて、個人主義の社会では後天的達成を尊重し、集団主義的社会は先天的属性を重視する傾向がある。この要因に関連した研究では、Schwartz（1994）と Smith, Dugan & Trompenaars（1996）があり、その中で、東ヨーロッパの文化は個人の権利や責任を強調するよりも、生まれながらの役割による家父長的な階層システムを受け入れており、北欧や西ヨーロッパでは個人の努力による達成に価値を認めると報告されている。先天的属性を重視する文化、とりわけ儒教の価値観が浸透している社会では、教育に高い価値を置く特徴があり、高い教育を受けた人は高い地位に属している（Little & Reed 1989、Nguyen 1980、Stevenson & Lee 1996）。

3.7　問題解決法と意思決定法

本書の研究に関連する文化の違いには、問題解決や意思決定の方法もある。アメリカ合衆国のような個人主義の社会は問題解決志向であり、問題点を明らかにし、それに対応する解決方法を探そうとする。問題解決の過程では、いろいろな解決方法から想定される結果に対し評価を下し、最大の成功が見込まれる機会を与えてくれそうな解決方法を選択するというものである（Dunnett 他 1986）。そこでは出来事が因果関係をもつ線的な連鎖と捉えら

れている。問題は解決されるべきものとする考え方の基本には、人間という存在が絶対的で、人間が自然界を支配し、環境さえも変えられるという世界観があるが、この考えは集団主義的な多くの文化の人々の考え方とは相容れない。

多くの集団主義の国では、出来事は複数の偶然の結果であると理解されているので、変えようとするのではなく、まわりの環境と調和して生活するのが最良だと信じられている。Adler & Kiggundu (1983: 130) は、そのような文化では「受け入れたり共存したりしなければならない状況を認識しているだけで、人間がまわりの世界を完全には支配したりしない」と説明している。何かの問題に対処しなければならない場合、成功するまで一つの方法をうまく調整しながらとりあえず遂行するのであって、思いつく限りのあらゆる方法を考え、結果を想定しながら最も効果のある解決方法を選び出すやり方をとらないのである (Byrne & FitzGerald 1994)。西洋で問題解決をする際に一般に行われる理論による分析、考察、推測は中国のような文化では省かれ、とりあえず何かをやってみる方法が好まれる (Young 1994)。これは言語にも反映されていて、中国語には条件節が存在しない。

3.8 対人関係

言語によるインタラクションで対人関係がどのように実現されるのかを見てみると、多くの集団主義の文化、とりわけ東アジアや東南アジアが和に価値をおいていると研究者は考えている。それらの文化においては直接対立や批判は面子を失う原因となるので避けるべきとされる (Hofstede 1991)。アジアの文化では対立や批判に対処するときは、第三者をはさむといった間接的な方法を用いるが、個人やビジネスで起こる問題でも第三者や仲介者をたてるのが一般的である (Irwin 1996)。反対に、個人主義の社会では、ことばによる自己主張が好まれる。積極的に議論したり、対立を直接的にうまく処理したりすることが高く評価されるのである (Argyle 他 1986、Stewart 1972)。

フェイスやポライトネスの概念がかかわるので、人間関係は非常に複雑な研究領域である。これらの概念はどの文化にも明らかに存在するものだが、認識の方法は全く多種多様である。2種類のポライトネス（ポジティブ・ポ

ライトネスとネガティブ・ポライトネス)やフェイスの欲求(ポジティブ・フェイスとネガティブ・フェイス)を示した研究がある(Brown & Levinson 1987)。ポジティブ・フェイスやポジティブ・ポライトネスというのは、あるグループや社会のメンバーの仲間に入れてもらうことや、受け入れられたいという欲求に関するもので、そのうちポジティブ・ポライトネスは他の人の考えを認めたり、同意したり、共通の世界観を作り出すことで示される。物事は満場一致で決まることが望ましいので、正式の会議や最終決定では、事前に非公式または間接的に人々の意見をまとめることが行われる(Stewart 1987)。ネガティブ・フェイスやネガティブ・ポライトネスはひとりひとりの個性や、自主性の権利や、他の人からの不当な強制がないことを重視する。他の人と独立した主体性を与えたり保障したりするディスコース・ストラテジーを使って示される。他の人のニーズや関心を想定した言い方はせず、可能な範囲で彼らに選択の自由を与えるようにする。物事を決める時は公開方式で行い、誰もが自分の意見を示したり、議論したりする。ネガティブとポジティブの両方のフェイスへの働きかけ(face work)はどの文化でも見られるが、文化的価値観に応じてどちらか一方が優勢であったり、用いる頻度が異なっていると、多くの研究者が指摘している(Scollon & Scollon 1995、Ting-Toomey 1988)。たとえば、階級主義・集団主義的社会のポジティブ・フェイスには、地位のフェイス(position face)が含まれており(訳注 Brown & Levinson自身は地位のフェイスをポジティブ・フェイスに含めていない)、地位のフェイスが最も重んじられるため、地位が高いほど失うフェイスが大きくなる。平等主義・個人主義的文化では個人を最も重んじている。Ting-Toomeyによると、集団主義の文化ではフェイスは他の人に対するフェイスである。自己は集団の関係の中では自分のフェイスを決して自由の身ではなく、義務的な相互役割に拘束されると捉えるため、ここでのフェイス・ワーク(face work)は、他の人のフェイスに気を配るとともに、自分や自分が属する集団に恥をかかせないようにすることに焦点がおかれる。一方、個人主義の文化では、自己は拘束されず、独立した存在であることを理想とし、フェイス・ワークは主に話し手自身の自主性と自己主張の場(space)を保ち、他の人に何かを強いないことに焦点がおかれる。しかし、中にはこの結論を疑問視している研究者もいる(Mao 1995、Matsumoto 1988)。日本や中国のような文化では人々は集団の一部と見なされているため(自己は他

の人との関連性であり独立したものではない)、ポジティブ・フェイスのみが存在すると主張されているのである。ここで確かに言えるのは、フェイスはさまざまな文化でのコミュニケーション・スタイルに影響力があるということであろう。詳しくは後の章でさらに論じることとする。

このように人間関係を見ることは文化の二分法に基づいている。つまり、集団の調和と対立を避けることに高い価値をおく文化グループ(集団主義の文化)に対し、自主性とことばによる自己主張に高い価値をおく文化グループ(個人主義の文化)である。しかし、このように結論づける多くの研究は、主に北アメリカと東アジア文化の比較研究に限定されている。確かにこの二つの文化グループには大体当てはまっているが、他の多くの文化に関してもそれが当てはまるかどうかはわからない。特に語用論のような異なった分野の研究の知見や、本書のデータからの知見を総合的に考えると、人間関係の分類に関する要因は、二つの文化グループよりももっと複雑であることがわかる。第8章で意見の対立や衝突の場面での態度を考察するが、この点についてさらに詳しく取り上げる。

3.9　近代化と文化の収れん

個人主義は、現代的に発達した富裕な先進国と密接に関連づけられており(Hofstede 1991、Smith & Bond 1999)、国が発展するにつれて、次第に社会格差がなくなり、個人主義が普遍的に台頭するという考えも示されてきている。しかし、多くの研究に示されているように、この文化の収れんに関する仮説は妥当ではないようだ(Kagitcibasi 1994、1997、Smith & Bond 1999、Yang 1988)。たとえば、Kagitcibasi(1994)によると、都会の生活と矛盾しない集団主義的な面ならば変化しないため、以前の研究で言われてきたような普遍的で同質の社会に発展することはないとされる。Kagitcibasi(1997)がトルコで行った研究によると、社会経済的発展に伴って若い世代同士の相互依存が減少してきているが、それは経済や実利の面での相互依存に限られており、精神的な相互依存は引き続き残るどころか、むしろ増えていることがわかった。彼女が他の地域で行った研究でも物質的依存が減少してきているのに、非西洋圏の国々の中流階級層の人の間では親密な集団主義が相変わらず存在しているとされる。Yang(1988)の研究もこのことを支持しており、日

本と中国の文化の研究を基に、仲間意識、家父長制、対人関係での調和が、個人主義的価値観である達成や競争と共存していることに加え、服従を伴う階級の差や男女の不平等も受け入れられ、民主主義との共存が可能であることを示した。現代的で個人主義的な国に暮らしている家族の中でも、そのような文化の出身者は子育ての際、自立した人間ではなく他の人に頼る子どもに育てているのである。そしてYangは、近代的な文化は共通の終着点に向かっているのではなく、われわれの予想していない異なった道を進んでいるとまとめている。後で示す本書のデータでも、文化の収れんの仮説に異論を唱えるような事例がある。

3.10　考察

　本書の研究では参加者の大多数が質問紙に回答したが、その結果は今まで述べた個人主義と集団主義にかかわる価値観や、力関係によって起こる距離の大小の価値観に関する見解をある程度裏づけた。質問調査用紙は文化価値観やコミュニケーション・スタイルに関する課題の前に意識改革の練習問題として配布した。第2章でも書いたが、全ての参加者が全部の質問に回答したわけではないので、それぞれの質問の回答数に若干変動がある。

　36ページの表3.1は価値観1に対するいろいろな文化集団からの回答結果である。価値観1は次のような記述になっている。「あなたにとって家族の一員であることが最も大切で、自分自身であることは二の次である。家族と互いに頼りにし合うことに喜びを感じている。家族の誰かがすることは家族の他の者にとても影響を与えていると思う。」

　さらに「あなたの文化の他の人もそのように考えていますか。違っていれば説明してください。」という質問をした。回答数が少ないために、有意性を示せない地域グループもあるが、ある程度までは文献に書かれていることが裏づけられた。たとえば、多くの回答者は移住をする道を選び家族と物理的に離れ離れになっているわけだが、ごく少数の西ヨーロッパ出身者の例を除き、それぞれの地域グループでは、自分が家族の一員であることを優先し、自分自身であることを2番目におくことに「そう思う」または「ある程度そう思う」と回答している。多くの参加者は電話やEメールで家族と定期的に連絡をとりあっていると回答した。これらの回答者は、集団主義の価

値観のある側面が強く出ていたり、広く集団主義の価値観が受け入れられたりしていると言われている文化の出身者であるので、そういう意味でこの論はある程度確認されたと言える。

36ページの表3.2は価値観2に対する回答を示す。価値観2は「人は皆が平等とは限らない。良家の出身で階級も高く重要な立場の人もいる。そのような人に対してはより尊敬を示し、礼儀正しく接するべきである。また年上の人に対しても尊敬を示すべきである。」となっている。この問いに対しての回答はさまざまで、中東の国々の出身者の中だけに階級制度を強く容認していた者が多く見られた。多くの移民がオーストラリアのような社会を移住先として選んでいる理由として、上の階層へ上がれる機会がある社会である点をあげている事実を考えると、価値観2に対する同意があまり見られないことに対する説明が可能と思われる。Clyne (1994: 207) は社会階層間の流動性は多くのオーストラリア人が共通にもつ「何よりも大切な核となる価値観」であることから、これが「移住の動機となっている」と考えている。このような人々は、おそらく機会均等に対して高い価値を置いており、その点では回答者はそれぞれの文化の代表とは言い難いかもしれない。

質問紙の回答には、文化的価値観が話しことばに反映されさまざまなレベルで誤解を引き起こす可能性があるものは、ごく少数であった。これらについては筆者の過去の論文でも取り上げた (FitzGerald 1996)。しかし、会話という場面を録音した今回のデータの中には文化的価値観の影響が見られる例が多くあり、全く異なった文化で育ってきた者同士の会話では、それが完全な理解を妨げている証拠となっている。個人の見方がその人の文化的集団や社会経験を反映している典型的な様子も見られた。文化的価値観に基づいた異なった見方が、問題点の解決に工夫を与え、画期的な解決方法につながることもあるだろうが、同時にそれは対立の可能性も内包し、異なった素性の人には否定的な評価を下すことにもつながっていく。次の章では、今まで概説してきたような先行研究で示された枠組を用いながらデータを分析し、これらの特徴を示す例を提示していく。

表 3.1　価値観 1 に対する回答

グループ	回答者数	あてはまる	どちらでもない	あてはまらない
東／東南アジア出身者	37	25	9	3*
東ヨーロッパ出身者	27	11	5	11**
ラテンアメリカ出身者	15	9	0	6***
中東出身者	12	8	4	0
南アジア出身者	12	8	3	1
南ヨーロッパ出身者	7	6	1	0
北アフリカ出身者	3	3	0	0
西ヨーロッパ出身者	2	0	0	2

*　三人すべてが自分の出身の文化における典型的な価値観をもっていないと回答した。
**　このうち四人が自分の出身の文化における典型的な価値観をもっていないと回答した。
***　このうち一人が自分の出身の文化における典型的な価値観をもっていないと回答した。

表 3.2　価値観 2 に対する回答

グループ	回答者数	あてはまる	どちらでもない	あてはまらない
東／東南アジア出身者	41	11	9*	21**
東ヨーロッパ出身者	27	3	5***	19
ラテンアメリカ出身者	12	4	3	5
南アジア出身者	12	5	1	6
中東出身者	10	6	3	1****
南ヨーロッパ出身者	6	2	0	4
北アフリカ出身者	2	1	0	1
西ヨーロッパ出身者	2	0	0	2

*　尊敬は相手の年齢に応じて表すべきだと回答した。
**　このうち多数が自分の出身の文化における典型的な価値観をもっていないと回答し、数人がこの価値観に関して自分の出身の文化の価値観が変化しつつあると回答した。
***　尊敬は相手の年齢と社会的地位だけに応じて表すべきだと回答した。
****　回答者は自分の出身の文化における典型的な価値観をもっていないと回答した。

これ以外に、全ての回答者が自分の出身文化の他の人々は価値観 1、価値観 2 に示された価値観を概ねもっていると回答した。

第4章 データ分析
会話に影響を与える文化的価値観

4.1 はじめに

　この章では、三人以上で行われた10組の会話と、一つのペア会話について考察する。これらの会話をデータ・サンプルから選ぶときに、三つの目的を念頭においた。第1の目的は、先行研究で示されているような価値観と一致している参加者の発言を見出すことであった。参加者がどの程度予測どおりの発言をするのか、つまり参加者の出身文化圏で共有されている価値観に実際どのくらいの影響を受けているかを見ることは大変興味がもたれるところである。最も強い影響を受けた価値観は何なのだろう。さらに、価値観に影響された発言が見られた場合、他の会話でも同様の発言は行われているか、そして価値観に影響を受けた発言により、対立する参加者がいるかどうかも探ってみた。この目的に沿った会話データは六つあり、それを分析対象とした。また、その中で参加者の文化で主流となっている価値観から逸脱した発言があった箇所にも注目した。

　第2の目的は、価値観、世界観、態度の違いが理解を偏狭にし、これが原因で対立や揉め事が起きている例を探すことであった。これにあてはまる会話データは四つ見つかった。なぜこのようになったのか、防ぐことはできなかったかどうかを詳細に検証した。

　第3の目的は、それぞれの価値観の違いについてよく話し合い、違いをうまく乗り越えている会話を探すことであった。これについては三つの会話を分析した。異なった価値観や解決方法があることが会話のどの時点でどのように気づかれたのかを示し、グループの他の人たちが単一的な狭い見方に固執せず、異文化間の問題が原因であることを理解しながら、異なった価値観を問題解決や意思決定に役立たせている過程を紹介する。グループ内の人たちの多様性がうまく対処されると、かえって斬新なさまざまな解決策が生まれることが可能となるのだ。

4.2 繰り返し出てきたパターン：会話の中に反映される価値観

　複数の会話に繰り返し見られるパターンがいくつかあった。まず、階層社会かつ集団主義文化の出身者は、個人の利益より集団の利益を優先させるが、個人主義文化出身者は、個人の目的達成や権利の重要性を主張する傾向をもつパターンである。前者の考え方では、社会の中で高い地位にある人は、社会に対して多大な貢献ができるからという理由で高く評価される。しかし、このことは後者の考え方とは相容れない。また、集団主義的で、生まれながらの属性を重んじる儒教の考え方が根強い文化圏の者は、教育を受けた人や、高学歴の人を高く評価するが、より個人主義的な文化圏の者はその考えをあまり受け入れないというのも、もう一つのパターンであった。最後に、それほど際立ったものではないのだが、ある文化圏の出身者は性のモラルに対して保守的な考えをもち、モラルに反する者には批判的な見方をするというパターンも見られた。データの中では、同じグループ内で複数のパターンがはっきりと見られることもあり、特に問題1「心臓移植」について話し合ったグループではいずれのパターンも顕著に見られた。このタスクは、移植用の心臓が一つだけ用意されているのだが、病状が深刻な7人のうちのどの患者に心臓移植すべきかをグループで決め、優先順位もつけなければならないというものであった。

4.2.1　グループA：個人より集団を優先する価値観―階層の重要性

　グループAでは、集団主義の文化圏からの参加者が、個人よりも集団としての利益を優先させ、個人主義的な価値観をもつ別の参加者の反論にあった。このグループには南アジア出身のビソミンカ(Bisominka)という女性、東ヨーロッパ出身のエリカ(Elica)という女性、東アジア出身のリ・ドン(Li Dong)という男性、英語母語話者のアレックス(Alex)という男性がいた(補遺1に会話参加者のアルファベット順の名簿がある)。会話の始めのころアレックスからの質問に対して、リ・ドンは他の参加者とは異なった見解を述べていた。

［注：本書を通じて、同じトランスクリプトを共通のアルファベット記号で示すこととするが、番号づけは章ごとに行っている。トランスクリプトで用いられている記号については「はじめに」を参照すること。］

第 4 章　データ分析　39

グループ A：抜粋 1

1　**Li Dong:**　I think .. number five is the best one　5 番が 1 番いいと思う
2　**Alex:**　　 Number five　5 番
3　**Li Dong:**　because he's a important people　大切な人だから
4　　　　　　 in Central {Intelligence Agency 1}　中央諜報部で
5　**Bisominka:**　{Yes I think also1}　私もそう思う
6　**Li Dong:**　and which means his contribution himself　だから役にたっているし
7　　　　　　 to the social society　シャカイ社会に対してね
8　**Alex:**　　 Right so your argument is that because he's important　そう 彼が重要だというのがあなたの論点ですね
9　**Li Dong:**　and not just that　それだけじゃなく
10　**Alex:**　　Yes　はい
11　**Li Dong:**　and the second one he's got three children　二人目は三人の子持ち
12　**Alex:**　　Three {children yes okay 2}　三人の子ね　うん
13　**Bisominka:**　{x x x 2}　xxx
14　**Li Dong:**　and the third is his serious ..　三人めは彼が重病
15　　　　　　 his disease is very serious　彼の病状はとても深刻

　この部分からわかるように、リ・ドンは 5 番の患者に心臓を移植した方がよいと考えている。その患者の職業は高く評価されており、社会への貢献もできるという理由からである（1、3、4、6、7 行目）。リ・ドンは集団主義的社会の出身であるが、そこでは、集団への貢献、とりわけ家族への貢献を重要と考え、政治的にもそのような価値観が喧伝される。前にも述べたが、Kagitcibasi (1994) によると集団主義的社会における集団への忠誠心は、国家という集団へと拡大する。リ・ドンが最初にこの社会への貢献度を理由としてあげたのは、集団主義的な文化圏の人間として育ったことが影響している。ビソミンカも集団主義で階層を重んじる文化圏の出身であるので、5 行目の彼女のコメントはリ・ドンの意見を支持するものだった可能性がある。
　リ・ドンが個人主義志向ではなく集団主義志向であることは、文化価値観に関する質問紙の回答にも反映されていた。「あなたにとって家族の一員であることが最も大切で、自分自身であることは二の次である。家族と互いに

頼りにし合うことに喜びを感じている。家族の誰かがすることは家族の他の者にとっても影響を与えていると思う。」という考え方に同意するかを尋ねた質問では、リ・ドンは「ある程度はそうである。しかし、家族とは関係なく行動することもある。」と回答している。「あなたの文化では他の人もそのような考え方だと思いますか」という質問に対しては、「そうである」と答えている。同じ質問に対するビソミンカの回答も集団主義志向を示していた。最初の質問には、ビソミンカは「この考えに賛成である」と書き、彼女の文化圏の他の人たちについても「そう思う」と回答している。

　次の会話の抜粋からもわかるが、アレックスは彼の文化圏で広く見られる個人主義や平等主義的価値観と合致した見方を前面に出している。エリカはアレックスに強く賛成しており、彼女は質問紙では「子どもをもつまでは個人主義であったが、その後、子どもを第1に考えるようになった」と回答し、個人主義志向を表していた。他の英語母語話者と同じくアレックスは質問紙には回答しなかった。ビソミンカは集団主義の考え方に傾倒しているのだが、アレックスやエリカの意見にある程度賛同して、症状の最も重い患者に移植すべきだという考えを述べるところが抜粋2に示されている。

グループＡ：抜粋2

1	**Alex:**	Maybe just because someone is is ranked more important　より重要人物というだというだけで
2		is that a good reason like　それはいい理由になるかな　たとえば
3	**Bisominka:**	No　ならない
4	**Elica:**	No I don't think so {I don't think so 1}　ならないと思う　ならないと思う
5	**Alex:**	{because because 1} they might be famous　だってだって　有名かもしれないし
6		or because they might have done many great things in their life　業績がたくさんあるかもしれない
7		is the woman who who has worked for her money　自分でお金をかせいだ女性
8		for the operation even though she's unemployed　仕事がないのに手術のために
9	**Elica:**	Mm mm　うんうん

10	Alex:	and she's not famous or anything　有名人でもなんでもないけど
11		do you think it's I don't think that's a good reason　有名であることはいい理由になると私は思わないけど
12	Elica:	I don't think so　私は思わない
13	Bisominka:	No ..　思わない
14	Li Dong:	Oh yes {I think it's important for the whole country 2}　そんなことないよ　国全体にとっては重要だと思う
15	Bisominka:	{I think x serious who is the serious patient 2}　わたしは x が重い　とっても重い患者と思う
16	Alex:	Oh yes I understand that yep yep　うんうん　そうだね　うんうん
17	Li Dong:	What I mean is it's not just the <u>rice</u>　今言ってるのはコメじゃなくて
18		you know a man's <u>rice</u> or ..　人のコメとか
19	Bisominka:	Race　人種
20	Li Dong:	race　人種
21	Bisominka:	{Race, yes 3}　人種はい
22	Li Dong:	{a man's 3} race or a woman's race　男の人の人種や女の人の人種や
23		it's not that　そうではなくて
24	Alex:	It's the whole country you're thinking of yes and it's　国全体のことを思っているんでしょ
25	Li Dong:	He's doing something you know　彼は何かやってるよ
26		he's doing something for this this country　この　この国のために何かやっている
27	Alex:	Right　そうだね

　この会話の部分では、アレックスは6番の患者を救うつもりだ。この患者は、無職のシングルマザーで、地元住民の寄付で手術費を捻出した（7、8、10行目）。リ・ドンは名声や地位や、何か成し遂げたものがあるかどうかで優先権を得るべきだと考えているのだが、アレックスはそれに対して疑問を唱えている（5、6、11行目）。16、24、27行目でのアレックスの返答は、リ・ドンの考え方を支持しているものではなく、むしろこの会話全体に見られるアレックス独特の会話のスタイルで、礼儀として理解を示しているものである。アレックスは無職のシングルマザーである6番の患者を救おうとしてい

るが、リ・ドンは考えを曲げずに議論を続けている。最後の方で何を意味しているのかはっきりしないところがあるが、このような例は集めたデータ・サンプルの中でもここしかなく、興味深い。つまり、リ・ドンが'rice'（コメ）と言った時に、ビソミンカが間違いを直そうとして'race'（人種）と言った。彼はその訂正を受け入れたように見えるが、実は'race'（人種）と言いたかったわけではないらしい。

　この議論はこのあたりで終わり、次に患者の治療に伴う危険性へと移る。リ・ドンは相変わらず5番の患者を救おうとしているが、5番の患者には三人の子どもがいると理由を変更した。彼は理由を変更したことを、他の人が自分の意見を受け入れるように説得するためであることを認めている。自分の文化圏ではなんら問題なく通用する論が、異文化の人々がいる場合では効力がないことに気づき、理由を会話場面に適合させようとしている点が興味深い。

4.2.2　グループB：個人より集団を優先する価値観―教育の高さや性のモラルの重要性

　グループBには、考え方の似た二人が参加していた。このグループに参加していたのはラテンアメリカ人女性のヨランダ（Yolanda）、中東出身の女性のアスマハン（Asmahan）、東南アジア出身のドアイ（Doai）という男性、男性の英語母語話者のジャック（Jack）である。アスマハンが助けたいのは5番の患者である。彼女の主張は、この男性患者には三人の子どもが残されているのだが、危険な状態にあり人工心肺で命を長らえていたという根拠に基づいている。一方、ジャックは6番の患者を助けたいと思っている。この女性は貧しい上に、仕事もなく子どもが四人もいるからである。ヨランダはアスマハンの考えを次第に支持するようになるのだが、最初はどの患者を選ぶかを決められないでいた。ドアイは他の人の意見を聞いたあと、5番の患者に反対する発言をした。ソビエト連邦崩壊後は5番の患者が働いていたソ連国家保安委員会中央情報局は、もはや社会的に役に立たないというのが反対理由である。

グループB：抜粋1

1　**Doai**:　　Because I think we must　だって　しなくてはならないのは

2		think about er his future　彼の　えー　将来を考えることです
3		you say you save him　あなたは彼を救うと言いますが
4		and his job is not necessary any more　彼の仕事はもう不要ですよ
5		I think it's better to choose another person　他の人を選んだほうがいいと思います
6		maybe he can contribute his ability to the social　たぶん他の誰かなら自分の能力をシャカイに役立てることができるかも
7		after we save er his life {do you think so 8}　えー　救ってあげた後でそう思いませんか
8	**Jack:**	{Yer but then 8}　だけどそれが
9	**Asmahan:**	{But there's 8}　だけど
10	**Jack:**	I was just saying　私がずっと言ってるのは
11		because like I chose number six　私が6番を選んだのは
12		because she's a woman　女性で
13		who's got four kids　四人子どもがいて
14		and she's struggled　がんばっていて
15		she's actually had to struggle　実際がんばらないといけなくて
16		to go and get the money　お金を集めるために
17		to pay for the operation　手術のための

　この部分で見られるように、ドアイは、社会貢献できる人に心臓を移植することがよいのではないかという意見をもち、もしその患者がこれ以上社会貢献できないのであれば、優先することはよくないと考えている（1〜7行目）。ドアイも集団主義のかなり強い文化圏の出身者であるので、個人より集団を優先することの方が価値があることや、国への奉仕の大切さということをずっと聞かされてきていた。質問紙の回答からも、ドアイが階層主義的で集団主義的な価値観を強く抱いていることが明らかにされた。「人は皆が平等とは限らない。良家の出身で階級も高く重要な立場の人もいる。そのような人に対してはより尊敬を示し、礼儀正しく接するべきである。また自分より年上の人に対しても尊敬を示すべきである。」という項目には、ドアイは「その通りである。ベトナムの慣習では、若者は老人を敬わなければならないという教えがある。」と回答している。自分より家族優先で家族とは相互依存していると思うかという設問では、「そう思う。ベトナム国民の慣習

である。」と回答している。アスマハンとヨランダも、個人主義よりも集団主義であることが明らかになったがドアイ程ではなかった。この二人は会話中には他のことがら（患者の子どもが必要とする物や、病状の深刻さ）をまず気にかけていた。一方、ジャックの考えは、グループAにいたアレックスの考えと似ており、個人主義と平等主義の価値観が反映されていた（11 ～ 17行目）。アレックスは女性患者が生活苦で何ももっていなかったのに手術代を得るために動こうと「努力している人」であることを高く評価している。アレックス同様、ジャックも質問紙に回答はしていない。

会話はしばらくこのように続いたが、ドアイが4番の患者を救う案を出して話の流れを変えることになった。4番の患者はハーバード大学でコンピューター科学の修士号を取得している女性であった。

グループB：抜粋2

1	**Doai:**	I chose number four　4番を選びました
2		because she has a master degree　彼女は修士をもっているし
3		and maybe she has <u>intelligent</u>　たぶん彼女はズノウカイセキです
4		she can con er if we save her life　もし彼女が助かったらできる
5		she can contribute her ability and knowledge　彼女は能力や知識を貢献できる
6		to to USA or all over the world　アメリカや世界中に対して
7		because he he's studied computer science　だって彼はコンピューター科学を勉強し
8		and now he she finish master degree　彼は彼女は修士号をとった
9		um I think we must look we must think　私たちは見なければ　考えなければ
10		about the future of the nation　国家の未来について
11		if we save someone er life　もし誰かを　命を助けたら
12		and he can contribute　彼は貢献できる
13		his er her ability to the world　彼の彼女の能力を世界に
14		I think best　ベストだと思う

ここでは、ドアイは再び社会に貢献できる人に心臓を提供しようとしていることがわかる。ドアイの考えの背後にある価値観は、教育の重要性と教育

を受けた人が社会に対してできる貢献に対する信念だ。他のグループの参加者からもこれと同じ価値観が述べられていたが、それについてはこの章の後半で触れることにしよう。

　このグループには、他の文化的価値観の影響も見られる。アスマハンが6番の患者を批判的に見ていることがその例である。他のグループでも似たような文化的価値背景をもつ参加者が同じようなことを述べているのだが、アスマハンは5番の患者を助けようとしていた。5番の患者は三人の子持ちだが妻に先立たれ、人工心肺を使っていたからだ。彼女はすでに6番の患者に対しては健康状態の面から、心臓を与えるのには反対を述べていたが、新たにモラルに関する意見をつけ加えた。

グループB：抜粋3

1　**Asmahan:**　(*laughing slightly*) She has never married （少し笑いながら）彼女は結婚したことがない
2　　　　　　　and has four children　でも四人子どもがいる
3　**Yolanda:**　Yes but this is not the reason　そうだけど　それは理由ではない
4　　　　　　　doesn't matter if you {are 1}　それは関係ない　もしあなたが
5　**Asmahan:**　{Yes1} I know but it is important also　はい　だけど　大切なのは
6　　　　　　　what about if she has four children　子どもが四人いて
7　　　　　　　and no husband and it's too　夫がいないとそれはとても
8　　　　　　　I think too um er x x　それはとても　えーと xx だと思う

　アスマハンの最後のコメントが聞き取れないのは残念だが、彼女は話し続け、5番の患者を救うために理由をさらにつけ加えた。6番の患者は未婚の母だから、心臓を提供するのがふさわしくないというのが彼女の論点だった。5行目の最初で、ヨランダの意見に同意しているように見せかけているが、自分の意見は重要だと続けて述べている（5行目）。アスマハンの出身地の文化や宗教では女性の性のモラルが社会の根幹にあるため、結婚をしていないのに四人も子どもがいるということは受け入れられないことだった。彼女は反対意見を述べようとするときにちょっと笑ったが、自分の見方が他の参加者と同じではないことがわかり、きまり悪かったからだろう。ヨランダが、既婚か未婚かは心臓の提供には関係がないと述べたときにアスマハンが

一応同意して見せたのも同じ理由からと思われる。あるいは、彼女にとってはこの手の話題が不快だったのかもしれない。前にも述べたように、アスマハンは質問紙の回答では集団主義的な価値観に同意している。自分のことだけよりも家族の一員であることが重要で、家族の中で互いに依存することに満足するかどうかという質問に「気持ちの上ではそうだ」と回答しているのである。自分の文化圏の他の人も同じように考えているかという問には、「他の人たちも家族を優先し、頼りにしている」と答えている。

4.2.3　グループＣ：個人より集団を優先する価値観─階層と性のモラルの重要性

　この問題については他のグループでも似たようなパターンが見られた。グループＣがそれに該当するが、このグループには東南アジア出身の男性のヴィン (Vinh)、東アジアの女性ユンソー (Eunsoo) と中東の女性シミン (Simin)、東アジアの女性のピン (Ping) がいた。このグループでも、心臓を提供する条件として、「地位の高い」人であること、他の人のために役立つ仕事の能力があることをヴィンがあげた。ヴィンには集団主義的な見方があるだけでなく、序列重視を受け入れる様子もうかがえた。一方、ユンソーは心臓を貧しい未婚の母にあげるべきだとしてヴィンとまったく反対の立場をとった。しかしそれはこの女性が自分で手術費用を苦労して工面したことに心を打たれたからではなく、女性が亡くなったら子どもにお金を残してやれないからという理由だったので、考え方として集団主義的な価値観により近い。シミンは最後に、未婚の母である6番の患者に対して批判的な意見を述べるが、これには彼女自身の文化的背景に影響を受けた考えが示されている。

グループＣ：抜粋 1

1	**Vinh:**	and please remember that　で　思い出してほしいんだけど
2	**Eunsoo:**	{Well in that case x x x 6}　うん　その場合はね
3	**Vinh:**	{he's still young and he's a VIP 6}　彼はまだ若いし　VIPだし
4		he can if we save him　彼を救ったらやってくれるよ
5		he can you know he can work　彼は働けるのでは
6		for a lot of people with his high position　彼の地位なら多くの人のためにね

誰に心臓を提供するかを選ぶとき、ヴィンは当初から（3〜6行目）、患者の社会的地位や重要度が決め手になると考えていたことがわかる。彼は5番の患者を選んだ理由について、VIPの一人であるし多くの人のために貢献する見込みがあるからと言っているが、このことより彼は社会貢献だけではなく、地位の高さを基準としていることがわかる。

次にユンソーが6番の患者について話し始めた。ここでは、グループBでアスマハンが示したものとほとんどそっくりのことをシミンが述べる。シミンに対して反対意見を述べる人はおらず、彼女は議論の最中、6番の女性患者について似たような表現を用い4回も批判を繰り返した。最初の2回は大きな声で笑いながらコメントを言ったので、他の人も一緒に笑った。いかにも、病気になったのはふしだらな罰だと言わんばかりで、心臓を与えるのにふさわしくないとシミンは考えているようだった。他の二人の女性は患者の子どもたちを気の毒に思っていたが、シミンは下記の4行目と8行目で似たような質問を大げさに繰り返して、この女性患者に心臓を与えることに反対したのであった。ユンソー（1〜3行目）は、もし6番の患者が亡くなった場合、残された子どもの世話をするパートナーがいないので5番の患者と同じ状況であると述べている。しかし、6番の患者に対する批判はしていない。

グループC：抜粋2
1 **Eunsoo:** But that' the same　だけど同じ
2 　　　　　number six she hasn't married　6番の女性は結婚してない
3 　　　　　but she has four children　だけど四人も子どもがいる
4 **Simin:** So who told her not to marry (*loud laughter, especially Simin*)　だからだれが彼女に結婚するなと言ったのですか（大きな笑い声、特にシミンの声が大きい）
5 **Eunsoo:** Number six x x　6番が xx
6 **Simin:** {Yes I know 1}　あのね
7 **Eunsoo:** {x x x 1}　xxx
8 **Simin:** so why is she having four children? (*prolonged laughter*)　だから子ども四人もいるのはなぜ？（笑い続ける）

まもなくしてシミンは6番の患者へ非難を再び繰り返した。

グループC：抜粋3
1　**Simin**:　So who told her　だからだれが彼女に
2　　　　　　to bring four children? (*loud, prolonged laughter*)　四人も子ども
　　　　　　を産めと言ったの（大声で、笑い続ける）

　シミンがこのように言った後も大きな声で笑っていたために、次の二人の話し手の声がかき消された。おそらく他の人もいっしょに笑ったのだろう。この女性患者はふしだらにちがいないという興味本位の話題になったからだ。この点に関して、彼女たちはシミンに反論せず、彼女が大きな声で笑い続けるときもいっしょに笑ってはいたが、同意したり同じ見方を述べたりしているわけではない。

　誰に心臓を移植するべきか決められないまま時間が経ち、このグループでは議論を元に戻して、優先順位の低い人をはずしていくことにした。またしてもヴィンは、社会に貢献する人であるかを考え、情に流されないで冷静で理性的な決定をするべきだと述べた。ユンソーは2番の患者である幼い少年をもち出していた。

グループC：抜粋4
1　**Vinh**:　But she he you know is very young　だけど彼女　彼はとても小さい
　　　　　　ですよ
2　　　　　　if he dies he doesn't count much to the society　もし亡くなっても
　　　　　　社会の損失にはならない

　他の人たちはヴィンの冷たさに反発したが、彼は真剣であり、他の人にも感情ではなく理性で考えたほうがよいと強く言った。だれも個人の価値や権利を論拠にした議論はしなかったものの、ここでのヴィンは個人主義の文化では普通は受け入れられない考え方をしており、しかも集団主義の社会から来た人からも非情と見られていた。

　このグループでは、二人が6番を、別の二人が5番の患者を一貫して支持していたので、合意には達しなかった。シミンは6番に対して相変わらず悪く言い、ちょうど録音テープが終わる直前にも、ほとんど同じ内容で4度目の批判を述べた。

グループC：抜粋5
1 **Simin**: She never married and she has four children　結婚していないのに四人も子どもがいるし
2   so how could she give birth to four children　よく四人も産めたわね
3   in the case she has problems　この点じゃ問題ありますよ

　上記のように、最後に2度に渡って彼女はこの点を強調したが、ここではもはや笑ってはいなかったので、結婚せずに子を生むことは道徳的に問題で、彼女の育った文化圏では許されないことだということが示されている。彼女が繰り返しこのことを指摘したのは、彼女の育った文化圏でなら当然出てくるはずの賛同を期待したからだろう。

　残念ながら、シミンは質問紙に回答をしていなかった。「あなたにとって家族の一員であることが最も大切で、自分自身であることはその次である。家族と互いに頼りにし合うことに喜びを感じている。」という項目に対する回答からは、ヴィンが集団主義志向であることが明らかになった。彼は「だいたいそう思う」と回答していたし、「あなたの文化の他の人もそのように考えていますか」という問に対しては、「はい」と書いていた。一方、ユンソーの回答はあまりはっきりしない。最初の質問に対しては、「私は自分自身であることと同時に家族の一員でもある。私にとっては両方同じくらい大切だ。」と書いていた。2番目の他の人もそうであるかという質問には「だいたいその通りである」と回答している。ユンソーは学歴のある若い女性で、急激に近代化した社会の出身であり、ケルト系白人のオーストラリア人と結婚した。彼女の考え方にはどっちつかずの立場が反映されているようで、彼女の出身の文化圏で典型的に見られるものとは異なっている。

　ヴィンは同じように序列重視の価値観も容受していた。全ての人は平等ではなく、自分より地位の高い人や年配の人を敬ったほうがよいかという設問には「全くそのとおりである」と書いている。また、「あなたの文化の他の人もそのように考えていますか」という問に対しても「はい」と答えている。

4.2.4 グループD：個人より集団を優先する価値観―階層の重要性

同じようなパターンを示したもう一つのグループは全員女性だったグループDである。このグループには、西ヨーロッパ出身のマルリス（Marliss）、中東出身のラグハット（Raghat）、東アジア出身のペップル（Pepple）、東ヨーロッパ出身のラドミラ（Radmilla）という女性たちがいた。ラドミラは、5番の患者に心臓を移植するのがよいと信じているし、ラグハットは5番と6番の両方の患者とも幼い子どもがいるので決めかねていると言った。マルリスは5番の患者は仕事もあり、子どもの世話にお金もかけられるため、子どもの世話はすでに他の人にまかせているが、6番の患者は貧しくて、お金がないから心臓をもらうことなど普通ならできないと言った。この時までペップルは一言も話していなかったので、マルリスが彼女の意見を聞いた。

グループD：抜粋1

1	**Marliss:**	What do you think　どう思う
2		number five or number six Pepple?　5番と6番を　ペップル
3	**Pepple:**	I think because er number five　だって5番は
4		is the man x x x expert x is also if he can life　男性でxx エキスパートで　もしイキラレタラ
5		then he can make contribution to the <u>sociality</u>　シャカイに役立てるけど
6		but er number six er .. um because just　6番は　ええと　だって
7		(*laughing slightly*) you talk about money　(かすかに笑う)お金のことを言うと
8	**Marliss:**	Yer　うん
9	**Pepple:**	yes just depends on the money　うん　お金による
10	**Marliss:**	Um　うん
11	**Pepple:**	from x x he pay the money for the transplant　xxから彼は移植のためにお金を払える
12	**Marliss:**	Um　うん
13	**Pepple:**	is through the contribution of　貢献しているし
14		those her neighbours but again　近所の人に対してね　だけど
15		I think if he if number five the man　もし5番の男性が
16		he can er keep can keep alive through the transplant　移植して生

		き続け　続けられたら
17		then he can pay for the money by himself　自分でお金を払えるでしょ
18	Marliss:	Um yer but that's just what I said　うん　だけどそれは私が言ったことと同じ
19		I think it's quite UNFAIR to give somebody the heart　とても不公平だと思う
20		because he's going to benefit　彼はまた役に立つ仕事をきっとする
21		after the <u>transplantation</u> for society　イショク手術のあと社会に対して
22	?:	Um hum　うんうん
23	Marliss:	that is the unfair part of this　これが不公平なところ
24		my personal opinion when I look er　個人的な意見としては
25		from the ethical backgrounds and moral background　倫理や道徳から見ると
26		is that number six should have the heart　6番が心臓をもらうべき

　引き続き、マルリスは5番の患者には子どもの世話をする人がすでにいるが、6番には誰もいないという前に述べた意見を繰りかえした。その後、議論の中心は子どもたちには何が必要かということから、患者全員のランクづけに移って行き、この話題にはもう戻ることはなかった。しかし、集団主義で階層重視の社会出身のペップルは、個人の社会貢献の観点と、5番の患者がいかに経済的に社会に依存していないかという側面を述べていることがわかる。反対に、個人主義で平等主義でもある文化圏から来たマルリスは、財産があり社会への貢献度が高いという理由で得をするのは不公平なので「負け組」を支えてあげたいと考えている。'UNFAIR'（19行目）を強くはっきりことばに出して反論しているところから、彼女がこのことをとても強く感じていることが明らかである。これはコースの後半で行ったクラスだったので質問紙調査の形式は他のクラスと異なっており、さまざまな価値観についてまとめたものの中から、自分があてはまると思う種類を選んでもらう形式であった。マルリスは自分が個人主義の価値観であることを示した。自由記述回答はなかったが、個人主義の項目に大きなチェックマーク（✓）がついており、さらに「はい」と付け加えてあった。注目すべき点は、筆者の担当

した多くのクラスでは、子どもが四人もいるという以外の理由を挙げて、6番の無職の未婚の母に心臓を与えるのがよいという意見を出したのは、全て個人主義文化色の強い受講生たちであったという点である。

ペップルの意見(訳注　5番目の男性患者が移植をうけるべきという意見)も彼女の質問紙調査の答えと一致するものである。つまり「集団主義か、個人主義か、どちらの分類に属するか」という質問に対して彼女は「2番目(集団主義)と思う」と答え、また「あなたの文化の人もあなたと同じように考えているか」という質問に対しても「はい、私と同じように考えている人が大半」と答えているのである。アスマハンとシミンとは同類の文化集団出身であるラグハットが、二人とは逆に6番目の患者に同情的で、子どもが四人もいるので移植を受けるのは当然と考え、未婚であることに対しては批判的コメントをしていないことにも注目したい。質問紙調査でラグハットは自分自身は個人主義的だが、出身文化の多くは集団主義的であり、男性と女性で違う規範があると答えていた。今回の会話参加者の中には出身文化の価値観とは相容れない価値観をもつと自覚していた者が何人かいたが、ラグハットもその中の一人である。彼女の個人主義的な価値観は、彼女が6番の患者を支持していたことに表れている。このような事例は、文化集団をステレオタイプ化する危険性も示している。

4.2.5　グループE：教育の資格の重要性

4.2.2のグループBの話し合いでドアイの発言に見られた社会に貢献できる人に心臓移植するという考え方には、学歴や学歴のある人が社会に対してできることに価値を置く背景がある。ドアイの出身である儒教の教えを受け継ぐ社会では主流の考え方である。他の参加者たちで儒教の教えを受け継ぐ社会出身者も同じような考え方を何度も述べているので、そのような社会では、明らかに教育に高い価値が置かれていることがわかる。他にも集団主義や家柄を大切にする文化圏から来た人たちも、学歴の重要性や高等教育を受けた人の価値を強調している。このような移民の人たちは、オーストラリアで見られるような、地位は家柄には関係なく、それぞれの人が成し遂げたことによって得られるものと考える個人主義の社会に暮らす際に問題を生じかねない。職業選択の際、勤務評定や、昇進基準となる価値観(現在の仕事ぶり、コミュニケーション・スキル、自分を売り込む能力)を理解しづらいと

第 4 章　データ分析　53

感じてしまう。もともと手にしている地位（学歴や家柄、資格、年長者であること）などは個人の成果よりも高く評価されるべきだと考えているからだ（Hogarth 1995）。文化への気づきのためのトレーニングでは、ここのところが極めて重要になる。生得的な地位には関係なく、誰もが上の地位を目指すことができるという社会の仕組みを理解すると、態度を改めることができる。この仕組みが理解できないでいると、民族的背景に基づいた差別があるのではないかと感じてしまうのである。

　同じ心臓移植の問題を話し合ったグループ E でも、参加者から教育や学歴に対するさまざまな考えが出された。このグループには、東ヨーロッパ出身のフィリップ（Filip）という男性、西ヨーロッパ出身のギア（Gia）という女性、東アジア出身の男性ウェイ（Wei）とアフリカ出身のエリーニ（Elini）という女性がいた。

　最初に、ギアが 2 番の患者が心臓をもらうのがいいと言った。とても幼ないのに、病状が深刻だからという理由であった。フィリップは続いて次のように述べた。

グループ E：抜粋 1

1	**Filip:**	My opinion is that heart　私の意見は心臓は
2		er should be given to Gina Feinstein　ええと　ジーナ・ファインスタインに与えられるべき
3		she's number four on this list　リストの 4 番の人
4		er there are few reasons　ええと　理由はいくつかあります
5		first one is she is young　まず彼女は若いし
6		er second one she's well educated　ええと　次に学歴があるし
7		she's she has master degree from Harvard University　彼女の　彼女はハーバード大学の修士号を持っている
8		and because she's only twenty seven　しかもたった 27 歳で
9		er she will probably become doctor　恐らく医師になるのでは
10		in x in a few years　数年後には x には

　このグループの話し合いでは、フィリップは一貫して学位の重要性と、教育を受けた人にしかできない社会貢献を強調した。しかし、ギアは患者の容態の重さも含めた他の要因を考慮すべき重要な項目として考えていた。抜粋

1に続く次の会話では彼女のこの態度が示されている。彼女は患者の病状と三人の子持ちということを考慮して5番の患者を救おうとしていた。東アジア（ウェイ）とアフリカ（エリーニ）の二人はここでは口をはさまなかったが、二人とも反対意見を述べることにやぶさかではなかった。エリーニは、移植に選ばれなかった人たちは亡くなってしまうので決めにくいと言っていた。このグループの会話を通して二人の発言は少なく、フィリップとギアの二人のヨーロッパ出身者が議論をほぼ独占していた。

グループE：抜粋2

1	Filip:	But number five is only a spy you know　5番はスパイをしていただけですよね
2		and he is not important for our world　私たちの世界ではそんなに重要ではない
3	Gia:	Why not　なぜ重要でない
4	Filip:	He is only a spy　ただのスパイです
5		it's not very important　あまり重要ではない
6	Gia:	He has three kids　三人子どもがいますよ
7		that's the reason x x　それが理由 xx
8		on his own and his wife is dead　ひとりぼっちで　奥さんはもう亡くなっている
9		I mean why shouldn't we give　つまりなぜ彼に
10		the heart to him I what I can say　心臓をあげないの
11	Filip:	{x x she probably x 1}　xx おそらく彼女は x
12	Gia:	{We should NOT give it to 1}　絶対にあげてはだめ
13		number four just because　4番には
14		she have going to school　彼女はガッコウニイッテイタ
15		and she has good education　学歴があるだけというだけでは

1、2、4、5行目からわかるように、フィリップは教育の重要性を強調するだけでなく、もしその人に社会的で重要な役割がない場合は、優先順位が低くなる理由になると信じていた。しかしギアにはこのような考えはなく、患者の教育レベルを決定理由にしないほうがよいとはっきりと述べている（12～15行目）。ギアは資格の有無や社会における重要さとは関係なく、そ

れぞれの人の必要に応じて決めることが望ましいと思っていた。残念ながら、フィリップは質問紙には回答しなかったが、彼は生まれながらの地位を重要視する傾向にあると言われている東ヨーロッパの国の出身である。ギアの質問紙の回答では、個人主義の社会で典型とされる八つの価値観のうち七つが自分にあてはまると答えていた。他の問題の話し合いでもこれと似たようなパターンが出てきたが、これについては、4.3と4.4および第7章(コミュニケーション・スタイルを論じる章)で扱うことにする。

4.3 問題の生じた会話――異なった価値観と相容れない世界観

　グループの中には、価値観や経験が異なり世界観を共有していないことで相互理解が阻まれ、深刻な対立によって人間関係が悪化する例があった。

4.3.1 ペア会話（a）：知識と価値観の共有の欠如

　前にも述べたが、経験、世界観、文化的価値観が共有されない場合、コミュニケーションの際に、より多くの問題が生じる。同じ文化背景をもつ者の間ではひとことで説明できる事実や概念も、骨を折るほどの長い説明が必要となる。しかし、ことばを尽くして説明を加えても溝は埋まらないし、互いの信条がいつでも理解されるとは限らない。会話は平行線をたどっているように見え、たまに意見が合うことがあっても、突然に話の方向性が変わるなどすると参加者は不愉快な気分になる。難しいテーマや、参加者の文化背景が極端に異なる場合には、事態はより一層悪化する。二人の男性による会話でこのような問題が実際に起こった。しかし、これから述べるように、積極的な態度でお互いを理解しようと努力して、障害をうまくかわそうとする様子も示されている。

　二人の男性とは、東アジア出身のバイ（Bai）と東ヨーロッパ出身のデュサン（Dusan）である。この調査を行った頃、二人は初めての英語の授業を受講しており、お互いのことは全然知らなかった。会話を始める前に、バイがデュサンにどの問題で話し合いたいかを尋ねるとデュサンはバイが好きなものでいいと言った。デュサンがどの話題でもいいとはっきりとした態度を見せたので、バイは自分が関心や興味のあるものを選んだのであった。それは宗教だった(訳注　ペア会話の問題は補遺には記載されていない)。

ペア会話 (a): 抜粋 1
1 Bai: I would like to ask what's your um religions　あなたの　ええと宗教を伺いたいのですが
2 Dusan: I beg your pardon　もう1度言ってください
3 Bai: Yes I would like to know which religions um　はい　どの宗教を信じて　ええと
4   you um trust x x you believe which religions　ええと　信じて xxx どの宗教を
5 Dusan: Ah which religions {ah I'm sorry 1}　ああ　どの宗教を　ああすみません
6 Bai: {Yes yes which 1} religions　はいはい　どの宗教を
7 Dusan: Oh I'm not practising　ああ　礼拝には行っていないけれど
8   but I belong to the Orthodox Church　東方正教会に入っていて
9 Bai: Oh yer x church　ああ　はい x 教会
10 Dusan: Orthodox　東方正教会
11 Bai: Orthodox oh　東方正教会　ああ
12 Dusan: Orthodox　東方正教会
13 Bai: Oh　ああ

　バイの反応を見ると、この東方正教会という単語が彼には何の意味ももたないことがわかる。この英語の単語を知らないのか、この宗教の名を聞いたことがないかのどちらかだが、この後、バイがデュサンに尋ねているところを見るとおそらく後者の理由であったのだろう。

ペア会話 (a): 抜粋 2
1 Bai: Is there many people er believe in that　その信者はたくさんイマスカ
2 Dusan: Yer quite a lot　はい　とてもたくさん
3 Bai: Oh yer yer is that your country's religion or　ああ　はい　あなたの国の宗教なのですか　または
4 Dusan: Oh no it's a minority　ああ　いえ　少数派です
5 Bai: A minority yes　少数派　はい

この部分では、バイはこのテーマについて知識が不足しているのにもかかわらず、会話が続くよう一生懸命だった。フィードバックを続け、聞き取れた単語をそれがたった一語だとしても繰り返したので、デュサンも説明や情報を与えるように努力している。

ペア会話（a）：抜粋3

1	**Dusan:**	er if you think about er　ええと　もし　考えるなら　えっと
2		this was before the the ..　このことは　ずっと昔
3		religions split at the time of Romans　ローマ時代に分離した宗教で
4	**Bai:**	Oh yes I see　ああ　はい　そうですか
5	**Dusan:**	and er there were x east　そして　ええと x 東があって
6	**Bai:**	Mm mm　うん　うん
7	**Dusan:**	and the West it belonged　そして西が所属しているのが
8		to the Watican Vatican　ワチカン　ヴァチカン
9	**Bai:**	{Oh Vatican 1}　ああ　ヴァチカン
10	**Dusan:**	{Catholic 1}　カソリック
11	**Bai:**	{Oh Catholic 2}　ああ　カソリック
12	**Dusan:**	{church the 2} biggest in this part of Europe　教会ヨーロッパのこの地域で1番大きくて
13	**Bai:**	{Mm hm Catholic 3}　うん　うん　カソリック
14	**Dusan:**	{and on the east 3} side it was Byzantium Byzantium　そして東側ではビザンチウム　ビザンチウム
15		I don't know how you say it　英語でなんと言うかわからないですが

　ここでも、バイはまだ相手が話しやすいようにフィードバックしていたが（4、6、9、11、13行目）、デュサンは自分の宗教についてこれ以上話すのはあきらめていた。第二言語を使っていることと、ことばに自信のないところで相手がことばを補って手助けしてくれないので、相手にとってまったく経験も知識もない事柄を説明する困難さが増していったと思われる。実際に、ここまでのところ会話全体は文化的背景の共有の欠如だけではなく、どちらも満足に話せない言語を用いているという、別の障害があることも示されている（15行目）。

　しばらくして、バイが自分の宗教観について説明を始めようとした。彼は

宗教心はないと言っていたのだが、これを訂正した。

ペア会話 (a)：抜粋 4
1 **Bai:** But I believe there may be one God in the nature　だけど神はいるかもしれないと信じています
2 　　　　 maybe one day in Australia I will believe in the Christian God　もしかしたらオーストラリアでいつかキリスト教の神を信じるようになるかも知れない

　次に二人は信仰の必要性について論じた。バイは、キリスト教信者は他の人を説得して改宗するようにしなくてはならないと述べた。それに対してデュサンは、歴史的にそういう事はあったが強制による改宗はあってはならず、それぞれの人が自分で決めるべきで、今では強制的改宗はないだろうと述べた。続けてバイは、自分がキリスト教信者になったとしても、他の人に信者になるように「勧め」はしないし、教会には行かないで「自宅でのお祈り」になるだろうと言った。このやりとりには意思疎通が見られた。その後、バイは会話の方向を変え、明らかに彼にとって非常に関心のある話題を話し始めた。次の抜粋では、文化的価値観が一致していない場合、話題によっては他の人と議論できないものがあることが示されている。デュサンは礼儀正しく好意的なフィードバックを返しているが、心から会話に参加しているのではないことが声の調子からわかる。バイの興味の中心にある話題で進められているのだが、デュサンは会話がはずむように質問やコメントを出していないので、バイの心情を本当には理解できていないことがわかる。

ペア会話 (a)：抜粋 5
1 **Dusan:** So as I was child I went very often to {church 1}　それで子どもの時はよく行ってきました　教会に
2 **Bai:** {Yes 1} yes because they believe　はい　はい　みんなが信者
3 　　　　 that is their obligation　それがきまり
4 **Dusan:** {Yes x x x 2}　はい xxx
5 **Bai:** {otherwise um maybe 2} after one day　そうでなければたぶん　ある日

6		you know they are not exist in the world any more　もうこの世にはいないかもしれない
7	Dusan:	Yes　はい
8	Bai:	they can't go heaven　天国に行けくなる
9	Dusan:	{Yes that's right 3}　はい　その通りですね
10	Bai:	{and also one 3} thing I I am very worried about　そしてもう一つとても心配なのが
11	Dusan:	Mm　うん
12	Bai:	is what because I believe God you know　私が神を信じていることなんですよ
13	Dusan:	Uh huh　はあ
14	Bai:	I can go to the heaven right　私は天国に行けますよね
15	Dusan:	Yes　ええ
16	Bai:	but one day if my parents　だけど両親や
17		and my sisters, brothers or my wife　姉妹や兄弟や妻が
18		they don't believe　信じていないから
19		they can't go to heaven (*slight laugh*)　天国には行けないんです(かすかに笑う)
20	Dusan:	That's that's right {that (x x x)1}　そうそうですね(xxx)
21	Bai:	{so I think that's 1} the problem here　だから私が思うには問題はここでね
22	Dusan:	(*softly*) Yeh　(そっと)はい
23	Bai:	just me believe　私だけが信者で
24	Dusan:	(*murmur*) Yeh　(ささやくように)うん
25	Bai:	just me only go to the heaven　わたしだけが天国に行く
26	Dusan:	(*murmur*) Yeh　(ささやくように)うん
27	Bai:	but how about my family　うちの家族はどうなる
28	Dusan:	And how about other million people believe in other way　他のものを信じている何百万の人はどうなる
29		they don't go　みんな行かない
30	Bai:	Yer　うん
31	Dusan:	they can be still a good citizen　よい市民だったら
32		and lead a very good life {x x x 2}　よい人生を送れますよ xxx
33	Bai:	{Oh so so this is one 2} point I always wondered　あ　だからだからこれは　いつも私が疑問に思うことで

34	Dusan:	Yeh うん
35	Bai:	um how can I do about that うん それにはどうしたらいいんだろう
36		if I I believe もし私が信じて
37	Dusan:	{Yeh yeh 3} はあはあ
38	Bai:	{you know 3} でしょ
39	Dusan:	Yer you're right {to ask this question 4} はい それは正しいよ 質問するのはね
40	Bai:	{So that one day if 4} I believe だからいつかもしと思うんですよね
41		I have to convince 説得をしないと
42	Dusan:	Yeh ああ
43	Bai:	especially my parents, my wife to believe とくに両親や妻については
44		otherwise oh I just don't know ほかのことは よくわからない
45		how about me 自分のことは
46	Dusan:	(*very muted*) Yes （とても抑えた声で）はい
47	Bai:	just me in heaven 私だけが天国で
48	Dusan:	Yes that's right はい そうだね
49	Bai:	and looking for on my my relative それで家族を捜している
50		under the heaven in hell 天国の下の地獄で
51	Dusan:	(*murmur*) Yes （ささやくように）はい
52	Bai:	Oh how come I don't know ああ なんでわからないんだろう
53		{I don't know 5} わかりません
54	Dusan:	{Yes that's right 5} that's right はい そうです そうです
55		so that's a big question それが大問題
56	Bai:	(*murmur*) Yer （ささやくように）うん
57	Dusan:	whether people {can ask x x 6} 人々は xx をお願いすることができるだろうか
58	Bai:	{Yes this is a question 6} ああ それは問題ですね
59		I don't know how to solve it どう解決するのかわからない
60	Dusan:	Yer I think it's quite difficult question ああ 難しい問題だと思う
61	Bai:	Yes はい
62	Dusan:	(*softly*) {Er 7} （小声で）ええと
63	Bai:	{Oh 7} one thing I would like to know ああ一つ知りたいことがあるんだけど

64　　　　what's your native language　あなたの母語は何ですか

　この部分では、バイは中国のような文化から来た人にはキリスト教に改宗することについて基本的な問題があるということをおそらく言っているのだろう。仏教や儒教のようなアジアで広く受け入れられている信仰や哲学は、個人が徳や分別を求めて精進することを強調してはいるが、誰かを排除するわけではない。複数の教えを守ることが許されており、キリスト教のようにそれをたった一つの真の信仰として生きることができない人を除外したりはしない。価値観の核心となるものにも、近代化や新しい政治体系の導入に影響を受けたものがあるが、家族への忠義や義務、そして個人を家族の一員と見なす中国的価値観は、損なわれず残っている (Bunge & Shinn 1981、Hu & Grove 1991、Irwin 1996)。実際、中国人は「自己」に対する強い意識を発達させていないと主張している研究者もいる。Linda Young (1994: 41) という中国人の社会言語学者は、中国の思想の中では「独立した自己 (discrete self) や (中略) 自らが定義する自立した個人というものは無意味である」と書いている。また、かつては「私」と「我々」という語も区別されておらず、両方とも同じ漢字で書かれていたとも述べている。会話の参加者が回答した質問紙で、家族との相互依存関係について、「あなたにとって家族の一員であることが最も大切で、自分自身であることはその次である」という価値観に対して、アジアのいろいろな地域にいる華僑も含むと中国人参加者は誰一人反対意見を述べず、この考えに心から賛成する人がほとんどであった。
　したがって、中国人にとってキリスト教の考え方は大きな問題となるのである。また、Hofstede (1980) は、個人主義の社会では改宗は極めて個人的なものであると述べているが、主な宗教の歴史を見ると、実際にはどの宗教でも改宗は集団で行われてきている。近代中国でもイデオロギーの改革は集団全体に対して行われてきており、集団主義の人々にとって、他の人といっしょに改宗することは当然のこととなる。
　バイは明らかにこの文化志向と個人的な改宗という矛盾を話題にしたかっただけで、デュサンがもち出そうとしてきたもっと広い哲学的な考えを求めているのではなかった (28 〜 32 行目)。前にも述べたが、東ヨーロッパの個人主義志向と集団主義志向に関する文献にはさまざまな知見が示されているが一致した結論は出ていない。東ヨーロッパ文化圏集団は連帯感の強い

結びつきがあり、個人主義色の濃い文化に比べると家族内の親密度がより強いという結論を出した文献もあるが、自己の概念が家族集団のつながりの中でしか見られないという事実はなく、儒教にある強い忠誠心や義務感と同じような結束を示すものもない。

　文化的価値観についてこの二人の質問紙への回答は、このように一般化された知見と合致していた。バイはこの調査に参加した他の多くの中国人に比べると自分の立場に確信をもっているわけではなく「あなたは自分が家族の一員であることが優先され、自分自身であることは二の次である」という価値観について「時々そう思う。自分の言動には責任をもつほうがいいからである。」と彼は書いた。一方、デュサンは「そう思わない。自分が先で、家族は2番目である。」と書いたが、彼は自分の文化の他の人とは違っていると思うとも書いていた。

　このように両者の文化傾向に異なりがあるため、デュサンがバイの個人的関心を完全に理解できず共感ももてないことはよく理解できる。デュサンが共感や興味を示そうとしていることは明らかである。たとえば、バイがもっと話しやすいように規則正しくあいづちを入れていた。20行目では'That's that's right'（そう、そうですね）、また39行目では'Yer you're right to ask this question'（その質問はいい質問ですよ）と言っている。しかし、デュサンの返答には感情がこもっておらず、あいづちもありきたりのものだった。一度もこの話題について個人としての立場からは言わなかったし、キリスト教徒でない場合はどんなに天国にふさわしい人であっても天国には行けないという一般論で終わっている（28、29行目）。バイはこのことについては無関心で'Oh'（33行目）というわずかな驚きの声をあげた以外は、個人の立場でこの問題に対してどのような解決ができるかに固執した。それに対し、デュサンは気持ちはわかることだけを控えめに伝えて同意するに留まった。終わりの方で1度だけ、'whether people can ask'（人々はお願いすることができるだろうか）（57行目）と質問してみた。しかし、バイはその発言と同時に'Yes this is a question, I don't know how to solve it'（ああ、それは問題ですね。どう解決するのかわからない。）（58、59行目）と言っただけでデュサンの質問には応じなかった。それからデュサンは再び'Yes I think it's a quite difficult question'（ああ、難しい問題だと思う）（60行目）とごく普通の一般的な共感のことばを述べただけだった。ちょうどそこでバイが話題を

変えた。
　話題が変わったのは本当に急なことで、バイの 'Yes'（61行目）と彼の次の質問（63行目）の間のポーズはあるかどうかわからないぐらいだった。デュサンの小声での 'Er' はバイが質問し始めたのと同時だった。ひょっとするとバイは自分の興味だけを長い間一人で話しすぎたと感じたかもしれないし、デュサンが礼儀正しいありきたりな表現しか言わないので、バイの考える深い興味を話せる相手ではないと感じ取ったのかもしれない。
　デュサンは辛抱強く、自分が子どもの頃から信仰している宗教についての疑問も受け入れようとしたが、あまりにも育った文化環境が違うのでバイの望むような議論をすることはできなかった。彼が最初の方で人は誰でも何を信ずるべきかを選ぶ自由があると言っているところを見ると、バイが家族と一緒に天国に「行く」ためには家族も改宗させる必要があるという考えが理解できなかったのだろう。同時に、バイも、これがいかに重大なことか説明できなかった（おそらく彼は他の文化の出身者とはこの問題を理解し合えないことがわかったのだろう）。もしデュサンが中国人の価値観や自己と集団についての考え方を知っていれば、バイのジレンマにもっと同情できたかもしれない。このように、二人の会話は、一般的な話題として話しているのか、個人の問題として話しているのかという、二つの異なったレベルが平行線のまま進む会話だった。
　両者の間に理解の欠如はあったが、相手に対して悪い対応がとられることはなかった。この事実は異文化間コミュニケーションで最も大切なことは「相手に好感をもつこと」（Sarbaugh 1979: 49）という考えを裏づける。同時に、このようなコミュニケーションを真に成功させるためには、他の者のもつ価値観についての知識が必要であるということが示されている。

4.3.2　グループF：文化衝突
　グループFでは異文化間コミュニケーションで起こりうる新たな問題が見られた。会話ではある意見が述べられても、それがそれぞれの参加者の価値観や信条に基づいてさまざまに解釈されている可能性を考えることができ、その結果、わだかまりや衝突が起きることもある。それは聞き手にとっての価値観が話し手の伝えたい内容と相容れない場合があるからである。メッセージ内容もその裏に隠れている価値観も、正反対の価値観をもつ人々

には受け入れられないし、聞き手が自分の解釈の仕方を変えようとはしないため、摩擦や仲たがいが起こってしまう。相手の考えが相手の文化システムの中でもつ意味が理解できないために、ますます事態は悪くなる。グループFが取り組んだ問題は、性的モラルの問題、特に男性と女性の役割に関係しているテーマであった。参加者のうち二人は、価値体系の根幹に男女の役割の違いを置く文化圏の出身である。この会話の中では、この二人のもつ家父長主義的価値観を反映する話題ものぼり、二人は、若い人には個人の権利はなく、賢者である大人が若い人たちのために最良の決断をすると考えるのである。

　このグループの会話はビデオ録画された。参加者は南ヨーロッパ出身の女性のサンドラ（Sandra）、東ヨーロッパのそれぞれ異なる国から来たジョセフ（Josef）とピョートル（Piotr）という二人の男性、中東出身の男性のジャマル（Jamal）、東南アジアの男性ピエン（Phien）であった。地元の新聞に男女共学の高校の利点と欠点に関する多数の記事や手紙が掲載されたので、授業でこの問題を取りあげた。このグループのタスクは長所と短所を話し合い地元の高校に男女共学か別学のどちらがよいか勧告するというものであった。これは補遺2では「男女共学」と呼ばれている。

　まず始めに、ジャマルが率先して話を進め12歳から16歳の間は男女別学にする必要があると言った。彼は8分間話したのだが、その間ピエンが5回 'yes' とあいづちしたのと、ジャマルが説明するために必要な単語をピエンが2度ほど教えたのを除けば、他の人はずっと黙ったままだった。大学に入る年頃では男女いっしょに勉強できるが、中・高生の間はだめだというのがジャマルの意見であった。その年齢では性格が定まっておらず、男女がいっしょに過ごすと女の子は男の子をまねして強くなってしまうからというのが彼の理由である。もし一緒に過ごすとどうなるかについて彼は話し続けた。

グループF：抜粋1

1 **Jamal:** After this when she will go home　この後で彼女は帰宅すると
2 　　　　　as a wife she will be tough with her husband　妻として夫に対して強い
3 　　　　　maybe if the husband is tough and she is not tough　夫が強くて妻

		が強くないなら
4		they er they can make something　二人はええと　二人は何とかするでしょう
5	Phien:	Yes　はい
6	Jamal:	they can make a balance between them　二人はうまくバランスをとるでしょう
7		but if she is tough and he is tough all the time　だけど彼女も彼もいつも強いなら
8		the divorce will happen　離婚になるでしょう

　すぐに、ジャマルは別の理由をつけ加えた。この年齢だと近くにいるだけで恋愛感情をもってしまい、まだ若すぎるのに結婚したくなってしまうだろうというものであった。

グループF：抜粋2

1	Jamal:	And er they fell in love and a very quickly er very quickly　そして好きになってすぐにすぐに
2		and maybe it will be marriage you know　そしてたぶん結婚になるでしょう
3		and very early marriage is very dangerous for them　そして早すぎる結婚は二人にはとても危険
4		some of them　ある人は
5		he is a child and she has a child　彼が子どもなのに彼女には子どもができてしまう
6		she is a child and she get pregnant　彼女は子どもなのに妊娠して
7		and she is maybe twelve ..　彼女はたぶん12歳
8		she is a child how that er　彼女は子ども
9		how we will let that happen you know　どうしてそんなことさせる

　また少し後でも、ジャマルは「危険な年齢」の話を繰り返してから、他の人に意見を求めて話を終えた。

グループF：抜粋3

1	Jamal:	er this age is very dangerous　ええと　この年齢はとても危険

2　　　　　　and you now reply with your opinion　みなさんも意見を出して答えて

　ジャマルが一人でずっと話している間、ピョートルとジョセフは背もたれによりかかって静かに座り、顔の表情を変えずジャマルを見ながら礼儀正しく聞いていた。ジャマルの方を直接は見ていなかったが、サンドラも静かに座り、彼が若い人の結婚と妊娠について話していたときは微笑んだ。三人とも一言も声を出してあいづちはしなかった。一方、ピエンは身を乗り出して座り、うなずいたり、あいづちで同意を示したりしながら一心に聞いていた。ジャマルも前のめりに座り、ジョセフとピョートルとはしっかり目をあわせていた。ピエンが同意を示す時だけはピエンの方を見た。ジョセフがジャマルに具体的には何歳から男女別にした方がよいと思っているかを確認した後、ジョセフは科目によっては別々に学ぶものもあるが男の子と女の子がいっしょに成長するのは自然であると述べた。さらにピョートルが女の子の物静かで行儀のよいことが男の子にとってもよいお手本になり、クラスにバランスをもたらすと述べた。

グループＦ：抜粋 4

1　**Josef:**　But it is unnatural　だけど不自然です
2　**Jamal:**　Why why is it unnatural why　なんでなんで不自然　なんで
3　**Josef:**　Why because it's naturally　なぜってそれはあたりまえですよ
4　　　　　　to growing to grow up all　みんないっしょに大きくなることは
5　　　　　　with boys and girls you know　男の子と女の子みんなが
6　　　　　　if you are a boy with a girl or opposite　あなたが女の子と一緒にいる男の子だったとして　またその逆もあるけど
7　**Jamal:**　Yes　はい
8　**Josef:**　But what I think　しかし　思うに
9　　　　　　I would do all through　すべていっしょにして
10　　　　　 I would separate them　だけれどある科目は
11　　　　　 only for some subjects　別々にするのがいいと思う
12　**Jamal:**　Some some subjects　いくつかの　いくつかの科目は
13　**Josef:**　You know for physical education　体育とかね
14　**Jamal:**　I I yes　私は　私は　はい

15	Piotr:	You told us you see　あなたが言ったのは
16		only one er face of this problem　この問題の一つの側面だけで
17		you told us about　あなたが言ったのは
18		boys' bad behaviour　男の子のお行儀の悪さです
19		what about girls' good behaviour　女の子の行儀のよさについてはどうですか
20	Jamal:	Good behaviour yes　お行儀がよい　はい
21	Piotr:	Because in my opinion　だって私の考えでは
22		I fully agree with you　まったくあなたに同感です
23		girls are more quiet　女の子のほうが静かだし
24	Jamal:	Yes yes　はいはい
25	Piotr:	girls are more romantic　女の子の方がロマンチック
26	Jamal:	Yes　はい
27	Piotr:	girls not only boys er　女の子は、男の子だけではなく
28		girls bad examples　女の子の悪い例は
29	Jamal:	Yes　はい
30	Piotr:	but in x girls can give boys good behaviour　だけどxでは　女の子は男の子に行儀のよさを見せられる
31		you understand or not　わかりますか　どうですか
32	Jamal:	I understand yes I understand　わかります　はい　わかります

　ここからわかるように、ジョセフとピョートルが話している間、ジャマルは何度も応答しており、一度は質問しようと割り込みもし（2行目）、2度相手のことばを繰り返した（12、20行目）。彼はまた頻繁に'yes'というあいづちをはさんでいるが、それぞれの意味は異なるようだ。7行目と29行目は「聞いていますよ」とだけを示しているようだが、14行目、24行目、26行目はコメントに対して同意しているらしい。ただ相手の大筋の議論に賛成はしていないことが後で徐々にわかってくる。32行目の'yes'はピョートルの論点を理解していることを表している。ジャマルが'yes'を色々な意味に用い、ピエンがはっきりした同意を表すのに'yes'を用いたことを見ると、英語母語話者が同意や確認の意味だけに'yes'を使うよりずっと広い意味の幅で非母語話者は'yes'を使うことがわかる。

　何回か話し手が交代した後、ジャマルはまた話し始めた。ピョートルが彼を慎重にさえぎってサンドラに意見を尋ねるまで彼は4分間話し続けた。

このターンでは、ジャマルは女の子を手本としても男の子は決して女の子から影響をうけないことと、男女は基本的に異なることを論じている。

グループF：抜粋5

1	Jamal:	(*very softly*) It's not a balance　（とても小さな声で）バランスではない
2		because all the time　というのはいつでも
3		and it's a RULE　それは規則で
4		there is no one single guy　男の子はひとりも
5		try to imitate a girl　女の子のまねをしようとしない
6		he will NEVER　絶対しない
7		because because there's　というのはなぜならそこには
8		something in his mind　心の中にあるものが
9		in his nature　もともと
10		is not to be a girl　女の子とは違うものがある

彼は更に意見を続ける。

グループF：抜粋6

1	Jamal:	The girl must have her rights　女の子も自分の権利をもたないとだめ
2		all her rights　自分自身の全ての権利
3		but we are not equal in body　だけど身体の面では同じではない
4		God make us like that　神様がこのようにおつくりになった
5		God make us different in body　神様が異なる身体と
6		different in er psychology　異なる心理をお与えになった

彼はまた、若者のことは年長者が決めるのがよいという意見を2度出した。1度目は次のように言った。

グループF：抜粋7

1	Jamal:	I don't like to separate them　彼らを別々にはしたくない
2		but we have to in this age　しかしこの年令はそうすべきだ

3		in my heart in my heart　心の内では　心の内では
4		I'd like them to be together　男女が一緒にいるのがいいと思うが
5		but in my mind no　頭で考えるとダメだ
6		because I have to take care of them　というのはこの年齢の子を
7		in this age　私が世話しなければならないから

　このように、ジャマルが他の人に反論したり、新しい意見を付け加えながら長い間話し続ける形で議論は進んで行った。抜粋の5、6、7が示すように、他の人はジャマルが話す間黙って聞いており、サンドラはピョートルから直接意見を求められたときの2回だけしか発言しなかった。彼女が初めて口を開いたのは会話が半分くらい進んだ時だった。

グループF：抜粋8

1	Sandra:	I think boys and girls have to go to school together　私は男女は一緒に学校に行くべきだと思う
2		at that age because they are x　この年齢ではね　なぜなら x だから
3		because they have to have the opportunity　なぜなら機会をもたなければ
4		to know each difference　それぞれの違いを知る
5		they have ..　それぞれがもっている
6	Jamal:	They already know　もうそんなこと知ってますよ
7	Sandra:	They have to learn how to solve their problems together　彼らは一緒に問題解決をすることを学ばなければならない

　この少し後で、ピョートルがピエンに意見を求めたので、ピエンは次のように述べた。

グループF：抜粋9

1	Phien:	I agree with um Jamal　ジャマルには賛成です
2		and I want to add something　ひとこと付け加えると
3		I think with the presence　私が思うには　いると
4		with the presence of the girl　女子がいると
5		the boy the boys　男子は　男子は

| 6 | | want to be tougher of girls　女子より強くなりたがる |

　さらに後で、ピエンはジャマルをさえぎって2度目の発言をしたが、それは、年長者や頭のよい人が若い人のためにいろいろ決めるのがよいと言っているジャマルに賛同するためであった。

グループF：抜粋10
1	**Phien:**	And you remember that　そして忘れてならないのは
2		the boys and girls are in the age　その年の男子と女子は
3		they don't know what's right and what's wrong　正しいことと正しくないことの違いがわからない

　ジョセフとピョートルは反対意見をゆずらなかった。二人の意見とは、男女別学は不自然だし普通ではないということなのだが、それは明らかに二人の出身の文化圏の社会にある価値観を反映した考え方である。これは、男性と女性に異なった振る舞いが期待され、通常、同性とばかり過ごすことがあたりまえの文化圏出身の人たちには説得力がない。ピョートルもジョセフもまたジャマルと同じく自分たちの文化に縛られている。さらにピョートルとジョセフは、このような自分たちの考え方は普通に誰にでも受け入れられるものと思っていた。どちらの側からの意見（ピョートルとジョセフ対ジャマルとピエン）も相手を納得させられるものではなかった。もし、お互いの文化の価値観の違いをもっと理解していたならば、多少は我慢ができ、もう少しいらいらしないで議論ができたかもしれない。次の会話の部分では、議論を通してジョセフとピョートルがずっとゆずらないままでいた意見がまとめられている。

グループF：抜粋11
1	**Josef:**	When boys and girls are separate　男子と女子を
2		in the school　学校で別々にするのは
3		it's not really normal situation　自然の状況ではない
4		because family and all life　家族や生活すべてで
5		is er kind of balance between boys　バランスが保たれている

6	woman and er man for everything, you know	何でも男性と女性でええと　ですよね
7	and why should boys and girls	なぜ女子と男子を
8	be in a very <u>unnormal</u> situation <u>unnormal</u> situation	それはとってもフシゼンな、フシゼンな
9	I think about school	学校に関して思うのは

　抜粋11で示された考え方は、文化的価値観に関する質問紙調査である程度までは確認された。男女と役割について明確な質問をしたわけではないが、階層差、あけすけな反論、面子についての質問の回答にはこの会話の中で見せた態度と一致する傾向があった。たとえば、「人は皆が平等とは限らない。良家の出身で階級も高く重要な立場の人もいる。そのような人に対してはより尊敬を示し、礼儀正しく接するべきである。また自分より年上の人に対しても尊敬を示すべきである。」という考え方に賛成かという問いに対して、ジャマルとピエンはこの問の前半部分には限定的であったものの、年配の人は敬わなければならないという考えはしっかりともっていた。また他の人に面子をたて、不快の原因や不調和を避けることは重要であるという考えには賛成していた。実際、ピエンは「その通りである。まったく賛成である。」と書いている。一方、ジョセフは、平等という考えをゆずらず、「誰もが人間という生き物である。自分より高い地位だからといって媚びるつもりはありません。」と書いている。「自分より年上や重要な地位についている人に対してでも反対意見を述べることができる」という価値観に対しては、ピョートルは「そういう人たちに反対意見を述べることはできます。私はいつも自分の思っていることを述べます。」と答えていた。

　このグループでは意見交換をしているだけで、何かを提案するまでには至らなかった。ジャマルは、この年頃の男の子と女の子を一緒にするのは危険だという意見を最後まで言い続けた。この話し合いは、お互いの意見が全く正反対であることが明らかになっただけで終わり、人間関係も張り詰めてしまっていたが、このことは彼らの身振りからもよくわかった。ジャマルは興奮し身振りも激しくなっていき、かたやピョートルとジョセフはいらだちを隠し切れずに投げやりになっていった。ピョートルは発言しなくなり、ジョセフは背もたれにもたれかかり、ときどき横柄に肩をすくめたりしていた。

ピエンはあいづちや身振りでジャマルへの同意を熱心に示し続けた。ピエンの文化では対立を嫌い、前述したように質問紙調査でもこのことが確証された。しかし、彼は2回しかしゃべっていない。1度はピョートルが彼に意見を求めたときだった。ピエンの出身の文化圏では調和を重んじ、気まずさを避けることに価値を置いているので、口数が少なかったのは対立の摩擦が増したためであろう。サンドラはたいてい目を伏せており、最初の頃に1度微笑んだ以外は特に目立った反応を示していなかった。このような議論はよい人間関係を進めるために役に立つどころか、異なる意見をもつ人を、自分の価値観や自分の文化の枠組に基づいて判断し、否定的に見てしまう。人々が一緒に暮らして一緒に働かなければならない多文化社会ではこういった事態は深刻な影響をもたらす可能性がある。

　このような会話により、多文化社会では文化への気づきのためのトレーニング（cultural awareness training）の必要性が強調される。文化的な事情を理解し、他の人にどのような文化的縛りがあり、優先して考えているものは何かを理解できれば、たとえその考えには賛成できなくても、その人を厳しい目で見たり、その結果人間関係が悪化したりすることは避けることができるだろう。たとえば、多くの社会では男性の沽券が自分の家族の女性たちの貞淑な振る舞いにかかわっており、男性には女性をみだらなできごとから守る義務があるという事実がジャマルの意見には反映されているのだが、ピョートルやジョセフやサンドラがこのことを知っていたならば、ジャマルの意見をもっと容認できたかもしれない。ベトナム、中国、日本、韓国などでは儒教の教えにより男女の役割が決められているが、そのような知識をもつピエンはジャマルに共感を抱きやすかったのだろう。確かに、ジョセフとピョートルが男女一緒にいる方が「自然」だと言い張ることは、二人が他の社会に関する知識が欠落していることを顕にしているだけで、ここでは説得力が無い。もちろん、二人はこのような文化的規範があることを知りながらあえて無視したのかもしれないが、前にも述べたように、ほとんどの人々は、自分や他の人の文化的価値観の違いについては意識せず、自分のものがたった一つの正しい、適切なやり方だと思いこみがちである。この会話で見られた何人かの否定的な反応の原因は、設問に無かった文化的価値観とは違う要因により生じた可能性があったということにも注目したい。この会話ではそれぞれのターン・テイキングのスタイルが明らかに異なっていたのである。ま

た、ジャマルが用いた凝った表現法は、明らかに彼の第一言語であるアラビア語の影響であり、他の人のスタイルとは全く違うものだった。ことばのやりとりについての側面はのちほど第6章で述べる。

4.3.3　グループG：異なる価値観―説明の失敗例

　グループGも、価値観の対立と文化的知識の欠如により残念な結果が生じたグループである。このグループでは、ある文化では理想とされる案が、理解されなかったり却下されたりした。このグループの参加者はグループBにもいたラテンアメリカの女性のヨランダ(Yolanda)、東南アジア出身の女性のアン(Anh)、グループAにもいた東南アジア出身の男性のリ・ドン(Li Dong)、東ヨーロッパ出身の男性のエルヴィド(Elvid)である。このグループが話し合ったのは3番の「多文化マネージメント」という問題である。与えられた状況は以下の通りである。オーストラリアに来たばかりの男性従業員(出身地は明らかにされていない)は、直属の若い女性上司に業務を報告しなければならないのだが、彼女が自分より年下であり、職場に相応しくない丈の短いはしたないスカートを履いているので報告するのを拒んでいるというものである。参加者には、これは実際に職場で起こった事例であり、中間管理職として二人の間の問題を効率的に解決する方法を考え出すのがタスクだと告げられた。また、この女性の服は当時の典型的なキャリアウーマン風ファッションで、若い管理職女性らしさをかもし出す服装であることも伝えられた。グループ全員が、オーストラリアのような自由な国ならば、その女性に別の服を着ろとは言えないし、オーストラリアの職場では男性従業員の方が態度を改めるべきだという意見であった。会話に参加していた人たちが、新天地の職場において新しい社会の価値観を受け入れる気構えをもっていることがわかる例はたくさんあるが、これもその1例である。

　話し合いの前半で、エルヴィドは彼の国では大きく三つの宗教があり、その一つがイスラム教なので、中東のイスラム教社会については少し知っていると述べた(問題に出てくる男性は実際には南アジア出身者だったのだが、他の参加者同様、中東から来たと想定して会話をしている)。そして、中東の国々では、男性は女性と一緒に働くことすらないから、男性従業員の態度は理解できるものであると言った。同時に、オーストラリアでは、この男性従業員が変わるように説得することが唯一の解決方法だという他の人たちの

考えにも同意した。提案が決まり、エルヴィドがこの考えを繰り返した後、リ・ドンはこの男性従業員に伝える際の言い方が肝心だと言った。しかし、エルヴィド（この会話を仕切っており、1回のターンの発言も長いし、他の人が話していても同時に話したりした）は、この提案を無視した。

グループG：抜粋1

1	Elvid:	It's a free country　自由の国だよ
2		he must change his mind　彼の気持ちを変えなきゃだめだ
3	Anh:	Right that's right　そうそうその通り
4	Elvid:	and the manager MUST tell him　そして上司も絶対に言わなきゃ駄目だ
5	Anh:	Yer explain yer　うん　説明　うん
6	Elvid:	explain him about freedom in Australia　彼にオーストラリアの自由について説明して
7	Anh:	Right that's right　そう　その通り
8	Elvid:	about rules in company　会社の規則も
9	Anh:	{Yes 1}　はい
10	Elvid:	{he 1} he broke down rules　彼は規則を破っている
11	Anh:	Yer he {break the rules 2}　うん彼は規則を破っている
12	Elvid:	{er not she 2} she didn't　ええと彼女ではなくて　彼女は破っていない
13	Anh:	{I think er she had 3}　私が思うに彼女は
14	Li Dong:	{But even you know 3}　だけどそれでもね
15		even you know he was wrong　彼が間違っているけどね
16		even though you know he was wrong　彼が間違っているってわかっているけれど
17	Elvid:	wrong　まちがっている
18	Li Dong:	he was wrong　彼はまちがっている
19		you just can't say straightaway　でもあからさまに言うことはできない
20		sometimes you know　たまにね
21		you JUST CAN'T　出来ない
22	Yolanda:	Yes　はい
23	Li Dong:	you will hurt her feelings　彼女の気持ちを傷つけるでしょう
24	Anh:	Yes that's why you have to explain　はい　だから説明しないと

25 Li Dong: you will hurt her feelings {so 4}　彼女を傷つけるでしょうだから
26 Elvid: {Ah 4} That company you working here　ああ勤務先の会社に
27   you must tell him because　言わないといけません　というのは
28   er profit of company depend of him　会社の利益は彼と
29   and all people who work in there　他の従業員全員にかかっている

　この部分を見ると、リ・ドンはその男性に彼の考えが間違っていることを直接伝える案にかなり強く反対している。'JUST CAN'T' (21行目) と強い口調で繰り返し言っていることからこのことがわかる。彼は 'straightaway' (ただちに) という語を直接 (direct) や単刀直入の (straightforward) という意味で使っているが、どうも他の人にはわかりにくかったようだ。また代名詞の「彼女」と「彼」を間違えて使っているところがあり (23行目と25行目)、彼の伝えたいことがさらにわかりにくくなっている。これは、英語力の限界が説得力を弱めている1例である。また、リ・ドンは文化にかかわる用語を使って議論を進めていない。彼が 'you will hurt her feelings' (彼女の気持ちを傷つける) と言っているところは、おそらく男性従業員に恥をかかせ面子を失わせることを意味しているのだろうが、文化的な側面に基づいた意見というより、個人の主観的な感想にすぎない。理由はなんであれ、リ・ドンがうながした注意を、エルヴィドは理解しようとせず何も言わなかったし、リ・ドンの伝えようとした真意を確認しようともしなかった。実際、リ・ドンを無視するようにエルヴィドは、男性に態度を改めるように言われなければならない理由をまくしたてた (26行目以降)。アンとヨランダが最も気になっていたのは女性の権利だが、二人はリ・ドンに多少共感しているようだった。会話の前半を見ると、アンは男性従業員にこれはオーストラリアでの出来事なのだとわからせなければならないことに強く同意している (5、7、11行目)。このことから、彼女が女性の権利と、差別とは何なのかについて強い意見を持っていることは明らかであろう。彼女はこのグループでも、後述の別のグループでもこの問題を提起している。しかし、リ・ドンが、男性従業員にどのように伝えるかを心配した時 (14〜23行目)、彼女もそれに理解を示し、男性従業員の態度を改めさせる前に説明が必要であるという意見を述べて、リ・ドンの考えを支持してた (24行目)。それより前 (5行目) にも、'tell' (伝える) ではなく、'explain' (説明する) ということばを差し挟んで

いる。

　このあとで、エルヴィドは自分もよく似た経験をしたことがあることを話し、会話はユーモアと笑いで感じよく終わったのだが、問題に出てくる従業員については何の解決も示されなかった。エルヴィドは、男性従業員がある文化的価値観に基づいた行動をとっていることについては理解できるのだが、直接面と向かって批判されることに対して敏感になるという具体的な態度に理解を示していないところが面白い。このことは第5章でも述べるが、エルヴィドの出身の文化圏では、遠まわしに言うことが低く評価され、ごまかしがある、また誠意がないなどと思われてしまう。逆にリ・ドンの出身の文化圏では、対立があるときは特に遠まわしの表現が伝統的に高く評価される。リ・ドン自身の話し方がいつもそうだというわけではないが（第8章参照）、はっきりと伝えてしまうと、男性従業員に屈辱感を与えるだけで逆効果になり得ると理解しており、このことを他の人にも伝えようとしていた。しかし、この考えはエルヴィドには無視された。もしこのグループの人たちが、あらかじめ文化への気づきのためのトレーニング（cultural awareness training）を受けていれば、異なった価値観から出て来たこのような意見を無視することはなかっただろう。リ・ドンも、もっと説得力のある言い方で意見を述べられただろうし、エルヴィドもその考え方を理解できたであろう。

　リ・ドンやエルヴィドがそうであったように、参加者の英語力が十分でないことも会話の失敗の一因だったと思われる。会話の参加状況を見ると、わずかな英語力でも意見交換することが可能なことがわかるが、英語力の不足により理解が限られていたことは明らかであるし、効果的で説得力のある表現で意見を述べることはできなかった。たとえば、後に見るグループIとグループJでも、同じような文化衝突が起こっていたのだが、英語能力が高かったので、男性従業員に単刀直入に伝えるのは効果がないということを納得させることができた。しかし、英語力がある場合でも、単刀直入に伝えることを好む文化の出身者が、頑固に自分たちの考えを変えず、遠まわしな説得を提案する人に対して批判的になることもある（FitzGerald 1996）。

　グループAとグループBの考察でも述べたが、リ・ドンとヨランダは二人とも集団への帰属意識に関する問により、集団主義的な傾向があることがわかっている。アンはかなり集団主義的考えが強く、自分が家族の一員であることが優先されるかという質問紙の設問には「はい」と答えている。ま

た、彼女の出身の文化圏の人も同様に考える理由を説明する際、「はい、おそらく家族は生活において切り離せない存在だと思っているからいつも家族のことを考えるのです」と書いた。調和を維持し、面子を保ち他の人に対して直接批判をしないということに関しては、リ・ドンは「はい、全くその通りです。しかしどういう人と話しているかにもよります。相手に何を知ってほしいかによって表現方法を選ぶことができます。」と書いた。このことは、彼が問題の男性従業員に対して、どのような話し方にすべきかを意識していることを示している。アンもこれと同じ考えで、「私の国ではこの方法が好まれています」と書いた。ヨランダは、「私は、直接他の人を非難することもできるが、丁寧な言い方をするように心がけている」と書いた。アンとヨランダの回答から、二人はリ・ドンの考えに賛成する気持ちがあったことがうかがえる。残念なことに、エルヴィドは質問紙調査に回答していなかった。

4.4 文化の違いから生まれるもの

会話に参加している人たちが異なった価値観をもっているため、話し合いがこじれることがあるのは確かである。しかし、参加者の多様な文化的背景や異なった価値観を理解することで、特にある文化特有の信条や態度に対してより寛容になり、さまざまな問題に対して効果的な解決を生み出せることもある。そこでは、異なった考え方をすりあわせて調整しようと話し合われ、グループの中の多様な価値観が、障害ではなく利点として働く生産的要因となり解決に至る。次に見る新たな三つのグループの話し合いでは実際にどのようにそれが起こっているかを見ることができる。

4.4.1 グループH：多文化社会で必要な妥協点

このような特徴がはっきりと出ていたのはグループHである。このグループは就職向け英語(EPE)の学生たちで、大きな会話グループであった。南アジア出身のゴヴィンダ(Govinda)という男性、東アジア出身のヴェラ(Vera)という女性、東欧から来たミロン(Miron)という男性、ラテンアメリカのカルロス(Carlos)という男性、ダナ(Dana)とテレサ(Teresa)という東欧出身の二人の女性が参加していた。二人の東欧の女性以外は、オーストラリア国内

ですでに英語の授業を受けた経験があった。しかし、この段階では誰も異文化間コミュニケーションに特化したトレーニングは受けたことが無かった。このグループの英語の能力は、今まで紹介した他の一般英語クラスのグループよりも高かった。このグループでは4番の問題「エイズ教育」をテーマに話し合い、多文化社会であるオーストラリアの中等教育機関で、エイズに関する教育をどのように導入すべきかを、親や地域住民になったつもりで話し合うロールプレイを行った。これはちょうどニュースで話題になっていたテーマでもある。

　ダナの提案により、それぞれの出身の国でエイズ、性行為、性教育に関する状況がどうなっているかを簡単に話していくことになった。ひとりひとり短い、ざっくばらんな説明をしているが、それぞれの社会には、さまざまな考え方や意見や風習があるということが明らかにされた。ゴヴィンダは、彼の国ではエイズについての特別な教育プログラムは無いが、テレビやラジオ、新聞などの広報で広く伝えられ、この問題に関する情報は人々に届いていると言った。その後、ダナは定期的な教育が必要だと言ったが、そこでカルロスが、ある文化的背景をもつ人にはそのような教育には難しさが伴うのではないかとさえぎった。

グループH：抜粋1

1　**Dana:**　I think that the crucial thing　重要だと思うのは
2　　　　　　would be to educate them all the times　いつでもみんなに教えることですね
3　**Carlos:**　Yes but this is too difficult you know　はい　だけどむずかしすぎますね
4　　　　　　for example in my country they're too Catholics　たとえば　私の国ではカソリック色が強いですし
5　**Teresa:**　Yes that's right　ああ　そうですね
6　**Carlos:**　for x x {and if 1}　だって xx そしてもし
7　**女性?:**　{x same 1} like in x in China in Italy　x 同じ　中国やイタリアみたいに
8　**Carlos:**　Yes it's too too cruel to show them　はい　それを見せるのは刺激的すぎる
9　　　　　　these these er programs about AIDS　エイズについてのこれらの番

組を
10 Teresa: Mmm　うーん
11 Carlos: because I have seen programs　番組を見たことがあるけれど
12   they show their bodies　体を見せるし
13   and their conversations too explicit　セリフもなまなましいから
14   I think it doesn't function in my country　私の国ではうまくいかないと思います
15   because seems nobody will see this kind of program　こんな番組は誰も見ないだろうし
16   or I don't know it's too explicit　露骨すぎるかわからないけれど

　ここでは、カルロスはこのような教育をするときは、彼の出身文化にあるような考えをもつ人がいることを忘れてはいけないと注意を喚起している。15行目は、あまり露骨な番組は誰もが見ることを拒むという意味だろう。この後、話題の中心は子どもの性教育における親の役割に移って行ったが、再び学校での性教育の必要性に話題が戻った。ダナはこのことに関しては、親も学校で教育を受けるべきなのではと言ったが、カルロスが再び彼女をさえぎって、どんな文化においてもそれはふさわしくないだろうと言った。

グループH：抜粋2
 1 Dana: When I talk about parents　両親については
 2   I thought that the best way would be　一番いいのは
 3   to er teach them at school too　親にも学校で
 4   at their children's school in the school　子どもの学校で　学校で
 5 Teresa: Yes yes　はいはい
 6 Dana: when you call all the parents　両親をみんな集めて
 7 Carlos: But I think we should divide　だけど別にしないと
 8   in the parents the culture　親の文化
 9   because I think for my culture　なぜなら私の文化では
10   this er program is rude too cruel　この番組はふしだらで露骨すぎる
11   maybe nobody wants to go to hear about this　恐らく誰もこれについては行って聞きたいとは思わない

　カルロスは、オーストラリアのような多文化社会では、いろいろな文化か

ら来た全ての人々にこのような教育プログラムが適しているとは想定できないし、親たちの中には異なった見方をする人たちがいて、参加を拒むだろうとはっきりと指摘している（7〜11行目）。これ以降、このグループはこれ以上この案については話し合わなかった。テレサが話題を変え、親たちが子どもに許容される範囲で道徳観念についてあまり性的に露骨ではなく話すのがよいのではないかという案を出したからだ。しかし、最後にどのような内容の性教育が必要かについての話題に戻ったとき、カルロスがさまざまな文化圏の人にも適した教育プログラムに改めてはどうかという案を出した。それに対する明らかな反対意見は見られなかった。

グループH：抜粋3

1	**Govinda:**	It would be the education	安全な性交渉を
2		how to practice safe sex	学ぶのは教育でしょう
3	**Miron:**	That's true but not restriction	その通りですが、制限はしてはだめ
4		because restriction won't work	制限はうまく行かない
5	**Carlos:**	I think this is a good point	それはよい点だと思うけど
6		but in different levels I mean for example	いろいろなレベルでたとえば
7		the education could be open for Australians	オーストラリアの人にはオープンなのもいいかもしれないけれど
8		but more soft or kind with other cultures	他の文化の人には刺激がないようにして
9	**Vera:**	Yes that's right	はい　その通りですね
10	**Miron:**	But you should adapt education	だけど教育を
11		to every country	それぞれの国に合わせないと
12	**Carlos:**	Yes that's right	はい　そのとおり
13	**Miron:**	culture	文化に
14	**Carlos:**	Culture yes	文化に　はい

9行目のヴェラのコメントから彼女はカルロスの意見に同意していることがわかる。彼女はまた、彼女の出身の文化はとても保守的で性交渉の話題を子どもにするというのは恥ずかしいことだと思われていると説明した。しかし、彼女は個人的にはこの考えを改めたいと思っており、彼女は最初の方

で、子どもに教えることは親の責任であると言っていた。ミロンもまた、カルロスの考えに好意をもって共感しながらはっきりと賛同を示しているので(10、11、13行目)、納得しているようだった。ミロンがこのテーマについて一番開放的な考えをもっている。ミロンがカルロスの意見を受けたことを見ると、多文化社会の中で何がうまくいくかいかないかを考える時、異なった考えが存在すること自体に意義があることを示している。つまりこのグループでは、会話者は無意識なままそれぞれの育った環境を反映した意見を言っているというよりは、むしろ自分の意見を出し、他の人を納得させようとすることで、文化の違いから影響をうけていることに気がついた。同時に参加者同士の性のモラルに関する価値観の違いを指摘しあう議論にもなっている。さらにこの会話は、白人のオーストラリア人以外は同じ価値観や意見を共有しているのだと思い込む移民がいることを示すよい例にもなっている(7～8行目)。これもまた誤解を生む勘違いなので、文化への気づきのためトレーニング(cultural awareness training)を行うことで対処しなければならない。

　質問紙調査に回答したのは、カルロス、ゴヴィンダ、ダナ、ヴェラの四人だけで、またその調査には、文化集団に関する直接的な質問はなかった。しかし、「もし、友達や親戚が頼みごとや援助を求めてきた場合、あなたにはそれに答えるように一生懸命行動する義務がある。彼らに直接、自分では無理なので他の人にかわりに依頼してほしいとは言えない。」という価値観に対しては、カルロス、ゴヴィンダ、ヴェラは三人とも「その通りである」と回答し、「あなたの文化の多くの人も同じように思っていますか」という質問には「はい」と答えている。実際、ヴェラは「私の文化では当然である」と補足している。しかしダナは「一部の人はそうであるが、もし無理な頼みごとだと思ったら、私ならできないと伝える」と答え、自分の文化の他の人も、「同じ考えである」と答えていた。「全ての人は平等というわけではない。家柄がよく地位も高く、重要な地位についている人もいる。そういう人たちには敬意を表すべきである。また、年配の人にも礼をつくすべきである。」という価値観に対しては、カルロスは「賛成である。私の国で使われるスペイン語には三つの'you'の言い方がある。誰に話しかけるかでどれを使うかが変わってくる。」と書き、ヴェラは「ある程度はそう思う。年上の人には敬意を示すことが当然と思われている。」と書いた。ゴヴィンダは「設

問の後半部はあてはまるが、前半部はそうだとは思わない」と答えた。しかしダナは「逆である。全ての人は平等である。ただ、私はたいてい年上の人には敬意を示している。」と回答した。四人とも、自分の考えは一般的に自文化で共有されているものだと思っている。これらの回答からわかることは、彼らは自分の文化について客観的に説明でき、かつ、それらの考えを自ら受け入れているということだ。実際、カルロスは最も伝統的で階級制度を重視する見方をしているために、彼と似たような文化圏から来た人の抱える問題を最もよく理解できていた。

4.4.2　グループⅠ：文化的にふさわしい解決方法の発見

　文化の信条にかかわる問題を解決するとき、さまざまな文化的背景をもった人が参加することが効果を発揮し、よりよい解決方法が見出した例がグループⅠでも見られた。このグループでは感情や価値観に対して、お互いの気持ちを理解し合い、はっきりとしたことばで議論した結果、考えを変える参加者が出たり、ことばの不十分さを乗り越えたりすることができた。話し合いを行う前にさまざまな文化価値観について勉強していたことが彼らの行動に影響して、効果的なことばのやりとりにつながった。

　このグループには、ラテンアメリカのレナータ(Renata)、東南アジアのキャム(Cam)、中東のミーナ(Meena)、東ヨーロッパのリュビカ(Ljubica)、東アジアのリンリン(Ling ling)という5人の女性がいた。リンリンは何年間か西ヨーロッパに住んでいた経験を持つ。レナータがこのグループでは中心となっていた。彼女は他の人に比べて英語も流暢で積極的であり、夫を通じてオーストラリアの社会にもよく慣れているようだった。彼女の夫はオーストラリアにやって来てすぐよい地位を得ていた。このグループも問題3「多文化マネージメント」を話し合った。

　レナータがこの問題に出てくる女性上司の立場に立って口火を切り状況を簡単にまとめてから、男性従業員に直接話しかけ会社で守らなければならない項目を説明することを提案した。続いてミーナ(人の前で、面子を失うことを避ける文化圏出身)が、男性従業員の面子を守り直接的な対立を避けることを提案した。

グループ1：抜粋1
  1 **Meena:**　Maybe it's better to change his position　配置替えをしたほうがよい
  2 **Renata:**　To change　替える
  3 **Meena:**　Yer　うん
  4 **Renata:**　You mean which position the man　この人をどの担当に
  5 **Meena:**　Yer yer　うん　うん
  6 **Renata:**　We have to change the man　配置替えしないとね
  7 **Meena:**　To another position um with another supervisor　他の上司のいる他の担当へ
  8 **Ljubica:**　Er in another part of our organization you think　ああ　組織の他のところ
  9 　　　　　　<u>when</u> supervisor is er some man, can't woman　上司が男の人のトキ、女の人はだめ
 10 **Meena:**　Yes　はい
 11 **Ljubica:**　Ah　ああ
 12 **Meena:**　Maybe it's better for him　その方が彼にはよいかも

　レナータにもリュビカにもミーナの提案は予想外だったようだ。これは、二人とも彼女の意図がすぐに理解できず、確認の質問をしなければならなかったことからわかる。レナータは自分がミーナの案を正しく理解したかを確認するため2度質問（4、6行目）し、リュビカもさらにミーナの意図を確認している（8、9行目）。
　ここで、キャムがミーナの考えを支持するために会話に加わった。キャムにはミーナの意図を確認するまでもなかったことが興味深い。キャムはミーナの提案をすぐに理解したからである。キャムの文化圏に、もともとある価値観が反映されていたためであろう。

グループ1：抜粋2
  1 **Cam:**　You know because he well <u>quality qualitify</u>　彼はシカク　シカクがあり
  2 　　　　　and good at his job　仕事もうまくやっている
  3 　　　　　it's not difficult to find the other supervisor　他の上司を見つける

| | | のはむずかしくない | |
| 4 | | better than her　彼女よりましな | |

　一方、レナータとリュビカは次の会話で見られるように、この解決策を受け入れることができなかった。彼女たちが反論するにつれキャムは考えを変え始めた。また同時に男性従業員の気持ちを説明しようとした。ミーナも男性従業員の行動を説明し始めたが、より文化的な視点に立った説明を行った。

グループ1：抜粋3

1	**Renata:**	The problem is not the supervisor　問題は上司にはない
2		because when this man had the interview　この男性が面接を受けた時
3		he was interviewed for this position　この部署のための面接だった
4		and he is <u>sweetable</u> for this kind job　彼はこの種の仕事にピッチリあっていた
5		I think it's not the solution　解決にはなりませんよ
6		just to change the place　配置替えだけするのは
7		because maybe tomorrow next year　だって明日とか来年とか
8		his supervisor can be another woman　別の女性上司にあたるかも
9		dressed in the same way　同じような服を着た
10		and you cannot keep changing the position of this man　この男性の担当上司を変え続けるわけにはいかないし
11	**Cam:**	{But 1}　しかし
12	**Ljubica:**	{I think 1} he must to must　私が思うに彼はしなければならない
13		I don't know how to say　なんと言ったらいいんだろう
14		er accept this organization　この職場組織を受け入れ
15		in this woman is a supervisor　この女性が上司の
16	**Cam:**	Many women they could er <u>qualitify</u>　多くの女性はシカクがあって
17		they er could good at their job　仕事ができれば
18		they can become er supervisor　上司になることができる
19		even they very young　若くても
20		but the man usually they think　だけどたいてい男性が考えているのは

21		oh she very young x x boss my boss　彼女はとても若い xx 上司が私の上司が
22		they don't agree about that you know　これについては受け入れられないでしょ
23		and so sometimes feel they feel　ときどき彼らは感じている
24		they under the woman　女性の下にいて
25		they don't like that you know yer　そういうのは好きじゃないんじゃない
26	Meena:	In some countries　ある国ではね
27		there is this situation　こういう状況は
28		um men doesn't like　男性は好きジャナイ
29		don't like the man to be a low position　男性が地位が低いのはきらい
30		than women you know　女性よりね
31	Ljubica:	{It's very difficult 2}　とても難しい
32	Cam:	(*laughing*) {They usually think 2}　(笑いながら)男性はいつも思う
33		they are stronger　自分はもっと強いと

　この後で、レナータがこれは難しい文化の問題であることがわかったと言い、意見を少し変えた。しかしオーストラリアには機会均等法があり、彼女はこのケースは上司の性別が原因で起こっている差別だと感じていた。リンリンとリュビカはレナータに賛同し、ミーナとキャムも賛成に傾きながらも、同時に他の参加者にこの従業員の男性としての立場と、彼への最良の説得方法をわからせようとしていた。

グループ1：抜粋4

1	Meena:	Maybe it's better you explain　あなたが説明するのがいいかも
2		that er here women and men are equal　ここでは男女同権ということを
3	?:	Yer yes　うん　はい
4	Meena:	you know and it's no differences between them　男女に違いはないでしょ
5		maybe he has something wrong with his cultural background　た

		ぶん　文化的背景に問題があるのでは
6		so it's better to explain er Australian cultures to him　だからオーストラリアの文化を彼に教えてあげたほうがいい
7		you know er because many <u>migration</u> doesn't know anything　イジュウの人は何も知らないでしょ
8		about Australian cultures and it's better he knows about this　オーストラリアの文化とか彼も知っていた方がいいのよ

　この後キャムは女性上司のほうに非があるかもしれないと言って、それまでと矛盾する見解を述べた。その女性上司はとても若いので、コミュニケーション・スキルがあまりなく、上司らしくふるまっていなかったのではないかというものだった。この意見は他の参加者には受け入れられなかったが、後でミーナの意見に影響される形で、レナータはもっと間接的な対処方法を提案した。この男性従業員を異文化間コミュニケーションと対人関係スキルのトレーニングに行かせるという案だった。また、キャムとミーナも他の人の意見に影響されて自分たちの考えを変えたことが次の会話から明らかになった。

グループ1：抜粋5

1	**Cam:**	So no need to change him　彼を配置替えする必要はない
2		to other position　他の担当部署へと
3		if we change he will complain more　配置替えしてもさらに不満を言うかもしれないし
4		(*laughing*) x x x the other women　（笑いながら）xxx 他の女の人への
………（訳注　他の参加者の発話を省略）		
5	**Meena:**	And he must separate his work　彼は仕事と他のことは
6		with the other things　別にしなければ

　この会話ではトレーニングを受けさせるという解決策で合意が得られた。彼女たち自身が授業で文化への気づきのためのトレーニング（cultural awareness training）にいくらか取り組んでいたので、おそらく全員がこれについて理解し、その価値を認めているのだろう。次の部分が示すように、参

加者の間でよいラポールも築かれていった。

グループ1：抜粋6

1	**Renata:**	If it doesn't work　もしうまくいかなかったら
2		I'll move him to your <u>session</u> (*loud laughter*)　私はあなたのセッションに彼を異動させるから（大声で笑う）
3		then you'll have the problem　そしたらあなたがこの問題をかかえ
4		the hot potato in your hands (*prolonged laughter*)　難題を抱えこむことになる（笑いつづける）
5		Okay you think　とまあね
6	**Cam:**	(*laughing*) and if he can't change　（笑いながら）彼が変わらないなら
7		x x send him to you for teaching him　xx　あなたに彼の指導を頼むわ
8	**Renata:**	And maybe I can start to wear short skirts too　そしたら私もミニスカはいて
9		then what will he do (*more loud laughter*)　彼はどうするかしらね（さらに大声で笑う）

　質問紙調査の回答から今回の参加者の意見が、彼女たちそれぞれの出身文化の価値観の影響を受けていることがわかる。「あなたにとって家族の一員であることが最も大切で、自分自身であることは二の次である。あなたが行っていることはあなたの兄弟姉妹、いとこにも影響を与え、家族を知ることは、その家の個人も知ることになる。」という価値観には、キャム、ミーナ、リュビカが「同意する」に〇をつけて、レナータだけが「同意しない」に〇をつけていた。「人は皆が平等とは限らない。あなたは全ての人を家柄、年齢、社会階層といった要因で身分階層に分類することができ、あなたより地位の高い人をより敬う。」という価値観では、レナータとリンリンが「同意しない」に〇をつけ、リュビカは「全く同意しない」に〇をつけた。しかし、ミーナは「同意する」に〇をつけ、キャムは「まったくそのとおりである」と書いた。リンリンは長い間、個人主義色の強いヨーロッパで過ごしていたのだが、所属集団と自分のアイデンティティーに関しては集団主義的な見方を残し、一方で、身分階級は受け入れていないと回答している点は興味

深い。普段はよくしゃべる彼女だが、この会話ではほとんど口を開かなかった。しかし、両方の考え方(個人主義と集団主義)に理解を示していた。

　異なった価値観がそれぞれの意見に反映され、最初は意見が合いそうになかったが、参加者たちは各々の見方を熱心に説明し、両方の視点からこの問題を広く考えようとした。参加者は他の人たちの考えを聞いて、自分の考え方を変えてもよいと思っていた。その結果、妥協案として出てきたものが、この男性従業員に対しては直接対決姿勢を見せないことだったのである。その男性従業員が年下の女性の部下として働くことですでに面子を失っていると考えていたり、直接に批判をすることがひどく失礼で屈辱とみる文化の出身者なら、直接的な働きかけをしたのではなおさら事態を悪くするだろう。このグループが出した結論は、オーストラリアの職場の現実や文化に適合した解決策で、この男性従業員を男性上司の下に配置替えするというミーナが最初に出した案より優れていた。前にも述べたように、さまざまな文化圏出身の人が職場でチームを組む場合、その人たちがなんらかのトレーニングを経験していれば、単一の文化圏出身者だけのグループより斬新な案を思いついたり、創造性に富んでいたりすることは長く主張されてきた。このグループがそのよい例で、一つの場面をあらゆる方向から捉えて理解し、議論の中で出た新しい見方を基準として枠組を捉えなおすことができれば、よりふさわしい解決法につながり合意に至ることが示されている。もちろんこの会話では、参加者全員が女性であったこと、女性の平等権にかかわる話題だったことが原因となり、合意とラポールが生まれた可能性があることも認めなければならない。

4.4.3　グループJ：別の見方を考える

　男女両方がいるグループでもこの問題に関する話し合いがうまくいったところがいくつかある。そのようなグループに全く別々の文化出身の男性二人女性二人のグループがあったが、そのグループでは文化的理解があり相手の視点に偏見をもっていなかった。女性だけのグループに比べるとラポールの程度はそれほどでもなかったが、時折話題に関する笑い声が起こり、他の人たちとの衝突を避けていた。また、他の人の提案を無視したり一方的に却下したりすることもなかった。このグループに参加したのは、グループEにも加わっていた西ヨーロッパ出身の女性のギア(Gia)、中東の男性カリム

(Karim)、東アジア出身の女性のジアン（Zhiyan）、ラテンアメリカの男性のラモン（Ramon）だった。話し合いが成功した要因には、この会話以前に文化的価値観とコミュニケーション・スタイルに関する学習をすでに終えていたことが大きいようだ。

この会話では誰もがよく発言しているが、英語が一番流暢なギアが会話の中心になることが多かった。彼女はまず「いっしょに考えさせましょう」と言って、なぜこの男性従業員が女性上司に業務報告ができないかを「二人を同席させて」議論させたいと口火を切った。「明らかに」男性が女性に対して「敬う気持ちをもっていないため」なので、これは個人の問題であると判断したからだ。ラモンもまた、同じような意見を述べた。女性の短いスカートはセクシーであり、それが問題となっているというものである。しかしこの提案を受けての発言は誰からも出なかった。続いてカリムが発言し、男性従業員がそのような行動をとる理由は彼の出身文化が原因になっているからではないかという意見を述べた。他の参加者はこの意見を受け入れ、根底にある問題が女性の服装にあるのか、上司が女性であったことにあるのかという議論がしばらく続いたが、その後ラモンは意見を変え、男性はスカートの短さを理由にあげているが本当は女性の上司が嫌だったのではないかと述べた。その後、次のやりとりが続いた。

グループJ：抜粋1

1	Zhiyan:	Yes because we didn't know	私たちはこの男性が
2		where this man came from	どこの出身かわからないので
3		if he came from America	もし　アメリカ出身なら
4	Karim:	Yer {x x x x 1}	はい xxxx
5	Zhiyan:	{this would be fine 1}	これは問題とはならないだろう
6		maybe he came from the Middle East	たぶん中東から来たのかも
7		he {can't accept this 2}	彼は受け入れられない
8	Karim:	{x x x 2}	x x x
9	Gia:	So what do we do about that	だからどうすればいい
10		she's a woman and she's younger than him	上司は女性で男性より若い
11		. . (*slight laugh*) what do we do	（ちょっと笑う）何をしたらいい
12	Zhiyan:	I think as the manager um	私は上司としては

13		you don't just go there and criticise this man　対峙して直接男性を批判してはだめだと思う
14		we should like er try to understand　理解しようとしなきゃ
15		why he got this problem　どうして彼がこの問題を抱えているのか
16		why he didn't go to report to his direct boss　直属の上司に相談しないのかとか

　この会話を見ると、ジアンは文化的な気づきをしていることがわかる。この男性従業員がこの状況を受け入れることに無理があるのは強い文化的規制があるのだろうと彼女は言っているのである（6、7行目）。すると、ギアはこの問題への他の対処方法も広く受け入れるようになった（9、10、11行目）。ジアンは調和に価値をおき直接的な批判や対立を避けようとする文化圏の生まれのため、この男性を批判することには反対で、むしろ彼の立場を考えるべきだという代案を出している。彼女は多くの文化圏では直接的に注意することは逆効果となることをよく知っていた。この後で、カリムが、この男性は資格があり会社側は退職されると困るので、いい解決方法を探さなければならないと言い、この男性に同情を示した。ここでギアは、男性の上司がいる部署に配置替えするという新しい案を出したが、カリムは彼の資格が今の部署でないと通用しない可能性もあるので配置替えはよくないと述べた。他の多くの会話でも見られるように、話し合いは堂々巡りになり始め、最後には男性従業員に非があり、彼が考えを改めて新しい文化に順応しなければならないという結論に戻ったが、カリムは、男性従業員がすぐに順応するのはとても難しいということを説明している。

グループJ：抜粋2

1	**Karim:**	My view his culture is difficult　私の考えでは彼の文化はむずかしく
2		different from here so his . . . maybe　ここと異なっているので　たぶん
3		maybe he need more time　たぶん時間がかかるかも
4	**Zhiyan:**	That's right　その通り
5	**Karim:**	to be used this er . . .　慣れるのには
6	**Ramon:**	But I er excuse me　だけど私　すみません

7		{how can the x x 1}　どうやって xx
8	Gia:	{Maybe he just doesn't 1}　多分彼は
9		know how {x x 2}　どうするかわからないでしょう xx
10	Ramon:	{the reason 2} because　理由　なぜなら
11		you have to do the things as er　このことをしなければいけない
12		as they does the people do　他の人と同じようにね
13	Karim:	{Yer but 3}　はい　だけど
14	Ramon:	{this culture 3}　この文化は
15	Karim:	if you are new in this country　もしこの国が初めてなら
16		it is not easy to do this thing {very quickly 4}　これをするのは簡単ではない　すぐにはね
17	Gia:	{No x x 4}　うん xx
18	Zhiyan:	{It is just one 4} of the culture shocks　ただのカルチャーショックの一つです
19		for this man　この人にとっては

　ラモンとギアはカリムとジアンの考えを徐々に受け入れている（15～19行目）。文化への気づきのためのトレーニング（cultural awareness training）でカルチャーショックについてもすでに学習していたので、ジアンの伝えたい点はすべて他の参加者に理解された。ラモンは、新しく移住してきた人たちは新しい文化でのしきたりを受容しなければならないという意見を述べていたが、それには時間がかかることに理解を示した。ギアは男性従業員の考えがわかり同情を抱き始め、女性上司に対して「短いスカートは少し控えて数ヶ月間は長めのスカートで」と頼んではどうかという意見に改めた。しかし、彼らは問題の本質は短いスカートではないという結論に再び戻り、最終的な結論としてとりあえず男性従業員と話してこの問題について理解してもらうことになった。そのあとで、皆でもう一度集まって次のステップを決めようという話になったのだが、この会話の終わり頃には、これは実験会話なので、もう一度集まることはないと言いつつ、笑い合いながらとてもなごやかな雰囲気が生じた。
　このグループの話し合いからもわかるように、問題解決型練習を行うことによって、いろいろな背景による価値観があることが実感できるようになる。もし、全員がギアと似たような文化的背景をもつならば、誰もが彼女が

最初に示した解決方法を受け入れ、男性従業員と女性上司で直接「話しをつける」べきだと主張しただろう。別の見方が示されなければ、当然、自分の文化圏の人を想定し、その中でうまくいく解決を提案するだろう。しかし、彼らの背景がさまざまであったために、このグループではあらゆる原因を十分考え、この状況においてより効果的な結論に到達できたのだ。このクラスではすでに文化のための気づきトレーニングをこの実験会話以前に短時間受けていたので、その経験が他の視点を理解したり受け入れたりすることに役立ったのだと思われる。

　質問紙には三人(ギア、カリム、ラモン)が回答したが、それによりこの三人の価値観がさまざまであることが示された。ギアの回答からは彼女が個人主義的価値観をもっていることや、完全な平等主義的な価値観をもっていることが明らかにされ、直接的に伝えるコミュニケーション・スタイルを評価していることがわかった。一方、ラモンは集団主義的価値観としてあげている7項目のうち五つを認めている。彼はまた階層制度的価値観と、間接的で対立を避けるコミュニケーションに同意していることを明らかにした。カリムの質問紙の回答では、自分の文化圏の他の人とは多くの点で自分が異なっていると信じていることを明かした。彼は選択式回答とは別に、自分の価値観について2枚も自由記述を書いていた。「家族を助けることを優先することが義務であると感じる。家族の中に強い関係があると信じる。」と書いたが、家柄やどこの大学や学校に通っていたかで人を判断すべきではないと付け加えている。コミュニケーション・スタイルと権力格差については、彼は間接的で、面子を守るコミュニケーション・スタイルと力の違いによる距離感が自分の文化では評価が高いことを示しているが、彼自身は直接的なコミュニケーション・スタイルを好み、人々は平等でなければならないと信じているとした。彼の述べたことや参加の態度から、誰でも独自に考えたり行動したりすることは可能で、自分の文化圏の他の者たちとは意識的に異なった考えをもったり行動したりできるようになるという例が示された。

4.4.4　考察

　「多文化マネージメント」を扱った会話は、いくつかのグループで録音したが、どのグループでも参加者を同じように分類することができた。分類は参加者の文化的背景と価値観体系を反映しているが、そのいずれも彼らが

成長過程で身につけたものである。しかし、グループ G の話し合いで見られたように、話し合いが進まなかったり参加者同士が仲良くなれなかったりした例もある。ごく少数ではあるが、この問題で話し合ったグループで誤解や衝突が起こり、その結果仲が悪くなり他の人の性格や能力に対して否定的な評価をしたグループもある (FitzGerald 1996)。しかし他のグループを見ると、文化を意識している人、特に出身地とは異なる文化圏に暮らした経験がある人や、自分の文化の価値観を理解しつつも疑問視している人は、異なる文化出身者同士の仲立ち役として振る舞うので、そのおかげで他の人が態度を変えるという効果をもたらすこともあった。そのような人々は異文化が出会う場面では極めて貴重な人材となる。

「多文化マネージメント」を話し合った会話のいずれにも共通に見られるパターンがあった。それは文化背景とジェンダーに起因するパターンである。どの話し合いでも見られた共通の特徴の一つに、女性の参加者が女性の権利に関する信条を共有しており、この信念は、時としてどの要因よりも影響力をもつものとなった。ほとんどのグループで、女性たちは女性上司の肩をもち、彼女が自分で服装を選ぶ権利があると述べた。グループ I とグループ J で見られたように、ヨーロッパの女性二人は（男性従業員の行動について文化に基づいた解説を聞いた後）、男性従業員の気持ちを理解し、女性上司がしばらくの間、長めのスカートをはくことを提案した。イスラム教や儒教社会出身の女性は、男性従業員の態度の根拠を説明することができた。このような社会の出身の男性もまた男性従業員の考えを代弁することができた。特に文化的問題が含まれている課題の際は、他の人たちにもこの問題が理解されるためには、さまざまな価値観をもつ人の存在が貴重であることがわかった。

他に見られたパターンは、オーストラリアは自由な社会であるという共通の意見で、その男性従業員がオーストラリアで働きたいのなら結局女性のもつ権利を事実として受け入れなければならないという結論につながるものである。しかし、男性の態度を改める方法について合意に達したグループはそれほど多くない。ほとんどのグループでは、彼と話をしてオーストラリアの職場環境について理解させる必要があるという結論だった。しかし、階層社会を重んじる文化から来た者は間接的なコミュニケーションの方を好み、この問題に対処するためにもっと間接的な手段を提案しようとした。具体的に

は、新しい文化に慣れるまでのしばらくの間は男性上司の元で働かせたり、トレーニング講習を受けさせたり、職場のミーティングでこの問題の概略を話したりすることなどの方法である。しかし、このような間接的な手段は、意見を直接に対立させるという考え方をもつ文化圏の人からはたいてい無視されたり受け入れられなかったりした。実際、ヨーロッパ文化圏から来た何人かの参加者は、この問題を解決するために二人を一緒にして話し合わせるべきだとして譲らなかった。しかし、最後には男性従業員にまず話す必要があると結論づけたグループも多かった。この「話す」ことについてもどの程度はっきり言うのか、遠まわしに言うのかが、文化的背景に左右される。対立を嫌い権力格差のある集団主義的な文化の人は、間接的に言わなければならないと考えているのだが、他の参加者はそんなことは気にもとめない。階層社会の人にとっては、直接的な批判が恥をかかせる原因となったり、自分より若い女性の元で働く経験がすでに面子をつぶすことになる。もし参加者が面子の概念を共有している文化の出身者だけならば、遠まわしに伝えるという提案に対する無視や却下は無かっただろう。参加者の背景が異なっていても文化的な気づきがあったグループでは、このような無視や却下は起こらなかった。

4.5 まとめ

この章の研究で明らかになった興味深い点は、話し合いで述べられた考え方のどれもが、質問紙調査の回答と関連づけられることだった。さまざまな文化的価値観は維持され続けていることがわかり、一元文化への収れんへの反証が示されたと言える。また、自己申告 (self reports) だけに基づいた研究にも信頼性があることが明らかにされた。会話データの中の参加者それぞれのコミュニケーション行動が自己申告と一致していたからである。さらに、言語能力が限られていても意見を述べることの妨げにはなっていないことも示された。会話に現れたものと、記述された回答とには矛盾が見られなかった。

いくつかの会話では、価値観の対立が影響し、異なる文化圏から来た者同士の衝突の原因になっていることがはっきり示された。対立が見られた価値観とは、個人主義の価値観と、集団主義や社会全体としての価値観である。

本研究のデータでは、個人主義の社会で生まれ育ったのか、集団主義の社会で生まれ育ったのかによって明らかに参加者の価値観が決定されていた。学歴や職業上のステータスが個人の評価を高めることについて賛成できるか否かもこの価値観の違いによる。教育を受けた人を高く評価する文化圏から来た人もいるからである。また、男女の役割や道徳的観念に対する価値観でも衝突が見られた。個人主義の社会で育った者は許容範囲が広く、そうでない文化的背景の中で育った者は性に関するモラルや女性の役割について異なった考え方をもち、共学での教育や、若い人への配慮にかかわる考えも非常に異なっていた。また、性的な話題については、あからさまに口に出すことは恥ずかしいという考えがあるとはっきり言う参加者もいた。その反面、ヨーロッパやラテンの文化圏から来た男性たちは、女性蔑視的でみだらともとれる態度を見せるので、職場でのセクシュアル・ハラスメントに敏感な社会では問題となる。おそらく価値観より経験に影響されているようだが、貧しい発展途上国で食べ物と保健衛生のどちらの予算を優先させるかという問題を話し合う中で(後の章で詳しく述べる)明らかになった考え方の違いもある。例外もあるが、一般的には発展途上国からの参加者は食べ物を優先し、ヨーロッパ人は未来のために富を生み出す必要があることを強調しながら保健衛生を優先させた。このような考え方の違いは、「グループで意見をまとめて提案すること」を妨げ、多くは、予算を均等に分配するという結論になった。最後に、対立をどのように扱うか、直接的アプローチと間接的アプローチのどちらを好むかに関しては非常に異なった意見が見られた。

　以上の結果は、20年以上もさまざまな文化の人といっしょに働いてきた筆者の経験と一致している。集団同一視(group identification)、個人の権利、年配の人の扱い、学歴によって決まる地位、男女の行動にかかわる信条(あるグループは共学に強く異を唱えた)などに対してもつ考えは非常に根深いもので、集団内の不和をもたらしやすい。全ての人は平等ではないという考えに賛成するかを尋ねた質問の回答(36ページ表3.2)が示すように、中東出身者だけはこの考えに強く賛成している。しかし、階層社会システムと生まれながらの地位に関してはあまり強くは支持されていないようである。たとえば、オーストラリアでの職業選択や昇格のシステムが説明され、何が必要なスキルなのかが実際にわかると、移民たちはこれを概ね受け入れるのである。この点が理解されないと、たとえば自分たちが昇進できない場合は差別

されていると思ってしまうだろう。

　自分の出身の文化圏に広く浸透している価値観に、意識的に同調しない人がいるという例もあった。確かに、データ全体を通じて、コミュニケーションの内容に影響を与える文化的価値観は会話の中では多くは見られなかったことに注目すべきだ。いくつかの会話では、意見をまとめることができたし、すでに述べたように、文化的価値観ではなく共有されているジェンダーのような他の価値観の方が重要だったこともある。おそらく、参加者の特徴に共通点が多かったため（高学歴である、比較的若い、第二言語に接してきた、自分の生まれた文化圏を離れた、新しい文化圏に移住した、など）、文化的価値観のぶつかりあいが限られたのであろう。

　話し合われた問題の内容も会話に影響する。たとえば、「心臓移植」や「多文化マネージメント」は、文化的価値観に関係があり、その価値観に基づいた意見が出る。後の章で述べるが、他の話題では文化的価値観に基づいた見方や関心の異なりが生じたりすることはなかった。実際、さまざまな話題による議論を分析した結果、価値観が重要な役割を担うかどうかはかなり話題に依存しているとことが明らかになった。

　異なる文化的価値観が原因となる対立や誤解が、多くの会話で見られたわけではないが、この章や他（FitzGerald 1996）で考察された会話では誤解や仲たがいに結びつくパターンが繰り返し見られた。この事実は、このような問題を軽減する手助けとしてのトレーニングが必要であることを示している。文化的に衝突しそうな話題で話し合っても誤解が少なかったグループは、文化についての認識が高かった。知識が深く文化的価値観がいろいろあることを知っていたからこそ、開かれた考え方が可能で他の視点の存在を受容できたのである。参加者全員が広い視野からものごとを捉え、文化的に適切な解決方法にたどりついた例もあった。

　本章では、異なった文化的価値観を保持しながら外国で暮らす若くて教育のある人同士のインタラクションをデータとして分析したが、優先順位を決めたり選択を行ったりする際に、文化的価値観がどのように影響するかを明らかにした。つまり、参加者の価値観がどれだけ役割を果たしているか、それが他の文化出身の者たちからは理解されない原因となるのか、ある問題に対して考えを変えられないでいる時そこに文化的価値観はどのように作用しているのか、その結果がどのように人間関係悪化を招くかを詳細に見た。そ

して心を開いてさまざまな価値観を受け入れる人に説明できてこそ、人々の文化に合わせた解決方法というものが見つかるものだということが、データを通して示された。

第5章　コミュニケーション・スタイル
先行研究

5.1　はじめに

　本章では、さまざまなコミュニケーション・スタイルに関する先行研究を簡単に紹介する。文化的価値観についての先行研究を概観しながら、これまでの多様な研究結果が大きな枠組の中のどこに位置するのか考えてみたい。さらに本研究の成果を踏まえて、後の章ではこの枠組を拡大・修正する予定である。

　会話の参加者の間でコミュニケーション・スタイルに違いがあると、それは異文化間コミュニケーションではトラブルの大きな要因の一つとなる（たとえば Barlund 1994、Clancy 1986、Clyne 1994、Scollon & Scollon 1995、Wierzbicka 1991）。Clancy (1986: 213) は、コミュニケーション・スタイルを「言語と文化が最も著しくかかわり合っているもの」と表現し、また、「ある文化の中で言語が使用され理解される方法」と定義している。Clancy によると、スタイルとは、その文化の中で人々や、人々のかかわり合い方に関して共有されている信条から生じるものであるという。言い換えれば、これらのスタイルは文化的価値観を映し出し、また、各文化で人間関係を最もうまく構築できると考えられているさまざまな方法を反映しているのである。

　コミュニケーション・スタイルを構成する基本的な要素の多くは、人や集団ごとで異なっている。興味の示し方、期待するかかわり合いの深さ、話し始めと話し終りのタイミング、他の人と同時に話し始めて差し支えないかどうか、ポライトネスの表し方、沈黙が受け入れられるか不快と感じられるか、不同意を避けるべきかどうか、情報がどのように組み立てられて提供されるべきか等、これら全ては多くの場合は自明でわかりきったことと思われている。しかし、これらは個人の習慣はもとより、文化的背景、ジェンダー、学歴等の要因によって大きく異なるのである。これら以外にも、さまざまなコミュニケーション・スタイルを作り上げる要因として、韻律、パラ

言語的特徴(イントネーション、強勢、区切り、声のトーン、ピッチ、速度、ポーズ、声の大きさ)、距離感(個人的空間等の空間的関係)、動作的特徴(ジェスチャー、顔の表情、アイコンタクト、姿勢、体の動き)、身体接触(触れるかどうか)等をあげることができる(たとえばAndersen 1994、Gumperz 1990)。

　コミュニケーション・スタイルとは、各自が築き上げたこれらの特徴と、インタラクションを通じて社会的に身につけた特徴とが混ざり合って作られるものである。しかし、このようなスタイルは社会的場面の中で幼い頃から習得するものであるため、各人のスタイルの選択の余地はその人が育った集団の中で一般的に認められているものに限られる傾向がある。つまり、個人のスタイルの選択の余地は社会的に決定されており、各個人のバリエーションは一般的にはその文化が認めるスタイルの範囲内で生じるのである(たとえばScollon & Scollon 1983、Tannen 1984b)。

　異文化の接触場面では、会話の参加者たちは共通の言語、つまりリンガ・フランカを用いるであろう。その際、参加者は、その共通言語の文法構造はしっかり把握していても、コミュニケーション・スタイルに関しては自分の母語のスタイルで話そうとする。たとえば、談話形式等の語用の側面は、人々の文化的価値観や個性と密接にかかわっているため、新しい言語の語用のルールを習得するには、語彙、文法、発音等を習得するよりもはるかに時間がかかるのである。そのため、人は新しい言語でほとんど母語話者並みの流暢さで話せるようになっても、自分に馴染みのあるスタイルでコミュニケーションを行う傾向がある(たとえばClyne 1996、Tannen 1984a)。Seaman (1972) の調査は、コミュニケーション・スタイルがいかに変わらないかを明らかにしている。彼は、ギリシャ系アメリカ人3世の間ではギリシャ語はもはやほとんど話されないにもかかわらず、コミュニケーション・スタイルは未だにギリシャ語の影響を受けていることを発見した。

　一般的には、母語話者は非母語話者の文法、発音、語彙の誤りには寛容な傾向があることが明らかになっている。しかし、母語話者の文化では認められないスタイルでコミュニケーションをされると、相手の人格や能力を非難したり、相手の属する集団に悪印象を抱いたりする。実際、多くの研究者が、コミュニケーション・スタイルの違いが原因で特定の文化集団がどれほど悪い印象のステレオタイプで見られているかを明らかにしている。たとえ

ば Tannen (1981) は、コミュニケーション・スタイルの違いのために、ニューヨークのユダヤ人が自信たっぷりであつかましいというステレオタイプで見られていることを指摘している。また Young (1994) は、中国や東アジアや東南アジアの人々がそのコミュニケーション・スタイルのせいで、不可解ではっきりしない人々だというステレオタイプをもたれるようになった過程を明らかにした。さらに Gumperz (1990) は、たとえ人々の接触が増えてもこの種の問題は解決しないと述べている。というのも、人はこの問題の根底にある原因に気づくことがあまり無いからである。実際イギリスでは、南アジア系の人々と元からイギリスに住む英語話者との間で、同様の問題が減少するどころかむしろ増加している現実がある。

　このようなステレオタイプ化は、個人の性格や能力にマイナスの評価を与えることはもとより、さらに深刻な事態をも招きかねない。たとえば、教育カウンセリングや就職の面接のような場面で、担当者(つまり決定権をもつ人)と学生や面接を受ける人の間にコミュニケーション・スタイルの違いがある場合、後者の者たちに不利な結果がもたらされかねないことが指摘されている(たとえば Chick 1990、Erickson & Shultz 1982、Gumperz 1978、1992b)。このような理由から、コミュニケーション・スタイルに違いがあることや、その違いのために問題が生じていることを人々に認識させることは重要である。

5.2　コミュニケーション・スタイルの枠組

　コミュニケーション・スタイルの分析に最も有用な枠組は、Hall (1976、1983) による高／低コンテクスト・スタイル、Gudykunst, Ting-Toomey & Chua (1988) による四つのコミュニケーション・スタイル(訳注　原典は stylistic mode という用語を使用している)、そして Clyne (1994) による四つのスタイルであろう。特定の文化のコミュニケーション・スタイルを調べた研究や、二つの文化間でスタイルを対照研究した成果からも、このような一般化された枠組が有効であることがすでに明らかになっている。

　Hall は、スタイルを高コンテクスト・スタイルと低コンテクスト・スタイルの二つに区別した。高コンテクスト・スタイルでは、話し方は間接的になる傾向が認められる。メッセージの多くの部分が、ことば以外の方法で表

現され、人々は言語以外の手がかりやほのめかされたニュアンスを探し出して解釈する方法を身につけている。メッセージの多くの部分はことばでは表現されない。たとえば、沈黙にも意味があり、それは自制の気持を相手に伝えるものなのである。一方、低コンテクストのコミュニケーションでは、より直接的ではっきりとものを述べる。つまり、メッセージのほとんどはことばで伝えられ、人はそれ以外の文脈上の手がかりにはあまり注意を払わず、ことばで表現されたこと以外の意味を解釈することには慣れていない。彼らは、言われたことを額面どおり解釈する傾向が強く、一般的には、人は意図したとおりのことを言うものだと思っている。高コンテクスト文化では、会話の相手をウチの人かソトの人かや、互いの地位の違いによって区別し、それに応じてコミュニケーションの取り方を変える場合が多い。このような文化では、特に相手を煩わせたり良くないメッセージを伝えたりする時には、決定的なことは言わず、その周辺的なことをくどくどと話して聞き手に意図を察してもらおうとする。

　すでに第3章で述べたように、文化の多様性についての重要な類型区分として個人主義的／集団主義的特質をあげることができる。最近は、この個人主義的／集団主義的特質を、低コンテクスト／高コンテクスト・スタイルの概念と並列であると見なす研究が非常に多い。個人として活動し、どちらかというと集団への帰属から独立し、ウチの人とソトの人を区別しない傾向の人には、より直接的で明示的なコミュニケーション・スタイルが好まれるであろう。一方、集団の和を重視する人々には、よりあいまいで間接的な話し方が好まれるであろう。さらに、平等を重視する人ならば、話し相手の地位が上であろうと下であろうとコミュニケーション・スタイルをそれほど大きく変えることはないであろう。それに対し、上下関係を重視する高コンテクストの文化では、グループのウチ／ソトの区別とともに、目上／対等／目下を明白に区別することや、それに従いコミュニケーション行動を変えることがかなり明らかになっている。たとえば、高コンテクストの文化でも、対等な人や目下の人とコミュニケーションする場合は、より直接的に話すことができるのである（たとえば Smith & Bond 1999、Ting-Toomey 1994、Yum 1994）。

　後に示すように、この大まかな分類のあらゆる特徴が、全ての集団主義的あるいは個人主義的文化に当てはまるというわけではない。しかし、英語圏

の社会と東南アジアや東アジアの社会とを比較する場合には、この分類はうまく当てはまると思われる。日本、中国、インドシナ半島、朝鮮半島のスタイルとアメリカやオーストラリアのアングロ式（Anglo：訳注　筆者は本書の中でイギリスを発生とする英語スタイルを Anglo としている。いわゆるイギリス、オーストラリア、ニュージーランド、カナダ、アメリカ合衆国で典型とされる英語スタイルを指す）スタイルとを比較すると、この類型はおおよそ当てはまっている（たとえば Lustig & Koester 1993、Nguyen Cam 1994、Nguyen Dang Liem 1994、Yamada 1992、Yum 1994）。Lustig & Koester (1993) によると、北米のスタイルは典型的な低コンテクストのスタイルといえる。一方、Yamada (1992) は日本のコミュニケーションを高コンテクストであると述べている。Yamada は、各文化集団が互いに対して良い印象をもたない理由として、根底にはこのようなスタイルの違いがあると説明する。実際 Yamada は、アメリカ人は日本人のはっきりしない点を非難し、逆に日本人はアメリカ人をうるさく主張しすぎで無礼だと非難していると指摘している。また、アングロ系オーストラリア人とインドシナ半島の人々との間でも同じようなことが言われている。Nguyen Dang Liem (1994: 48) によると、カンボジア人、ラオス人、ベトナム人は、アングロ系オーストラリア人の率直さを「野蛮とまでは言わないまでも、無礼である」と考えており、それを「知性と丁寧さの欠如」の現れとみなしているという。カンボジア人たちにとっては、嘘をつくことは道徳上たいした問題ではなく、重要なことは発言の真偽よりも、その発言の意図が人間関係の和をうながすためのものであるか否かなのである。逆にオーストラリア人は、職場のインドシナ半島出身の人々を、物事にはっきり答えず内気で受身だと見ている。

　Gudykunst 他 (1988) は、Hall の枠組をさらに発展、拡大させた。彼らのコミュニケーション・パターンの概括は非常に有用で、二つの文化のスタイルを比較対照した研究や、一つの文化のスタイルの特徴を記述した多くの研究に基づいたものである。彼らは以下の四つのコミュニケーション・スタイルを確認した。(1)「直接的 (direct)」か「間接的 (indirect)」か、(2)「入念な (elaborate)」か「的確な (exacting)」か「寡黙な (succinct)」か、(3)「個人的 (personal)」か「文脈的 (contextual)」か、(4)「手段的 (instrumental)」か「情緒的 (affective)」かのスタイルである。彼らは、これらを Hofstede (1980、1991) の類型や Hall (1976、1983) の高／低コンテクストの区別に言及しなが

ら説明している。(1)の「直接的(direct)」「間接的(indirect)」区分に関しては、北米の文化のような個人主義を好む価値観のもとでは、直接的で正確で明白な言語表現を用いて表される正直さや率直さといった規範が重視されると述べている。一方、東アジアの文化のような集団主義の価値観のもとでは、集団の和と服従が重視され、それらは間接的であいまいで暗示的な言語行動によって最もうまく遂行されるのである。

　それぞれの文化で好まれる発話の量に関しては、彼らは(2)に示した三つのスタイルを区別している。「入念な(elaborate)」スタイルでは、聞き手に強く訴える表現を用いる。Gudykunstらは、アラビア語話者のスタイルがこの典型で、非常に表現豊かな隠喩や直喩を用いる傾向があるとしている。一方、「的確な(exacting)」スタイルについては英語話者がその典型であり、彼らはいかなる会話においても、求められた以上でも以下でもない情報を提供すべきだとするGrice(1975)の「量の格律」に従う傾向がある。三つ目の「寡黙な(succinct)」スタイルは、ポーズ、沈黙、控えめな表現の使用がその特徴である。話し方やことばの技量はそれほど重視されない。日本や中国等のアジアの文化やいくつかのアメリカ先住民の文化は、この「寡黙な」スタイルの例といえる。

　Gudykunstらの三つ目の区分は、(3)の「個人的(personal)」か「文脈的(contextual)」かの区分である。「個人的」スタイルとは個人を中心にすえたスタイルで、「個人」や「私」のアイデンティティーが重視され、そのような文化の言語は平等主義に基づく社会秩序を反映している。明示的な人称代名詞を使用することが一般的であり、意味を表すためには空間や時間を表す処格(locative)が必要不可欠である。対等で打ち解けた関係を強調するために、直接的な呼称やファーストネームがよく使用される。このスタイルは英語圏やスカンジナビアの社会での典型である。これらの社会は低コンテクストで個人主義の文化であり、Hofstedeのいう話者間の権力格差はあまり意識されない。一方、「文脈的」スタイルでは「役割」のアイデンティティーが重視される。この文化の言語は社会階層制に根ざした社会秩序を反映し、多くを文脈の中にある手がかりに頼っている。Gudykunstらの研究では、インドの英語と中国語の談話スタイルにおいては、聞き手側にも話の状況について多くの前提知識を共有していることが求められるため、まず、さほど重要とも思えない話の前後関係や背景がいろいろと語られる様子が示されてい

る。さらに、朝鮮半島やブルンジ等の多くの文化では、言語が地位の影響を受けやすいことにも触れている。これらの文化では、談話に携わっている人々の状況や地位によってさまざまな呼称、指示形式、動詞形式を用いなくてはならない。このような文化は集団主義的であり、高コンテクストであり、話者間の権力格差に敏感である。

　四つ目のコミュニケーション・スタイルは、「手段的(instrumental)」か「情緒的(affective)」かで区分される。「手段的」スタイルとは、より目的重視であり、話し手志向の言語使用のことである。このスタイルでは、話を理解させる責任は話し手にあり、話し手は聞き手をひとつひとつ説き伏せようとするが、自分の主張が相手に共感をもって受け入れられたかどうかを確認しようとはしない。北米人はこの手段的スタイルを使用する典型といえよう。一方、「情緒的」スタイルはより聞き手志向であり、プロセスをより重視する。Gudykunstらは、このスタイルをさらに「控えめな情緒的(subdued affective)」スタイルと、「大仰な情緒的(dramatic affective)」スタイルの二つに区別している。前者のスタイルは東アジアで典型的なもので、聞き手の役割が非常に重視される。つまり、このスタイルでは、話し手の考え方や感じ方を聞き手が受け入れてくれるとわかるまでは、話し手は自分の態度を明らかにしようとはしない。そのため、話し手は慎重なまでにあいまいで間接的に話すことになるのである。後者のスタイルは、アラビア語話者に典型的であり、非常に感情豊かな調子の話し方で、表現力豊かな非言語行動が用いられる。

　アングロ系アメリカ人のコミュニケーション・スタイルと中東のアラビア語話者のコミュニケーション・スタイルをより厳密に詳細に比較した多くの調査結果を見れば、なぜHall(1976)の本来の区分をこのようにより細かく分類する必要があるのかがよくわかる。たとえば、それらの研究では、同じ高コンテクストでも、アラビア語のスタイルは東アジアや東南アジア等の話者のスタイルとはいくつかの点で明らかに異なることが示されているからである(Almaney & Alwan 1982、Anderson 1994、Cohen 1987)。その点からも、「寡黙な(succinct)」か「入念な(elaborate)」スタイル、「控えめな情緒的(subdued affective)」か「大仰な情緒的(dramatic affective)」スタイルといったさらに詳細な区分は非常に有効といえるのである。

　Clyne(1994)もまた、多様なコミュニケーション・スタイルの存在を確認

している。彼の分類は異文化間会話の詳細な分析に基づいたもので、上で述べたスタイルにおおよそ対応する。また、後の第7章で述べる発話量の違いや話者交代の研究とも関連が見られる。彼の研究は、オーストラリアの職場で英語をリンガ・フランカ（共通言語）として用いているヨーロッパとアジアの出身者を中心とした、非常に多様な背景をもつ多くの人々の間でのコミュニケーションを調べたものである。その中でClyne (1994: 153) は、「地域、文化ごとの多様なコミュニケーション・パターンと、その文化的価値体系に基づいた蓋然性」が存在することを明らかにした。彼は、四つのコミュニケーション・スタイルを認めている。しかし、そのうち詳細に説明しているものは三つだけである。彼は、スタイルには「共通点をもつ (cluster)」「一般的傾向」があることを発見し、その傾向を以下の三つのスタイルとして分類した。Clyne (1994: 159) によると、データの中でこのようなスタイルが現れやすい場所は、発話行為とターン・テイキングが関係する箇所である。ClyneのスタイルA（彼のデータでは、このスタイルはラテンアメリカ出身の人々と、クロアチア、ポーランド、スペイン等のヨーロッパ大陸出身の人々によって使用されている）の主な特徴は、長いターンを取る傾向が見られる点である。その原因の一つは、談話スタイルが非直線的であるためである。さらに、命令や不平などの発話行為において、長々と非常に入念な説明を行いながらポジティブ・ポライトネスと同時にネガティブ・ポライトネスまでもが表明されるためでもある。スタイルBを用いる人々（イラン、インド、スリランカ等の南アジア出身の人々）も、長いターンを取る傾向がある。このスタイルの場合は、繰り返しの多用や入念な平行構造 (parallelism) のレトリックの技法を用いた官僚的スタイルを用いるために長くなるのである。このグループはポジティブ・ポライトネスを重視する。A、Bいずれのスタイルを用いるグループも、正当化や解説を好む傾向がある。さらに、両スタイルとも、他者の会話への割り込みに耳を貸したり我慢したりしない傾向も見られる。異文化間での会話では、彼らはたいていターンを維持することや横取りすることに長けている。スタイルC（東南アジア出身の人々、中国少数民族、インドネシア人、マレー人、ベトナム人に共通している）の特徴は、比較的ターンが短い点、他のグループとのコミュニケーションでターンを奪うことや維持することが苦手な点、さらに、敬意をこめた話し方でネガティブ・ポライトネスを表明する点等である。また、Clyneは、北ヨーロッパと

アングロ−ケルトのスタイルを第4のスタイルとして認めている。しかし、このスタイルは彼の調査のコミュニケーション場面で常に現れていたにもかかわらず、その分析には関心が無かったようである。

　Clyne の研究は、アジアのスタイルをさらに二つに分類した点（スタイル B と C）が特に有益である。というのも、異文化間コミュニケーションについて記述している研究者の多くは、英語話者のスタイルと比較して「アジアのスタイル」をひとまとめにして解説しているからである（たとえば Gudykunst 他 1988、Scollon & Scollon 1995、Young 1994）。彼らの多くは、東アジアのスタイル、特に中国や日本のスタイルに関心があるように思われる。彼らが「アジアのスタイル」と命名しているものは、実際にはスタイル C なのである。Clyne のデータの中では、南アジアの人々はむしろイラン人とより多くの共通点をもつとされている。彼らはいずれもスタイル C とは全く違うスタイル B を用い、繰り返し、平行構造、リズムのバランスといった形式を重視する特徴をもっている。

　このようなコミュニケーション・スタイルの違いを記録しようとする調査に異議を唱える人々もいる。こういった調査が、悪いイメージのステレオタイプを継続させ、強化し、結果的に差別につながると考えるからである。しかし、誰もが同じであると考えるのもまた別の差別であり、違いを無視することは、結婚生活や職場等の大事な場面での誤解や差別にもつながりかねない。異なるコミュニケーション・スタイルについて理解することは、たとえば夫婦が結婚生活で長年悩まされてきた誤解の原因を明らかにすることにも役立つのである（Tannen 1985）。長年一緒に暮らしてきた国際結婚の夫婦が、オーストラリアの文化的価値とコミュニケーション・スタイルについて学ぶトレーニングコースの最後に、ようやく配偶者のコミュニケーション行動が理解できたとコメントすることが珍しくないことからも、このことは明らかである。また、さまざまな文化が混在していて問題が生じやすい職場のメンバーに対して、このようなトレーニングを行うと非常に効果があることも明らかになっている。コミュニケーション行動を新しい視点から見ることができ、相手の人格の問題だとは考えなくなるのである。

　以下の章では、コミュニケーション・スタイルに関する次の三つの側面を検証する。

(1) 会話の展開方法とレトリック・ストラテジーの使用
(2) ターン・テイキングのパターンと発話量の差
(3) 意見、不同意、対立意見の表明に対する考え方

　この三つを選んだのには多くの理由がある。主な理由としては、これらの現象がデータの中で顕著な特徴として見られたからである。もう一つの理由としては、一般的にはこれらの現象が文化によりどの程度違うのかということは意識されておらず、そのために非常に誤解を生じやすいからである。そして三つ目の理由としては、これらは教育やコミュニケーションのトレーニングに最も影響を与える現象の一つであるからである。韻律やボディー・ランゲージ等のコミュニケーション・スタイルの特徴は非常に目立ちやすいものの、教えることも分析することもはるかに難しい。以下の章では、コミュニケーション・スタイルのこれら三つの現象の実態と、それらが会話に与える影響を明らかにするために、データの分析を行う。各章の始めで、上記の各テーマにさらに直接的に関係している文化の違いについての先行研究の成果をまとめ、データ分析のための研究枠組を拡大する。

第6章　データ分析
会話の展開方法とレトリック・ストラテジー

6.1　はじめに

　情報を伝えたり議論したりする際に最も好んで用いられるスタイルの中でも、特に改まった場面で用いられるスタイルは、文化によってさまざまである。そして、第二言語で話したり書いたりする際には、人は第一言語の会話の展開方法やレトリック・スタイルをそのまま使用することが一般的である。多くの高コンテクスト文化では、情報を帰納的に組み立てる傾向がある。つまり、最初に予備知識や根拠を述べることで、聞き手の反応を確かめながら聞き手を説き伏せていくのである。そして話の核心は最後の方で述べたり、場合によってはほのめかすだけということもある。この方法ならば、相手の反応がよくない時にはすぐに話を撤回することができる。しかし、このような会話の展開方法は、話の関連性がわかりにくく聞き手は理解に苦心することになる。一方、英語圏の文化では、もっと直接的で直線的なスタイルが好まれる。普通はまず話の核心が述べられ、次にその主張の理由や根拠が述べられる。つまり演繹的な展開方法である。

6.2　会話の展開方法

　会話の一般的な組み立て方は文化規範と関連がある。先にも述べたように、自己の概念や、フェイスを含むポライトネスの概念は文化により多様である。社会階層を重んじる文化では敬意や服従を表すことを重視するため、演繹的な会話展開よりも帰納的な展開を用いがちである。Kirkpatrick（1993: 27）は、このような情報の配列の仕方を「理由先行型配列（because-therefore sequencing）」と呼んでいる。そして、現代の標準的な中国語では、演繹的な形式を用いることも可能ではあるが、文レベル、口語談話レベルのいずれでもこの理由先行型配列が基本的な単位であると記している。さらに Young

(1994)は、中国人は自分の意見や要求を強く前面に押し出そうとする場合には、交渉の余地があることを示しながら融和的で柔軟な方法で行うと述べている。ただし Young によると、中国本土の都市部の若年層については、「伝統的な人々に比べて際立って自己主張が強く、自己中心的で自己陶酔的」であり例外だとしている (Young 1994: 58)。

　他の多くの研究者たち (たとえば Brick 1991、Kirkpatrick 1993、Scollon & Scollon 1995、Young 1994) も、中国語と英語の母語話者を同様の観点から比較対照している。また、それ以外の研究でも、帰納的な会話の展開を使用する文化が多いことが明らかにされている。Gumperz ら (Gumperz 他 1979、Gumperz & Tannen 1979、Gumperz 1990) は、インド亜大陸出身の英語話者も同様の帰納的な展開を用いると指摘した。また、Williams (1985) は、このような帰納的な会話の展開が、英語母語話者とベトナム系オーストラリア人との間の会話で誤解の原因となっていたことを明らかにしている。さらに、Robinson (1985) と Garcez (1993) は、英語母語話者とラテンアメリカ出身者との間でも同じ原因で揉め事が起こっていることを発見している。

　これらの研究はいずれも、異文化間会話において会話の展開方法の違いが引きおこす問題を浮き彫りにしている。演繹的な展開に慣れている会話の参加者は、帰納的な展開で話が進むとは普通は予測しない。そのため、話の核心部分が話される前にその話の腰を折ってしまう可能性がある。その結果、核心の根拠となる部分は論じられても、議論の方向が逸れて話の本来の核心が結局明らかにできないまま終わり、欲求不満が残ることとなる。また、たとえ主張を最後まで述べることができたとしても、直接的なスタイルを好む者には何が話の核心なのかが理解できないかもしれないし、核心部分が述べられる前に聞く気を失ってしまうこともあろう。そして結局、話し手の能力が不足していると評価してしまうことにもなる。たとえば、「考えがまとまっていない」「話の筋道が通っていない」「話に関連性が無い」「話が長くてまわりくどい」等と評価してしまうのである。さらに、このような聞き手には帰納的展開方法は説得力をもたない可能性がある。というのも、この展開方法は、「口車に乗せて」私から何かを得ようとしているのではないか、「私をだまそうとしている」のではないかという疑念を抱かせてしまうからである。実際、単刀直入であることを重視する文化では、帰納的展開方法はまさにこうした目的や、何か怪しげなコミュニケーションに使用されることが多

いのである。逆に、異文化が接触する場面で、直接的で情報伝達を目的としたスタイルが説得力をもたない場合もある。直接的なスタイルでは話の核心があまりにも早いタイミングで述べられるために、高コンテクストの文化出身の聞き手は聞き逃してしまう可能性がある。また、最後の発言が話の核心だと誤って解釈してしまう可能性もある。実際に、他の文化の出身者は英語母語話者の談話をひどく直接的で幼稚だと感じている。というのも、結論を始めに述べるということは彼らにとっては逆の話し方になるからである。核心を先に述べるのは幼稚で配慮を欠き洗練されていない場合か、あるいは何か別のことを間接的に暗示しようとしている場合かのどちらかなのである。どのような話し方が効果的で説得力をもつかは、明らかに聞き手の考え方次第なのである。

　本データの分析で明らかにしようとしたことは、これらの異なる会話の展開方法がさまざまな文化出身の参加者たちによってどの程度用いられるのか、各展開方法がどのような状況で用いられるのか、そしてその展開方法が会話の中でどのように機能するのかという点である。データ分析の中であげた会話例は、帰納的な会話の展開が異文化接触場面でどのような効果をもつのかを示すものである。それらの場面では、必ずしも参加者全員がその会話の展開方法の意図を理解しているとは限らなかった。また、その展開方法のためにかえって話の理解が妨げられることもあった。

　データの中では、高コンテクスト文化の出身者（アジア、中東出身者）が帰納的展開を使用している例が多くみられた。しかし全体的には、直接的で演繹的な展開の使用の方が多かった。その理由として本データの場面設定がディスカッションであったために、普段以上に直接的なスタイルが用いられた可能性がある。職場の会議や、さらに改まった上下関係のある会話に比べて、本書のデータのディスカッションはあまり形式ばらないものであった。先にも述べたように、面子や上下関係等に配慮をする場合は、あからさまにものを述べない会話のストラテジーがとられがちである。しかし、たとえ他の状況では間接的なスタイルを用いる文化でも、友人や同じ集団内のメンバーとの気楽な集まりであればもっと直接的なストラテジーが使用されるからである。

　もう一つの理由として考えられることは、英語があまり堪能ではない人にとっては、より簡潔で明確に述べるほうが簡単だということがある。参加者

は、この会話では話を理解してもらうことや考えを伝えることを優先すべきだと感じたのかもしれない。話の核心にたどり着くように注意深く会話を組み立てていくためには、おそらく大変な言語の熟練が必要となろう。それに加えて、異文化間のコンテクストで、帰納的に話を組み立てながらことばに表れない相手の反応を見極めることは難しい。そのために帰納的な展開方法をとらなかったという可能性も考えられるのである。四つ目の可能性は、多くのグループで話し手たちが一つのスタイルへと同調（converge）する傾向を見せたことである。話し手たちの間では、他の話し手が使ったフレーズを拾い上げて使用する傾向がしばしば見られた。ある話し手が 'my main reason is'（私がそう考える主な理由は）とか 'I think X is best because'（Xが一番よいと思います、なぜなら）といった談話の構成にかかわる明示的な表現を使用すると、すぐ後に別の話し手も同様の表現を使用していた。このような行動は、課題のタイプや話題によって影響を受ける傾向がある。意見の一致や歩み寄りの必要が無い議論、あるいは対立意見を表明するような議論、つまり結論を出すことが目的では無い（open-ended）議論では、自分の文化のスタイルをはっきりと表している者もいた。しかし、タスクを中心とした会話や、意見の一致や問題の解決を求められた場合は、総じてスタイルの同調が頻繁に見られ、より直接的なスタイルが用いられていた。

　一方、参加者が母語のレトリック・ストラテジーを用いる例もデータの中には多く見られた。そのいくつかについては本章の後半で考察する。このようなケースも、タスクとかかわりの少ない部分の会話や、他者を説得しようとする議論で顕著であった。

6.2.1　帰納的な会話の展開（南アジア出身者）：ペア会話（b）

　本データの参加者は直接的で演繹的な会話の展開を用いることが多かったが、一方で自国の文化で一般的とされる間接的な展開方法を用いて、自分の意見を述べる前にその根拠や理由説明から話し始める例もかなりあった。この展開方法は、時には他の参加者に混乱を巻き起こしているようであった。実際に混乱が起こった会話の一例を、新しく移民してきたばかりの南アジア出身のシン（Singh）と英語母語話者ジョン（John）の二人の間で行われた議論に見ることができる。シンは高度な専門職についており、前の職場でも常に英語を使用していた。彼らは、問題5「学校予算削減」について話し合った。

この問題では、予算制限のために高校の教育課程の見直しを提案する必要があった。シンはオーストラリアの学校のシステムについて、ある程度の知識をもっていた。というのも、彼の家族は彼より先に移住してきており、子どもたちがすでに中等教育機関で学んでいたからである。シンは、始めのうちは以下のように会話をリードしていた。

ペア会話 (b)：抜粋 1

1　**Singh:**　We can discuss each and every point　それぞれ全部の問題点を話し合えます
2　　　　　　in detail and decide　詳しくね　それから決めましょう

次に、彼は学校が行っている特別語学プログラムの現状について読み上げ、ジョンにこのプログラムを廃止すべきか継続すべきかの意見を尋ね、その後、以下のような方法で自分の意見を述べた。

ペア会話 (b)：抜粋 2

1　**Singh:**　I think in the area er　私の考えでは　その分野では　ああ
2　　　　　　Japanese or Mandarin language　日本語か中国語が
3　　　　　　is quite popular　かなり人気があります
4　**John:**　(*quietly*) Yer　(静かに)うん
5　**Singh:**　and as er the conditions today　それで　ええ　今の状況では
6　　　　　　I mean conditions regarding employment　つまり雇用状況のことですが
7　　　　　　if our boys know Mandarin or Japanese　もし男の子たちが中国語か日本語がわかれば
8　　　　　　they can converse over the adjoining countries　近隣国家の人とも話せますし
9　　　　　　and boys who want to do business with these countries　そういった国とビジネスをしたい男の子は
10　　　　　 they can have better prospects　可能性が高まります
11　**John:**　 Mm hm　うん
12　**Singh:**　or errr er the fellows who want to　それに　ええっと
13　　　　　　have a job in these areas　その地域で仕事をしたい人にとっても

14		because there would be	だってこの地域は
15		a lot of development in these areas now	今発展していますから
16	John:	Definitely	確かに
17	Singh:	So	だから
18	John:	Definitely its certainly	その通り　確かに
19		very good for the economic climate isn't it	経済環境はすごくいいですね
20	Singh:	Yes I think Arabic can be dropped	ええ　アラビア語はやめてもいいと思います
21		there is not much problem	大した問題にはなりません
22	John:	(*surprised*) Arabic	(驚いて)アラビア語
23	Singh:	Yes	ええ
24	John:	I don't think that's	それは
25		particularly popular at the moment, is it	今は特別人気がある言語とは思えませんね
26	Singh:	Yes that's what I'm saying	ええ　言いたいことはそこです
27		it should be dropped	アラビア語を廃止すればいいです

　この会話例では、シンは日本語と中国語のプログラムを継続する理由を列挙しているが、最初の箇所でその二つの言語を継続したいとも、継続しようと考えているとも明言していない。次の箇所で、'So'（だから）(17行目)と言って彼が話の核心を述べようとしたところで、ジョンが確認の付加疑問の形式を用いてシンの意見を支持するコメントをし、彼の話をさえぎった(18、19行目)。ジョンは明らかにシンが結論をすでに述べ終わったと思ったのである。この後、シンは日本語と中国語についての結論を述べないまま次の要点へと話題を変えたのだが、ここでは直接的に率直な考えを述べた(20行目)。彼の日本語と中国語に対する前向きな発言は、どうやらアラビア語は廃止するべきだという結論を導き出すためであったようだ。ところが、これは非常に唐突な話題の転換に感じられたため、ジョンは驚いている。そのため、彼はシンがアラビア語についての議論に移るつもりであるのかを確認した(22行目)。そしてシンがそれを認めたのを受けて(23行目)、ジョンは、アラビア語廃止というシンの新たな提案を支持するコメントを行っている。彼が再び付加疑問文でこの廃止案の理由を推測しながらシンに

確認している点から (24、25 行目)、彼はシンに協力的であろうとし、シンの論法になんとかついていこうとしていることがわかる。最後の箇所では、シンは自分の考えを非常に直接的な方法で明確に述べている (26、27 行目)。シンがここではっきりした話し方をしたのは、ジョンが彼の話についていくのに苦心していることに気づいたためかもしれない。しかし、英語母語話者にとっては、シンのこの部分の話し方はむしろ性急に感じられる。ジョンがシンに丁寧で協力的なコメントを述べてシンの話の要点を正しく理解しているか確認していることに対し、シンがまるでいら立っているように聞こえるのである。

シンが自分の意見をはっきり述べた後で、ジョンはもう一言コメントしようとしたが、シンは話題転換のために彼をさえぎり、ロシア語の話題へと移っていった。

ペア会話 (b)：抜粋 3

1	**John:**	And er er　それに　ええ　ええ
2	**Singh:**	Russian I don't find any point　ロシア語は何の利点もありません
3		in keeping Russian language on our program　プログラムにロシア語を残しても
4		now we have to decide between Mandarin and Japanese　ここで中国語か日本語かのどちらかに決めなければなりません

シンにはジョンに相談もせずに性急に物事を決定する傾向が時々見られたのであるが、このロシア語に関する決定もその一例である。また、中国語か日本語のどちらかを選ぶべきだという彼の結論も驚くべきものである。なぜなら、その前の箇所では、彼はこの両方の言語を残す理由を述べていたように聞こえたからだ。しかし、ジョンはこれに異議を唱えず非常に協力的で丁寧であった。

英語母語話者にとって問題となる例をもう二つあげよう。次の会話でも、シンは意見の核心部分を話す前にその前置きとなる長い論拠を述べており、聞き手側が話の脈絡を汲み取ってくれると思い込んでいることが問題となっている。この例は議論の最終段階に差し掛かるあたりで見られたものである。話が行き詰まり、20 秒に及ぶ長い沈黙が生じた。そこで、ジョンは数

名の教員を解雇する案を出す。彼はやむなく教員の数を減らすことが必要だと思い至ったようだ。シンは彼の考えの変わりように驚いている。

ペア会話(b)：抜粋4

1	Singh:	What did you say　何と言ったのですか
2	John:	By axing a few teachers　数人の教師を削減することで
3		it means that the budget　つまり予算が
4		can save quite a lot of money　かなり節約できる
5	Singh:	er ... thing is ...　ああ　現状では
6		you are teaching thirty students at a time　1度に30人を教えていますね
7		and second case you are teaching　削減すると　教えるのは
8		forty or fifty students at a time ...　1度に40人か50人になります
9		the thing is are you able to ...　私が言いたいのは
10		justify ... the teaching ..　きちんと教えられるか
11		are you able to look after　面倒を見られるかということです
12		all the fifty students　50人全員を
13		I think some of the students will be ignored　生徒のうちの何人かは無視されてしまうと思います
14	John:	So let me see you're suggesting　だから　ええっと　あなたの言っていることは
15		that er we don't cut the number of ...　ええ　教員を減らさないと
16	Singh:	Don't decrease the teacher taught ratio　教員がオシエル割合を減らさないでください
17		from one is to thirty　1対30から
18		to one is to forty　1対40や
19		to one is to fifty　1対50に
20	John:	But you　でも　あなた
21	Singh:	We don't increase that　それは増やしません
22	John:	But you at the same time you don't want　でも　あなた　同時に嫌なのでしょう
23		to cut the number of hours of people teaching　教師の時間を減らすのも
24		so there's no way for the budget to save any money　それだと予算

	を切り詰める方法が無いじゃないですか	
25	because you want both sides of this argument	だってあなたはどっちも残したいのでしょう
26	so basically the final points are about either	それなら基本的には最終的にはどちらかですよ
27	ONE cutting the number of hours of	第1は時間を減らす
28	either core subjects or physical education or	核となる教科か体育のどちらかのね
29	SECOND cutting the number of teachers	第2は教師の数を減らす
30	so it has to be one of these	このどちらかですよ
31	and there it can't be both	両方というのはあり得ない
32 Singh:	(Sure?) I think er er these maths teachers	(確かに？)私の考えでは　ええ　この数学の先生たちは
33	I'm told they finish their course ...	授業を終えるそうです
34	quite well in advance	早めに　うまく
35	... in a semester of four months ..	4ヶ月の学期の内に
36	they finish their syllabus	シラバスを終えてしまいます
37	in first two months	始めの2ヶ月でね
38	and then next two months	それで残りの2ヶ月は
39	they are doing revision work	復習をしています
40	so I'm suggesting ...	だから私が言いたいのは
41	they reduce the number of working hours	この人たちの仕事時間を減らせばいいのです
42	by thirty per cent	30パーセント

　この会話例の始めの部分で、シンはクラスの生徒数を少人数に保つためには教員の数を維持するべきだという主張を明確に打ち立てている。しかし、シンが結論に至るのを待たずに（あるいは結論にたどり着いたと思ってか）、ジョンがシンの要旨を確かめるために割って入ってきた（14行目）。ジョンは明らかに、シンに二つの選択肢から結論を選ばせようとしている。そして、状況をわかりやすくするために、要点に番号をつけて示す典型的なアングロ式の手法を用いている（27～29行目）。シンの最初の聞き取りにくい語はおそらく 'Sure'（確かに）だと思われ、この方法への同意を表していると考

えられる (32 行目)。しかし、シンは最終的には返答したものの (41、42 行目)、始めの部分は適切な返答にはなっていない (32 〜 39 行目)。まず、始めに理由を述べてから (32 〜 39 行目)、'so I'm suggesting'(だから私が言いたいのは) と述べながら話の核心を伝えている。結局この例で、ジョンはシンの話し方をわかりにくいと感じて、選択肢を「いちいちあげる」必要があると気づき、シンを結論へと導いていったのである。

この後、シンは授業時間と復習時間の比率について話題を展開し、生徒は一人で家で復習すべきだと提案した。ジョンはこの考えには賛成せず、しばらくの間、本題に戻らずに議論が続いた。ジョンが教師に固定給を払う代わりに時給で払うことを提案した後、ようやく最終的な意見の一致をみることになった。しかし、最終的にはこの会話は気まずいものであったようで、彼らの間にラポールが生まれた様子は何も無かった。これには、二人の異なる文化に根ざした価値観とコミュニケーション・スタイルが関係していた形跡がある。たとえば、シンは、話題にあがっている学校にはまるで女子生徒がいないかのように、男子生徒のニーズについてばかり話す傾向が見られた (抜粋 2 の 7 〜 12 行目で示したように、彼は生徒のことを 'boys' 'fellows' と呼んでいる)。しかし、ジョンにはこれは思いもしなかったことで、このことが彼と距離をとる要因になった。また、シンがジョンよりかなり年上で、しかもシンが上下関係を重視する社会の出身であったことが、彼らの関係の築き方を決める要因となった可能性がある。シンは、時々ジョンに相談も無く物事の決定を下すことがあった。彼は自分が年長なのでそうすることが許されると思ったのかもしれない。実際には、このような事態はたまにしか起こらず、決定を下す場面では疑問形を用いて両者の合意が確認されることが多かった。しかしそれにもかかわらず、シンが一人で決定を下すことがあったために、彼らの間には目に見えるようなラポールが生まれることは無かったようである。

さらに、コミュニケーション・スタイルのぶつかり合いからも問題は生じていた。シンのコミュニケーション・スタイルは彼の文化に典型的なもので、Clyne (1994) によってスタイル B と分類されるものである。つまり、ターンが非常に長くなりがちで、ことばはどちらかというと改まって聞こえ官僚的でさえあった。抜粋 2 の中の 6 〜 8 行目の、'...conditions regarding employment, if our boys know Mandarin or Japanese, they can converse over the adjoining countries' がその例である。さらに、彼は帰納的な話し方をする傾向があり、この会話の中でしばしば感じられた緊張感はそれが原因であったのであろう。彼らの話し合いで目立ったことは、極端に長いポーズと沈黙であった。それは、この議論の問題が難しかったことと、お互いに相手の意図と態度を理解することが難しかったことが影響しているようである。また、発話のオーバーラップは無かったものの、どちらの参加者もしばしば不適切な箇所で相手の話をさえぎっていた。そして全体的には、一緒に会話をしているというよりは、別々に話をしているかのような印象であった。両者とも非常に穏やかで丁寧ではあったが、二人の間に親近感が生まれたようには見えなかった。ユーモアや、タスクから逸れたちょっとした雑談一つも見られなかったのである。

6.2.2 帰納的な会話の展開（南アジア出身者）と演繹的な展開（東ヨーロッパ出身者）との対照：グループ K

シンは非英語母語話者たちと行った別の会話でも同じスタイルを用いていた。つまり、長いターンを使って、意見をはっきり述べる前にまずその根拠から話し始めた。また、この会話では、彼は平行構造（parallel structures）や繰り返しを使う傾向が見られた。グループ K と名づけられたこのグループに参加していた他のメンバーは、東アジア出身の女性のウェン（Wen）、東ヨーロッパ出身の男性のイワン（Ivan）、ラテンアメリカ出身の女性のアナ（Ana）であった。彼らは問題 6「予算編成」について話し合った。この問題では、参加者たちは、自分たちがラテンアメリカの予算の乏しいある発展途上国の大臣だと想定するように指示された。彼らは、指定された八つの予算分野のうちから政府支出を行う優先順位を決定し、各分野にいくら配分するかを決定しなくてはならなかった。今回はシンの会話スタイルは問題にはなっていないようであった。イワンも長いターンを取り、自分の意見の根拠を長々と述べていた。これは Clyne (1994) のスタイル A の典型的な特徴であった。しかし、イワンはシンとは対照的に、まず自分の主張を述べ、その後でその根拠を述べた。アナは発話のオーバーラップや同時発話を頻繁に行って、他者の意見を支持する形で会話に参加することが多かった。ウェンはあまり話さず、ターンは非常に短かった（これは Clyne のスタイル C と一致した）。しかし、ウェンは帰納的な話し方をしているにもかかわらず、時々

自分の意見を非常に断定的に述べていた。彼女の意見は他の参加者とは異なり、教育が優先されるべきだというものであった。この主張は、儒教文化の出身者が教育を重視する価値観の現れの一例である。しかし、基本的にはこの会話では男性が主導権を握っていた。彼らはそれぞれが総じて長いターンを取り、また他の参加者にもそれを許す傾向があった。そのおかげで、シンは彼の主張を最後まで述べて話の核心にたどり着くことができたのである。もっとも、他の参加者が時々彼の発話にオーバーラップすることがあったので、もし彼が自分のターンを守ろうとしていなければ、必ずしも常にこのように話し終えられたわけではなかったであろう。それにもかかわらず、参加者たちは彼の話を打ち切らせようとするよりは、むしろ彼が意見を述べることを助けようとしているようであった。だからこそ、彼は常に自分のターンを維持できたのである。以下の二つの例は、シンのスタイルと会話中に見られたこれらの特徴を示している。このグループは、それぞれの事業計画をAランク(最優先事項)、Bランク(優先順位2位)、Cランク(非優先事項)に分類した。一つ目の例では、彼らは水力発電について話し合っていた。イワンがこの国に大きな河と雨量が多い点を指摘したのに続き、抜粋1のように、シンがターンを取った。

グループK：抜粋1

1	**Singh:**	If you've got a river	もし川があれば
2		you can have a dam there	そこにダムを作ることができます
3		and you can store water	水をためることができます
4		and you can generate electricity	発電することができます
5		and I know electric power is the cheapest power	それに電力は一番安いエネルギーです
6	**Ana:**	Yes it is cheaper {x x x 1}	うん xxx 安いです
7	**Singh:**	{it is the cheapest 1} power	一番安いエネルギーです
8		so you will be making use of your resources	そうすれば資源を利用できます
9		and at the same time you'll be creating	そして同時に作れます
10		a most er most fine thing for the country	国に一番　ええ　一番よいものを
11	**Ivan:**	Yes	はい

12	**Singh:**	You cannot have mines without electricity　電力が無くては鉱山も掘れません
13	**Ivan:**	Yes that's {true you can't 2}　はい　そのとおり　掘れません
14	**Singh:**	{You can't have 2} utilities without industry　産業が無ければ公共事業もできません
15		you can't have refrigerators　冷蔵庫ももてません
16		you can't have electric light　明かりも使えません
17		if you can't have electric light　明かりが無ければ
18		how the children will study　どうやって子どもは勉強をするのですか
19		{how will your hospitals run 3}　どうやって病院を経営するのですか
20	**Ana:**	{x x x x x 3}　xxxxx
21	**Ivan:**	{x x x x x 3}　xxxxx
22	**Singh:**	so I think we have to have this electric power in 'A'　だから発電をAランクに入れなくてはならないと思います

　シンは、2、3、4行目でそれぞれ節の一部を繰り返して述べる平行構造を用いている。12、14、15、16、17行目でも同じ構造を使用している。見てわかるとおり、6行目と13行目で、アナとイワンは彼に同意している。20、21行目の発話は聞き取れなかったため、彼らがシンの意見を支持しているのかどうかはわからない。しかしいずれにしても、シンは自分のターンを保持して話し終えることができ、そして22行目の最後で話の核心を述べることができた。興味深い点は、ジョンと二人だけの会話の時も、またこの議論の中のこのやり取りでも、それ以外の箇所でも、シンは相手に異論を唱えているわけでもないのに、帰納的な展開方法を選んでいることである。

　先にも述べたように、イワンも長いターンを使って自分の意見の根拠を述べていた。しかし彼の場合は、始めに自分の論点をはっきりと述べてから根拠を述べる方法であった。以下の抜粋2の例は、自分の論点の正当性をさまざまにあげながら、遠慮もためらいも無く自分の意見を述べる彼のスタイルの典型例である。この会話の前の箇所では、電力を最優先事項に選ぶことに対してウェンが反論していた。そこでイワンは、電力等の公共事業を最優先事項にしなければ国の発展がまったく進まないという考えを述べる。

グループＫ：抜粋２

1	**Ivan:**	Look it's really simple　聞いて　それは単純なことです
2		if you except develop development of utilities　もし公共施設の開発　開発をハイジョしたら
3		you are just making these people　こういった人たちを
4		you are just making them　単に彼らを
5		to survive nothing more　何ももたないままで生き延びさせるだけです
6		that's what happened in South Africa　南アフリカがそうだったように
7		that's or in Asia some countries　あるいはアジアのいくつかの国のように
8		poor like this one like this country　こんなふうに　こんな国みたいに貧しくなるんです
9		they're just surviving　ただ生きているだけです
10		because they're sending them money　だって彼らはその国にお金を送っているでしょう
11		for the food and they're sending　食料のために　それに
12		them doctors to heal them　治療のために医者を送っているでしょう
13		and that's everything and eventually　それだけです　それで結局
14		that food's gonna disappear　食料は無くなるし
15		and the doctors gonna go back　医者は帰ってしまうし
16		to where they came from　自分たちの国へ
17		and they still have the same problems　それで未だに同じ問題を抱えたままです
18		you don't have potential　可能性も無く
19		you don't have production　生産も無く
20		you don't have educated people　教育をうけた国民も無く
21		that's just maintaining that that　現状を　現状を維持しているだけです
22		level of surviving that's nothing　ただ生きのびているにすぎません　それでは意味がありません
23	**Singh:**	You don't have your own things　自分のものは何も無い

イワンは1行目から5行目で、もし公共施設を造らなければ、国は発展しないままただ生きながらえるだけだと、はっきりと自分の意見を述べている。彼は1行目で 'it's really simple'（それは単純なことです）と開口一番に応酬しているが、これにはウェンの意見への遠慮ない批判が込められている。次にイワンは、発展をしなかった他の国の例を引き合いに出しながら彼の考えの論拠を述べている（6～17行目）。この箇所では、Clyne のスタイル A（Clyne 1994）の典型である話の脱線の傾向が見てとれる。また、18、19、20行目では、シンと同じように繰り返しと統語形式の平行構造を用いている。しかし、これらはイワンの普段のスタイルの特徴ではなく、同調（convergence）の例だと考えられる。つまり、イワンはシンのスタイルの影響を受けて、何度も使用されるこれらの形式を無意識のうちに普段以上に使用してしまったと考えられるのである。ここで興味深い点は、シンがイワンと同じ表現形式でもう一言意見を付け加えた点である（23行目）。これもまた、シンの話し方が母語のスタイルの影響を受けている証拠と考えられるからである。つまり、この例では、相手の意見や語句を繰り返しながらターンをとることで、相手に協力的でありたいという礼儀正しさを表そうとしたのである（Gumperz 他 1982）。イワンは、国の生き残りに関しての彼の結論をもう1度述べてターンをしめくくった（21、22行目）。結局、イワンのスタイルは、ある部分では形式を重視しているように見えるが、全体としては Clyne のスタイル A の説明と一致している。つまり、ターンが長く、形式よりも内容を重視するスタイルである。

6.2.3 反対意見を述べるための帰納的な会話の展開（東南アジア出身者）：グループ B

本データの中には、他にも多くの帰納的な会話の展開例が見られた。これらの例には東アジア、東南アジア、中東出身の話者がかかわっていた。興味深い特徴について、ここでは例を二つだけあげて検討する。本データの中には、他の参加者と意見が異なるために帰納的展開方法を選択したと思われる会話例がいくつかあった。以下の「心臓移植」についてのグループ B の議論にもこの傾向が見られる。この例は、すでに文化的価値観について述べた第4章で分析したものであるが、特定の文化的価値観を反映していると同時に、主張の述べ方にも特定のスタイルがあることを示している。会話の参加

者は、東南アジア出身の男性であるドアイ(Doai)、中東出身の女性のアスマハン(Asmahan)、ラテンアメリカ出身の女性のヨランダ(Yolanda)、英語母語話者のジャック(Jack)である。ここでは、アスマハンが、心臓を移植されるべきなのは5番の患者だと主張していた。その理由として、その患者が重篤な病状であること、そして三人の子どもをもつシングルファーザーであることをあげていた。アスマハンの意見に対して、ドアイが以下のように理由を述べながら反論を始めた。

グループB：抜粋1

1	Doai:	I have an idea I think now the person number five 考えがあります 5番の患者は今
2		he work now in the Central Intelligence Agency 中央情報局で今働いています
3	Jack:	Yes はい
4	Doai:	but I think his job now でも彼の仕事は今は
5		is not really necessary because 本当は必要ではないと思いますだって
6	Jack:	(laughing) He's a Russian (笑って)彼はロシア人だから
7	Doai:	Yes the collapse of Soviet Union はい ソビエト連邦は崩壊したし
8		and um in the future それで ええ 将来は
9		I think they don't need 彼らは必要ないと思います
10		er more um ええ もう ええ

この後、まずアスマハンが、その次にヨランダが彼の話に割って入り、患者の職業や知識等の条件よりも患者の健康状態を優先すべきだと主張した。もしかすると、二人はドアイがすでに話の核心を話し終えたと思ったのかもしれない。また、事実、彼らはドアイが5番の患者に心臓を提供したがらない理由を、彼が話し終える前にすでに推察してしまっていた。しかし、その後明らかになるように、ドアイはまだ話の核心を述べていなかったのである。二人がドアイの意見に反対した後、ヨランダが話題を5番の患者から1番の患者の病状へと移そうとした。ドアイは話題が変更されるとは思ってもいなかったため、まずアスマハンへの反論を述べようとして(6、7行目)、以下のように提案をする(8～10行目)。

グループＢ：抜粋２

1 **Doai:**   I think it's better to discuss　　話し合ったほうがいいと思います
2   her ideas first　　先ず彼女の意見から
3 **Yolanda:** Yes okay　　はい　オーケー
4 **Doai:**   because I think we must　　だってしなくてはならないのは
5   think about er his future　　彼の　ええ　将来を考えることです
6   you say you save him　　彼を救うと言いますが
7   and his job is not necessary any more　　彼の仕事はもう不要です
8   I think it's better to choose another person　　他の人を選んだほうが
               いいと思います
9   maybe he can contribute his ability to the <u>social</u>　　たぶん他の誰か
               なら自分の能力をシャカイに役立てることができるかも
10   after we save er his life　　ええ　命を助けた後で

　会話例の後半でわかるように、ドアイは心臓を移植する患者を決定する基準をそれぞれの患者の社会への貢献度に置いていた。上の例では彼はその要点を簡潔に述べているが、抜粋１ではこの要点を述べずに、代わりに、世界情勢の変化の中で５番の患者の任務や専門知識がいかに時代遅れであるかということから話し始めてしまったのである。彼は、相手の意見に反対するからには、自分の考えを述べる前にその反対理由を述べて相手を納得させておくことが最善だと考えたようだ。この例ではドアイは粘り強く最後まで話し終えることができた。しかし、改まった場面や緊張する場面であったならば、このように結論まで話し切ることはできず、その結果「最後までしゃべらせてもらえなかった」というよくありがちな不満となることは想像に難くない。

　次の会話の中で、再びドアイは明らかな帰納的展開を使用する。

グループＢ：抜粋３

1 **Doai:** Sorry you look number seven again　　すみません　もう１度７番の
              患者を見てください
2   they said Mr Jacobson has already　　ヤコブソンさんはすでに
3   had one heart transplant operation　　別の心臓移植手術を受けたそ
              うです

4	Jack:	{Yes 1}　はい
5	Yolanda:	{Yes 1}　はい
6	Doai:	but his body rejected that heart　でも彼の身体はその心臓に拒絶反応を示しました
7	Yolanda:	Yes that is the reason I didn't　はい　だから私は
8	Doai:	His body has not {accepted the heart 2}　彼の身体が心臓を受け付けなかったんです
9	Jack:	{I don't think x x x x 2}　僕は xxxx とは思いません
10	Yolanda:	{That is the reason I put him 2} at the bottom　だから私は彼を優先順位の最後にしたのです
11	Doai:	Yes so between number four and number seven　うん　だから　4番と7番の患者の間でなら
12		I chose number four see　僕は4番を選びます
13	Jack:	I can see your point there　やっと君の言いたいことがわかりました

　この会話例で、まずドアイは7番よりも4番の患者を選ぶ理由を5行にわたって述べており、話の核心は11行目と12行目まで現れない。しかし、彼は話の核心を述べる前にターンを失いそうになっている。彼がすでに核心部分を述べ終えたと思い込んでヨランダが割り込んできたからである（7、10行目）。一方で、彼女のコメントは、協働的な発話の重なりと解釈することもできる。というのも、彼女はドアイに同意をしているからである。しかし、ジャックは9行目でおそらく反対意見を述べようとしたのであろう。そして、もしヨランダにターンをゆずっていなければ（10行目）、彼はドアイが話し終わるのを待たなかったであろう。ヨランダが発言したおかげでドアイは話し終えることができたのである。そして、ジャックもドアイが本当に言いたかったことを正しく理解したのである（13行目）。この例では、ドアイは反対の意見を表明するためにこのような帰納的展開を用いているが、質問紙の彼のコメントから、これは彼が意見を述べる際に用いる典型的な方法であることがうかがえる。彼は、「普段、私は自分の意見を間接的かつ用心深く述べ、順を追って自分の考えを説明していきます」と答えている。

6.2.4　会話の展開の三つのタイプ：グループL

　他の参加者と対立する意見を述べる際に、帰納的な会話の展開を用いた参加者がもう一人いた。東南アジア出身の女性のアリ（Ari）である。それはグループLの議論の中で見られた。このグループは、問題6「予算編成」について話し合っていた。グループの他の参加者は、グループAにも参加していた東ヨーロッパ出身の女性エリカ（Elica）、南米出身の女性のパロマ（Paloma）、南アジア出身の女性のネタム（Netum）であった。後の第7章でも考察するが、このグループはターンのやりとりが非常に組織化されていた。そこでは、リストアップされた八つの予算分野について自分の考える優先順位を述べる機会がそれぞれの参加者に与えられていた。このグループの議論の展開方法は興味深い。というのも、ここでは三つの異なる形式が使用されており、それぞれの参加者は各自が考える予算分野の優先順位を述べるために、一貫して一つの同じ形式を用い続けたからである。たとえば、以下の例のように、エリカは常にまず優先順位を述べて、その後で理由を述べた。

グループL：抜粋1

1	**Elica:**	On the fourth place I've put education　4番目に優先するのは教育です
2		why because there's 90% of the people　なぜなら国民の90パーセントが
3		who are illiterate that's why　読み書きができないのです　だからです
4		on the fifth place let's have a look　5番目には　そうね
5		maybe I can put social services　社会福祉がいいかもしれません
6		because there are no hospitals　なぜなら病院がありませんから

　ネタムもまた、まず自分の優先順位を述べてからその理由を述べている。しかし、「理由先行型配列」の展開に似た形を用いて、毎回 'so'（だから）で始まる節でしめくくっていた。次の例は、八つの予算分野について述べる際に彼女が用いた会話の展開方法である。

グループL：抜粋2

| 1 | **Netum:** | The second one I put social services　私が2番目に選んだのは社会 |

		福祉です
2		because because they said there's only one doctor　なぜなら　なぜなら　医者がたった一人しかいないそうです
3		for every 5,000 citizens　市民 5000 人に対して
4		if you do other it's not enough they will die　もし他を優先したらこれでは足りなくて市民は死んでしまいます
5		so we have to save doing everything　だからあらゆる手を尽くして助けなくてはなりません
6		to take care of them first　まず市民を救うために
7		so I put second place for this social service　だから社会福祉を 2 番目にしました

　エリカとネタムは共にその後の順位は異なるものの、優先順位 1 位には人々、特に子どもへの食糧供給のために農業を選んでいた。しかし、アリはそれとはまったく異なる意見をもっていた。彼女は、まず根拠を長々と説明してから自分の意見を述べる方法をとった。まず自分の話す順番であることを確認したうえで、次のように自分の意見を展開した。

グループ L：抜粋 3

1	Ari:	I just want you to look at the whole problem　私はただ問題全体を考えてもらいたいのです
2		in this ... country our country um　この国の　我々の国の　ああ
3		I know that the problem is .. very difficult for us to　問題が大変困難だということはわかっています
4	Paloma?:	x　　　x
5	Ari:	no to solve this problem　いえ　この問題を解決するには
6		we have problem about agriculture　農業にも問題を抱えているし
7		about transport about police and national guard　輸送にも　警察にも　国防にも
8		about everything it seems that we don't have um　全てのことに関して　どうも我々には　うん
9		we don't have um really good um　我々には　ええと　いい点が無いみたいです　うん
10		I mean we don't have any choice　つまり選択肢が無いのです

11		to make a priority in our program　予算分野に優先順位をつけるための
12		but if we look at our resources for example　でも　もしたとえば資源について考えれば
13		we know that our country ...　我々の国は
14		looks or seems x from other countries so　他の国から見れば x に見えるはずです
15		and also our people still poor　それに我々はまだ貧しいので
16		so I think I think we should think that　だから　私が思うには　私が思うには我々は
17		the main problem is the economic　1 番の問題は経済と考えるべきです
18		um I know that we should care about the children　ええと　子どもへの配慮も大事だとわかっています
19		who will become um er the owner of our country　彼らは将来は国の所有者になるのですから
20	?:	Um mm　ええ
21	Ari:	but is it possible for us　でもできますか
22		to give first priority from these programs　こういった予算分野を優先順位 1 位にすることが
23		because if we only think we want to give them　なぜならもしそういう問題に
24		first priority with this budget　予算を最優先でまわしたら
25		that means we can't to grow up um　我々は発展できないことになります　ああ
26		our I mean our I mean to to　つまり　つまり
27		for example I mean I mean to priority　たとえば私が言いたいのは　私が優先したいのは
28		another resources how can maybe um　もう一つの別の資源なんです　どうやっていったい　ああ
29	Paloma:	Are you talking about your first priority　あなた最優先事項の話をしているのですか
30	Ari:	Yes but I just try to make you understand　はい　でもみんなにわかってもらうために
31		why I chose first priority or second priority　どうして私が優先順

		位の 1 位と 2 位を選んだかを
32	Paloma:	Yes　はい
33	Ari:	so we can argue it better than before　そうすればこれまでより議論がうまくいくと思います
34		so for me for example I put transport first　それで私としては　たとえば　輸送を最優先します
35	Paloma:	Transport　輸送
36	Ari:	why because um we have um a lot of resources　なぜなら　ええと　我々には　うん　資源がたくさんあります
37		you know natural resources which are undeveloped　そうでしょう　まだ開発されていない天然資源が
38		... so this means we can have more money　だからこれは　もっとお金が手に入るということです
39		from these resources if we develop better　こういった資源をもしうまく開発できたら
40		we can have income from that ....　そこから収入を得ることができます
41		so this is first the first time we should do　だからこれこそ　まずまずすべきことです
42		if if transportation has becoming better　もし　もし輸送機関がよくなれば
43		so they can er this transportation can help　そうすればそれが　ええこの輸送機関が助けになります
44		develop the natural resources　天然資源の開発の
45	Elica:	Yes I understand you {x x and I agree 1}　はい　言っていることはわかります　xx 賛成です
46	Paloma:	{x x x x x 1}　xxxxx
47	Ari:	{x x x for our 1} country　xxx 我々の国のために
48		after that of course er　その次にはもちろん　ええと
49		we should put our um human resources　人的資源を優先します
50		so it means agriculture is the third priority　だから農業は優先順位 3 位です

　アリは他の参加者の意見に同意できない理由を説明するために、これほどまで長い時間をかけたのである。これは、彼女が他の参加者に自分の考えを

納得させようとしているからで、また、限られた英語力で難しく複雑な主張を述べようとしているからでもある。この会話は、彼女が初めて参加した授業の初期の頃に行われたもので、彼女はオーストラリアに来る前には英語を話す機会はほとんどなかった。しかし、意見を表現する難しさが関係している一方で、文化的な問題がかかわっている可能性もある。Krasnick（1995）は、ASEAN 諸国における英語使用に関する論文の中で、学生が自分の意見を述べ話の核心にたどり着くことに困難を感じている事実を指摘している。1 行目から 28 行目までで、アリは明らかに経済的理由（輸送機関や天然資源の開発を通じて儲ける必要性）についての主張を行っている。そしてそのためには、農業や子どもへの食糧供給よりも他のプログラムを優先する必要性があると述べている。しかし、パロマにはアリの主張が理解しづらかったようで、何とかその論旨を見失わないようにしている（29 行目）。母語で話していれば、また、高コンテクスト・スタイルに慣れている聞き手であれば、論旨の流れをもっと理解しやすかったであろう。異文化間コミュニケーションでは、話を正しく理解できているか否かをその都度確認することが大切になる。その後、アリは聞き手に非常に歩みよりながら話を続け、このような話の展開方法を用いた意図を説明している（30、31、33 行目）。彼女が最優先したい予算分野を明らかにしたのは 34 行目になってからである。そして、農業を 3 位にすることを認めたのは 50 行目になってからである。エリカの返事（45 行目）が肯定的なものであった点からも（パロマの返事（46 行目）は聞き取れなかった）、アリのこのような聞き手を考慮した話し方を他の参加者が受け入れたことが見てとれる。だからこそ、アリは邪魔されずに結論まで話し終えられたのである。

　この後、アリは他の参加者からもう 1 度彼女の優先順位をはっきりさせるよう求められるのだが、さらに説明を加えて説得しようとした。

グループL：抜粋 4

1	Ari:	Second is develop natural resources　2 位は天然資源の開発です
2		we only have two million　たった 200 万しかないので
3	?:	um hm　ええ
4	Ari:	we don't need we don't want　私たちは　私たちは
5		to borrow the money from um other countries　他の国から借金す

	る必要はありません　したくありません	
6	because we have debt or something like that　なぜなら負債を背負うとか　そんなことになります	
7	we don't need to borrow a lot of money　お金をたくさん借りる必要はありません	
8	because we have natural resources in our country　なぜならこの国には天然資源があります	
9	and then so ... third program third priority is the agriculture　だからそれで3位は　優先順位3位は農業です	
10	it means we can build up um our human resources better　つまりもっと人的資源を　ええと　育てられるんです	
11	because this is very important too　なぜならこれもすごく大切なことですから	

　この最後の部分では、アリは農業を優先順位3位に置く理由をわかりやすく説明しようとしている。そのため、他の参加者にも彼女の考えの筋道が理解できるように話しており、また、いわゆる'human resources'（人的資源）の重要性について他の参加者の意見に同意もしている。彼女は衝突を避け、歩み寄りを示そうとしているようである。そして、そのためには帰納的な展開方法が必要だと思ったようである。この例の1行目のように彼女が優先順位を明確に述べたのは、順位をはっきりするように求められた時だけであった。このグループでは、各自の優先順位を説明するためにそれぞれの参加者が順番にターンを取る方法がとられ、そのおかげで彼女は話し終えることができたが、自由に誰が話してもよい形式の議論であったなら、アリが結論まで到達できたかどうかは疑わしい。また、仮に、現実の職場や教育の場で彼女が主張を最後まで述べ終えることができたとしても、相手が英語母語話者なら途中で聞くのをやめるか、彼女のわかりにくい意見を非難するだろう。この例では、他の参加者は非常に理解があるように思われるし、また、少なくとも彼女の意見を理解しているというフィードバックも送っている。

　グループの中で最後に話したパロマが、かなり直接的な話し方へと戻った点は興味深い。彼女の考えた優先順位は他の人とはかなり異なっていたのだが、彼女の話し方も単に主張を述べてから根拠を述べるというものではなく、その点でエリカとは違っていた。彼女はむしろネタムと似た話し方をし

ており、まず自分の考える優先順位を述べ、次にその理由を述べ、その後に
もう1度要点を繰り返した。次の例は彼女の主張のスタイルをよく示してい
る。

グループL：抜粋5
1 **Paloma:** It's so hard to .. everything is important　これは難しいです　どれ
　　　　　も大事ですから
2 　　　　but we only have two million　でもたった200万しかありません
3 　　　　so for me the priority is social security　だから私としては　最優先
　　　　　は社会保障です
4 　　　　because if you don't have health you can do nothing　なぜなら
　　　　　もし健康でなければ何もできませんから
5 　　　　okay so health for me is priority number one　オーケー　だから
　　　　　私は健康が最優先です

　ネタムとパロマが用いたこのような話し方は、異文化間コミュニケーショ
ンには最適だと思われる。この方法だと、話の核心を最初に聞きたい参加者
の期待にも、ターンのまとめ部分で聞きたい参加者の期待にも応えられるか
らである。

6.3　レトリック・ストラテジー

6.3.1　母語のスタイルを反映したレトリック・ストラテジー（中東出身者）：グループF

　三つのグループに参加したジャマル（Jamal）は帰納的な展開方法を用いて
話し、彼の母語のアラビア語のレトリック・スタイルを使用する傾向があっ
た。特に、グループFでこのスタイルの使用が顕著であった。このグループ
については第4章でも考察したが、ジャマルの他にベトナム人男性のピエ
ン（Phien）、南ヨーロッパ出身の女性のサンドラ（Sandra）、二人の東ヨーロッ
パ出身男性ジョセフ（Josef）とピョートル（Piotr）で構成されていた。彼らは
問題2「男女共学」について話し合った。タスクは中学で共学制と男女別学
制のいずれの学校制度が望ましく、推奨されるべきかを決定するものであっ
た。第4章の分析でも示したように、これは強固な文化的信条や常識とかか

わる話題である。そのため、このディスカッションでは各参加者がこの話題について対立意見を述べ合うだけで終わってしまい、それ以上先には進まなかった。この話題と議論の形式がジャマルのレトリック・スタイルに非常に強い影響を与えたようである。

　アラビア語のレトリックで重んじられる特徴は、大げさな主張、繰り返し（特に要点の）、手の込んだ平行構造（従属節よりも等位節の使用を好む）、修飾と誇張、内容よりも形式の重視、長い弁明や説明等である。さらに、言語を用いた感情表現を非常に重んじている。とりわけ好まれるパターンの一つは、まず大きく物事を断言し、それから、繰り返しや、例や、逸話を用いてそれを立証していくという形式である。アラビア人は芝居がかった感情的で情緒的な話し方が説得力をもっと強く信じているようで、説得こそがコミュニケーションの主たる目的であると考えている。単刀直入であることを嫌い、他者に自分の誠意を理解させ自分の考えに納得させるためには、強い断定的な話し方が必要だと考えている。何かの意図を伝えるためにもし断定を用いないとすれば、それは実は逆の意図を伝えようとしていると解釈されてしまうであろう（Almaney & Alwan 1982、Anderson, J. 1994、Cohen 1987）。これらの全ての特徴が、ジャマルの話し方に見られた。たとえば、彼は 'this age is very dangerous'（この年齢はすごく危険だ）というフレーズやそれに類似するフレーズを 10 回も繰り返している。以下の例は、繰り返し、等位接続、平行構造の例であり、同時に、共学制度は子どもの妊娠を引き起こすという感情的で情緒的な議論の例でもある。

グループ F：抜粋 1

1　**Jamal:**　And very early marriage is very dangerous for them　それにすごく若くて結婚するのは危険です
2　　　　　　some of them　何人かにとっては
3　　　　　　she is a child and she has a child　子どもなのに子どもを生むんです
4　　　　　　she is a child and she get pregnant　子どもなのに妊娠するんです
5　　　　　　and she is maybe twelve (*pause*)　おそらく　まだ 12 歳くらいです（ポーズ）
6　　　　　　she is a child　子どもです

　この少し後に、彼はこの年頃の女の子は男の子の真似をすると主張してい

る。

グループF：抜粋2

1	**Jamal:**	She want er to do that　彼女は　ええ　同じことがしたいのです
2		to tell him that you are not better than me　彼が自分より優秀ではないと証明して見せるために
3		if you are smoker I am smoker　あなたがタバコを吸うのなら　私も吸う
4		if you are tough I am tough　あなたが粘り強いのなら　私も粘り強い
5		if you can fight I can fight　あなたにけんかができるなら　私にもできる

　さらに、ジャマルは誇張や大雑把な一般化を行う傾向が強かった。しかし、議論の終盤に向けて見られた以下の例が示すように、ジョセフはジャマルのこのような話し方を理解も評価もしていなかった。男性が女性の前でどのように振舞うかというジャマルの主張に彼は異議を唱えている。そして同時に、人は個人として見られるべきだと意見を述べている。

グループF：抜粋3

1	**Jamal:**	The man want to　男は
2		display his personality　自分の個性を示したいのです
3		in front of girl you know　女の子の前で　でしょ
4	**Phien:**	(*nodding enthusiastically*) Yes yes　（熱心にうなずきながら）はい　はい
5	**Jamal:**	all the time　いつも
6		all the time　いつも
7		you try to demonstrate　見せつけようとします
8	**Phien:**	Yes　はい
9	**Jamal:**	you know in front of　でしょ　女の子の前で
10	**Josef:**	You can't talk like this　そうとは言えません
11		you do it very general　一般化し過ぎです
12		you can't talk about everybody like this　誰もがそうだとは言えません

13		because maybe	なぜなら　もしかしたら
14	**Jamal:**	We speak generally	一般的なことを言っているのです
15		we speak generally	一般的なことを言っているのです
16	**Josef:**	Yes, you can't talk about this	ええ　でもこれについては
17		so generally as you are talking	あまり一般化できません
18		you know why	だってそうでしょ
19		because nobody is the same	同じ人はいないのですから
20		it's a fact	それが現実です

　ジャマルのこのようなレトリック・スタイルが原因で、彼とジョセフやピョートルとの間の苛立ちは増幅してしまったようである。その詳細は第4章で述べた通りである。どのような話し方が説得力があり効果的なのか、また、どのレトリック・ストラテジーや会話方法が最も効果的かは、お互いが共有する背景や前提によって異なってくる。この場合、ジャマルの大雑把な断定は、ジョセフとピョートルに対しては説得力を発揮したというよりは、むしろ不和をもたらす結果になってしまった。しかし、これはピエンには当てはまらず、彼はジャマルの考えに素直に興味を示していた。この事実は、もしも意見の内容に賛同できれば、述べられ方はあまり問題とはならない可能性もあることを示唆している。

6.3.2　母語のスタイルを反映したレトリック・ストラテジー（中東出身者と南アジア出身者）：グループM

　上のジャマルのような話し方は、必ずしも常にマイナスの効果をもたらすわけではない。このスタイルは話を生き生きと劇的にすることもあり、また、その文化の価値観の強固さを理解するのに役立つこともある。その一例はグループMの中に見られた。このグループは就職向け英語クラス（EPE）出身者で構成されており、きわめてうまくいったグループである。というのも、彼らは文化への気づきのためのトレーニング（cultural awareness training）をある程度受けており、文化の違いについてもよく理解していたからである。グループMは8名からなる大きなグループで、グループHにも加わっていた女性のローラ（Lola）、男性のミロン（Miron）、女性のダナ（Dana）という3名の東ヨーロッパ出身者が含まれている。他にも、グルー

プHのメンバーが3名おり、東アジア出身の女性のヴェラ(Vera)、ラテンアメリカ出身の男性のカルロス(Carlos)、南アジア出身の男性のゴヴィンダ(Govinda)である。さらに、中東出身の男性のザイナブ(Zainab)と西ヨーロッパ出身の男性のアラン(Alain)が加わっていた。彼らは問題3「多文化マネージメント」のタスクを行った。自分の考えを説明するために、ザイナブは繰り返しを用いた力強い芝居がかった話し方を行った。長いターンは用いなかったが(このグループでは誰も長いターンを維持する機会が無かった)、彼は他のメンバーに自分の考えを理解させることに成功している。以下の二つの例は、ザイナブの用いたレトリック・スタイルの例で、特に繰り返しと平行構造が用いられている例である。

グループM：抜粋1
1　Zainab: I think I think that we are facing here　私の考えでは　私の考えではここで直面しているのは
2　　　　　ah a problem of cultural differences　ああ　文化の違いの問題だと思います
3　　　　　because obviously the man　なぜなら　明らかにその男性の
4　　　　　um came from a society　うん　出身の社会は
5　　　　　where er .. I mean a male dominated society maybe　ええ　つまり男性主導の社会でしょうから
6　　　　　and he can't understand the behaviour of a female ..　それで彼には女性の行動が理解できないのです
7　　　　　this behaviour he can't understand　この振る舞いを彼は理解できないのです
8　　　　　he can't admit ..　彼は認められないのです
9　　　　　plus he can't afford the situation　それに彼はその事態を受け止められないのです
10　　　　when .. a woman .. ah er with ahh　もし　女性が　ああ　ああ
11　　　　with a strange behaviour　それが変な行動をとる人だとしたら
12　　　　with a strange attitude　変な態度をとる人だとしたら
13　　　　become his supervisor　そんな人が彼の上司になったら
14　　　　he can't understand it　彼にはそれが理解できないのです

　この少し後で、ザイナブは、その男性従業員にその上司との人間関係が仕

事上のものであることを理解させる必要があると述べ、さらに同一構文を繰り返し使用した。

グループM：抜粋2
1　Zainab:　We are not in a bar　バーにいるんじゃないのです
2　　　　　　we are not in a recreation place　遊び場にいるんじゃないのです
3　　　　　　we have work to do　しなくてはならない仕事があるのです
4　　　　　　we have to do it　仕事をしなくてはならないのです

　さらに議論が進むと、ザイナブはより力強く芝居がかった断定的な話し方をしながら、対立を避けるように促したり、その男性従業員の文化が大きく影響していたのだろうと指摘したりしている。下の例では、ザイナブの考えに納得したミロンが、どのような方法で彼を支持しているのかも見て取れる。ミロンは、ザイナブの発話にオーバーラップしないようにしながらも、協働的なコメントをあちらこちらにちりばめている。

グループM：抜粋3
1　Zainab:　He is not a baby　彼は赤ん坊ではありません
2　Miron:　He's not a baby　彼は赤ん坊ではありません
3　Zainab:　He's adult now and to change his way of thinking　彼はもう大人なのですから　考え方を変えなくてはいけません
4　Miron:　It's hard　それは難しいです
5　Zainab:　The adult's way of thinking　大人の考え方に
6　Miron:　Just by talking to him it's not　説明しただけではそれは無理です
7　Zainab:　I'm afraid it's too late for him to change　残念だけど彼が変わるのにはもう手遅れです

　以下の発言は、ザイナブが他の参加者たちのコメントの合間で述べたものである。ここでも、ザイナブが芝居がかった大げさな主張や繰り返しを使用していることがよくわかる。

第 6 章　データ分析　139

グループＭ：抜粋 4　（訳注　……は他の参加者の発話が省略されていることを示す）

1	Zainab:	Because I think I believe that　なぜなら私が思うには　確信がもてるのは
2		he can't change his attitude　彼は考えを変えられないということです
3		it's too late　遅すぎます
…………		
4		It's something in his culture he can't　彼の文化ではありえないことなのです
…………		
5		I'm afraid it's too late for him to change　残念ですが　彼が変るにはもう手遅れです
…………		
6		He would prefer to die　彼は死ぬ方がいいのです
7		than to work with her　彼女と働くぐらいなら
…………		
8		You have to understand his culture　彼の文化を理解しなくてはいけません
9		at home with his family he's the king　家で家族といる時は彼は王様なのです
10		you know he's really a despot　だから彼は本当に独裁者なのです
11		and he should obey at workplace　なのに職場では人に従わなくてはなりません
12		someone younger　年下の人に
…………		
13		You have to understand his culture　彼の文化を理解しなくてはなりません
14		it's something holy　それは神聖なことなのです
15		it's a holy thing　神聖なことなのです
16		it's a red line a red line　これは超えてはいけない一線なのです
17		and you can't go across it　越えてはいけない一線なのです

　この会話では、ザイナブは時々ユーモラスなコメントをして他者を笑わせていた。さらに、彼は、彼の経験から得たその文化の価値観について解説を

している。一方で、彼自身はそのような価値観をもたないこともはっきりと述べている。そのため、彼の大袈裟で情緒的な話し方は他の参加者にも受け入れられ、彼の意見を理解する助けとなっている。

　この会話ではもう一人別の南アジア出身者の例も見ることができる。彼の英語でのコミュニケーション・スタイルは、彼自身の文化スタイルを反映するものであった。その人はゴヴィンダで、南アジアの小さな国の出身の男性である。ゴヴィンダによる二つの長いターンは彼のスタイルをよく示している。ミロンは、ザイナブのレトリックに説き伏せられて、その男性従業員を別の部署へ異動させることを提案する。しかし、ダナとヴェラはこの提案には反対で、彼が今働いている部署の中で問題を解決すべきだと主張する。そこでゴヴィンダは次のような意見を述べる。

グループM：抜粋5

1	Govinda:	I think this is not the burning problem	これは緊急の問題ではありません
2		that we have to solve it in by tomorrow {but it's 1}	明日までに解決しなくてはならないような　でもそれは
3	Dana:	{Yes, it 1} can't be solved very quickly	はい　それはすぐには解決できません
4	Govinda:	It is a problem where you have to	問題は　どこで
5		try to change his attitude	彼に考えを変えさせるのかです
6		wherever you want to place him	どこに彼を配置しても
7		because he will face it as he	なぜなら　この問題に直面するでしょう　だって彼は
8		um er as he is developed in another society	ええと　だって彼は別の社会で育ったのですから
9		anyway it takes time to change his	とにかく彼を変えるのには時間がかかります
10		to change his attitude	彼の考えを変えるには
11	Alain:	Yes that's true	はい　その通りです
12	Govinda:	So I think the first way we should do	だからまずすべきことは
13		is to convince him and let him know	彼を説得してわからせることです

14		how the situation he should work in Australia　オーストラリアで働くとはどういうことなのかを

　この例では、ゴヴィンダは帰納的な話し方をしている。彼が本当に言いたかった提案は発言の最後（12 〜 14 行目）だが、まずその根拠から話し始めている（1 〜 2 行目、4 〜 10 行目）。次の例でも彼は同様の方法を取っている。ここでも、等位接続や、語や構造の繰り返しを用い、特に動詞の繰り返しが目立つ。この前の部分でザイナブとミロンは、その男性従業員の考えを変えることは難しいと議論していた。彼はもう大人で、考えを変えるには遅すぎると述べていた。

グループM：抜粋6
1	Govinda:	Well I think I think that　ええと　私の考えでは　私の考えでは
2		as he IS adult　彼は大人で
3		and he IS mature　それに彼は分別のある年です
4		and he IS qualified　それに彼は有能です
5		after our suggestions to him　彼に助言した後に
6		I hope he WOULD consider our suggestion　私たちの助言について考えてくれると思います
7		he WOULD evaluate the situation　情況を見極めてくれると
8		because he WOULD have thought it　なぜなら彼は考えたことがあると思います
9		before he came to Australia　オーストラリアに来る前に
10		he WOULD have known the cultural diversities　文化の多様性について知っていたと思います
11		he would face in Australia　彼がオーストラリアで直面するはずの
12		I think he SHOULD and WOULD adjust himself　彼は適応すべきだし　適応するだろうと思います

　この二つ目の例からわかるように、ゴヴィンダはここでも帰納的な話し方を用いている。まず根拠を列挙した（1 〜 11 行目）後に、彼の話の核心が述べられている（12 行目）。彼は、南アジアのコミュニケーション・スタイルで好んで使用される等位接続節を使用し（3、4 行目）、6、7、8、10、12 行

目でも同じ構造をリズミカルに繰り返している。

6.4　考察

　本章の始めで、ほとんどの参加者が直接的で直線的な議論を行っていたと述べた。しかし、上記の例からわかることは、このような異文化接触の場面では、アジアと中東からの参加者が、時々、非常に間接的で帰納的な情報の展開方法を用いることがあるということである（彼らの限られた英語力では、これは大きな負担である）。この傾向は、他者を説得したい時や、波風立てずに反対意見を述べたい時に特に顕著である。しかし、この方法は必ずしも効果的ではなかった。この話し方が原因となり、根拠を話している途中で割り込まれたり誤解を受けたりすることがあったからだ。そのため、話し手は、自分のターンを最後まで維持して話の核心を述べるために悪戦苦闘しなくてはならなかった。他の参加者たちは、このような話し方を理解している場合ですら、もっと直接的に話すようにと求めることもあった。これは、先に述べたとおり、異文化間の会話は意味を推測することが非常に難しい作業であるからであろう。そのため、このようなコミュニケーションでは、より明示的で直接的な言語メッセージが好まれるのである。

　さらにこのデータは、第二言語で話す際、話し手は彼らの母語の会話の展開方法やレトリック・スタイルを使用するものだという考えを裏づけることになった。確かに、ジャマル、ザイナブ、シン、ゴヴィンダ等の参加者のスタイルには、彼らの母語の文化で好んで使用されるレトリックを英語に転移させる傾向が見られた。彼らのターンはしばしば内容よりも形式に重点を置いており、繰り返しや平行構造の使用が特徴となっていた。データ中の英語母語話者に関しても、また、先行研究で示された通りのスタイルが見られた。つまり、ほとんど常に直接的で直線的な会話の展開方法を用いていたのである。最後に、東アジアや東南アジアの出身者に関しては、帰納的な話し方のために時々長いターンが必要になる場合があるものの、おおむね短いターンで簡潔なスタイルを用いる傾向が見られた。あるレトリック・スタイルが効果的であるか、不協和音を生み出すかは、話のテーマ、賛否の程度、その時の議論の中身等の要因によると考えられる。

　これらの結果から、コミュニケーションのトレーニングに関してはどのよ

うなことが言えるであろうか。先行研究や本章のデータからわかるように、会話の展開方法やレトリック・スタイルの違いは学校や職場で問題を引き起こす可能性をもっている。たとえば、帰納的な展開方法は、誰もが自由に話せる形式の議論では効果的ではない場合もある。したがって、二つ以上の異なる文化の出身者が参加している会話での解決策としては、多くの参加者が実際に行っていたように、始めに要点を述べ、次に理由や根拠を述べ、最後にもう1度要点を述べる方法を用いることである。しかも、それぞれの箇所で、核心部分を述べているのか根拠を述べているのかを話し手がはっきりと示すことが重要である。ESL（第二言語としての英語）の教師は、学習者がそれを英語で相手にはっきり示して聞き手を引きつけておくことができるような練習をさせる必要がある。

　大局的には、さまざまな文化の出身者が交じった会話では、話し手が「よいコミュニケーション」について偏狭で独断的な視点をもたないことが重要である。必要なことは、他の文化では異なる話し方が尊重されているということを意識し、その聞き手とその状況の中で効果的に話せるように、自分のスタイルを調整する柔軟性と能力をもつことである。つまり、オーストラリアの移民に対しては、オーストラリアの学校や職場で重視されるスタイルを教えなければならない。そうすれば、オーストラリア以外を知らない英語母語話者から将来にかかわるような評価を下される場面—たとえば大学のゼミ、口頭発表、就職面接、職場の会議等—で、移民たちは自分のコミュニケーション・スタイルを修正することができるであろう。また同時に、英語母語話者に対しては、異なるコミュニケーション方法も尊重されるべきこと、自分たちの物の見方が普遍的ではないこと、自分自身のスタイルが他者にマイナスに受け取られる可能性があることも教えておく必要がある。そうすることによって、英語母語話者側にも選択の余地ができる。すなわち、いつものスタイルでは逆効果になるような場面では、話し方を変えることによって効果的に目的を達成することが可能になる。また、彼らが権力をもち圧倒的な大多数を形成する場面でも、公平になり、批判がましいことを控えることができるようになる。しかし、単に違いを教えるだけでは十分ではない可能性がある。おそらく、そのために必要な技能修得には訓練が必要だろう。会話の展開方法を変えたり新しいレトリック・スタイルを使用する訓練は、書きことば以上に話しことばにおいての方がはるかに難しい。書きことばでは、

手本を与えることもできるし、下書きや書き直しができるからである。しかし、話しことばでも訓練をすることは可能である。たとえば、実際の異文化間会話のビデオの一場面やそれを文字化したものを用いて、異なるコミュニケーション・スタイルがいかに誤解を生み、非効果的で、また不和を引き起こす原因となるかを実際に示して、特定の場面でより高い効果をあげるために「話し方を変える」練習を行うことが可能である。また、普段と違うコミュニケーション・スタイルを用いて話し方のレパートリーを広げながらロールプレイを行うことも、柔軟性と適応能力を伸ばす一つの方法である。

第7章　データ分析
ターン・テイキングの種類と発話量の差

7.1　はじめに

　何人かの研究者たちにより、日常会話のターン・テイキング・スタイルはすでに明らかにされている。ターン・テイキングのスタイルや発話量は文化と密接に関係し、さまざまな問題の原因となっている事実も多く見つかっている。文化による影響を受けやすいものとして、オーバーラップの無いターン（discrete turns）、同時発話、ターンとターンの間のポーズの長さ、1回のターンの長さ、沈黙や自己表象があり、それぞれに対する異なる考えは異文化間コミュニケーションにおける問題を引き起こす原因となっている。ターン・テイキングや発話量といったコミュニケーション・スタイルの違いは人間関係にまで悪い影響を及ぼすことがある。しかしおしゃべりなのか無口なのかは、話し手の意図というよりも、話し方のスタイルの違いかもしれないのだ。

　実用的な目的で進められてきた研究の枠組には、Trompenaars (1993: 68-9)、Tannen (1981、1984b、1985)、Clyne (1994) がある。他にも、一つの文化だけをとりあげた研究や二つ文化の対照研究は多くあるが、いずれもがこれらの主要な枠組を裏づける例を示している。Trompenaars は言語学者たちが明らかにしてきた三つのターン・テイキングのパターンを単純な図式を使って示している。「アングロ」（訳注　第5章参照）と呼ぶスタイルでは、人々は交代しながら話す傾向があり、ターンとターンの間には知覚できる長さをもつポーズや、とぎれがほとんど無い。割り込んで話すことは失礼なことであり、黙っていることは他の人を不安にしコミュニケーションの失敗とみなされる。「オリエンタル」スタイルでも、人々は交代しながら話すが、ターンの間に明らかなポーズを置く。これは、話し手に対して敬意を示し、直前のターンで言われたことを慎重に理解し熟考している「間」と理解される。「ラテン」スタイルでは、話者交替はあるが、ターンとターンが連続

して起こり、オーバーラップがよく見られるのが普通である。オーバーラップしながら話すことによって、相手が話した内容に対して自分も興味があることを示すのである。ここで注意しなければならないのは、アジアの多くの文化圏での改まった会合ではオリエンタル・スタイルが典型的ではあるが（Byrne & FitzGerald 1996）、階層社会ではコンテクストによって行動が著しく変わってくるので、くだけた会話でもこのスタイルで行われているかどうかは断言できないということである（Irwin 1996、Yamada 1992）。

　Tannen（1984b）は、高度にかかわり合うスタイル（high-involvement style）を明らかにした。このスタイルではターンとターンの間のポーズを避け、スピード感のある話し方が相手への興味とラポールの合図として使われている。オーバーラップがあっても、話し手は話しをやめない。同時に話すことで聞き手が話し手に対し、理解や興味を示しているからだ。他の人が話しやすいように順番を譲ることは話し手のすることではない。Tannenによると、このスタイルと対照的なものは高度に配慮したスタイル（high-considerateness style）である。このスタイルでは人々はゆっくり話す傾向があり、相手が話し終えるのを待って話し出す。そして、他の人もターンの順番を待つものだと思っている。オーバーラップがあると割り込みをされたと思い、自分は話すのをやめてしまう。Tannenはこのような人を「オーバーラップを嫌う人たち（overlap adversant）」と呼ぶが、何のためにオーバーラップをしたのかというオーバーラップの目的をよく見ることが大切だと言う。話し手をサポートするように興味と親しみを示すことが目的ならば、オーバーラップは「協力的」であるが、敵対的であったりトピックを変えてしまったりすることがあれば割り込みと見なされ、英語ではよくない印象を与えるからである。Tannenによると、アメリカ人の好みの主流は高度に配慮したスタイルだが、一方、東ヨーロッパ、ラテン系の国々、アフリカ系アメリカ人、西インド諸島、中東の文化は高度にかかわり合うスタイルを好み、Trompenaarsの枠組と一致する分類が示されている。「アングロ」と「オリエンタル」は高度に配慮したスタイルで、「ラテン」は高度にかかわり合うスタイルと関連がある。他の研究もこれらの枠組と一致し、この対照的な二つのスタイルがいろいろな文化圏同士のインタラクションで問題を生じさせていることがうかがえる。たとえば、Carroll（1998）は、北アメリカ出身者とフランス人の会話のスタイルを比較したが、フランス人はアメリカ人に比

べ高度にかかわり合うスタイルを好む。また、Kochman (1990) の研究では、アフリカ系アメリカ人と白人のアメリカ人のスタイルの違いがこの二つのスタイルにあることが突き止められた。

　Clyne (1994) は、実際のインタラクションにおけるターン・テイキングのパターンを分析した。これらのパターンには組織の中では上位の人に敬意が払われる等、会話参加者の相対的な力関係が大いに影響していることがデータから示された。しかし、文化的背景もまた影響し、彼が集めたデータでは、中央ヨーロッパ、南ヨーロッパ、ラテンアメリカ、南アジアの人々は東南アジアの人に比べ一回のターンが長いという傾向があった。東南アジアの人々は発言権を取ったり保持したりすることがあまりうまくできない。彼らは、ターンを保つために競い合ったりせず、同時発話になる時にはたいてい引き下がってしまうことがわかった。一方、先にあげた文化圏の人たちは早口で話したり、同時に話したりしてターンを保持したり取ったりする。東南アジアのパターンに影響しているのは、否定的な意見も言わず調和を重んじることであるとClyneは主張している。彼は内容よりも形式を重視する文化もあれば、またその逆の文化もあり、どちらを優先するかがターン・テイキングのストラテジーに影響を与えていると論じている。中央ヨーロッパや南ヨーロッパ出身者は、内容を重視し、自分の考えを相手に納得させ、言わなければならないと思うことは何でも言うことができ、反対意見も口に出す傾向がある。南アジアの人も、形式的な談話構造を用いるため、理由は異なるが1回のターンが長くなってしまう。

　ターン・テイキングのこのようなさまざまなパターンと、発話量に対する考え方の違いが、会話者同士が相互に否定的な固定観念を生み出す結果となる。ターンの区切れるところを待たずたくさん話す人々は、無口な人たちを非協力的で退屈だと決めつけてしまう。一方、あまり話さないが、1回のターンが長く、オーバーラップのないターンを好む人々は、よく話す人に対して横柄で押しつけがましく、弱いものいじめをするような会話をする人だという固定観念をもつ (たとえばScheu-Lottgen & Hernandez-Campoy 1998、Scollon & Scollon 1983、1990、Tannen 1984b)。

　Byrneによって撮影されたオーストラリアのトレーニング用ビデオや付属の解説書で論じられているように (Byrne & FitzGerald 1996)、職場の会議やグループ・ディスカッションでは、これらのスタイルの違いが問題を引き

起こす。フィリピン出身のアジア系オーストラリア人のある男性がインタビューされている。インドネシアと日本のジョイントベンチャーで長い経験もある人であった。彼はアジア人の話し方は、ターンとターンの間に長いポーズがあるという Trompenaars によるターン・テイキング・パターンと一致していると述べた。彼の英語は流暢だったが、オーストラリアで働き始めた頃は、会話に加わるのがとても難しかったと言う。「口をはさめるようなとぎれ (gap) が無い」ので、「とても威嚇されているようで落ち着かなかった」と感じたようである。今では、このオーストラリアのスタイルに慣れたので、同僚のインドネシア人や日本人が参加する会議では、彼らがターンをとれるように助けているそうである (Byrne & FitzGerald 1996: 90–91)。映像の他の部分で彼は、日本人の同僚がオーストラリア人のグループ討議のやり方について「まるで喧嘩をしているように」過激だと言っていたと述べている (Byrne & FitzGerald 1996: 88)。原因はオーストラリア人が立て続けに、かつ直接的に話し、何よりもターンとターンの間にポーズがほとんど無く、オーバーラップも無く、誰が話し出してもよい会話スタイル (open-house meeting style) のためだと彼は解釈している。というのも、このフィリピン出身の男性は、オーストラリアの文化の中ではオーストラリア人がそのような印象を与えないことを知っていたからだ。この映像には他に、ベトナム系オーストラリア人で 14 年以上もオーストラリアでの議会に出席の経験がある議員もいた。議会では発言する機会を与えられず、どんなに忘れられた存在であったか気持ちを高ぶらせて語った。このような経験をしているのは決して彼だけではない。Byrne (1997: 6) の *What Makes You Say That? Cultural Diversity at Work* (『どうしてそんなこと言うの？ 職場における文化の多様性』) の映像の中では、ターン・テイキングのやり方の違いほど強い感情と多くの誤解を引き起こすものはないということが観察される。

7.2　インタラクションの一般的な特徴

　本書の例には、先行研究で取り上げられた会議での話し方の全てのタイプが含まれている。「ひとりひとりが気軽に話すがオーバーラップがないタイプ (open-house type floor with discrete turns)」、「同時に入り乱れて話すタイプ (the free-for-all with simultaneous talk)」、「順番に話すタイプ (the round turn)」、「会話の進行を仕切る人のいるタイプ (turn-coordinator facilitated talk)」である (Cuff & Sharock 1985、Edelsky 1993)。「ひとりひとりが気軽に話すがオーバーラップがないタイプ」が一番多く見られたが、あるグループでは「同時に入り乱れて話すタイプ (the free-for-all with simultaneous talk)」が会話全体に見られたり、部分的に見られたりしている。さらに、多くの会話では、まずひとりひとりが誰にもさえぎられることなく順番に意見とその根拠を述べる「順番に話すタイプ (the round turn)」から始まり、その後の議論が「ひとりひとりが気軽に話すがオーバーラップがないタイプ (open-house type floor with discrete turns)」になっていった。多くの会話では、一人または複数の人が会話をまとめ、司会者のように振る舞う場面もあった。二つのグループでは英語母語話者が、他のグループでは非母語話者の男女がこの役まわりとなった。グループ内に英語母語話者がいても非英語母語話者が会話を仕切ることもあった。男女両方がいるグループの多くでは、会話の開始頃は女性が先導して話している例が多く、そのまま会話全体を通して女性が牽引していく場合もあった。

　一般的にどの会話も、Sacks 他 (1974) による構造的な規則に従った、つまり、一つの非連続のターンだけで構成されているパターンとなっていた。話し手の交替が繰り返されることが多く、同時発話が長くなったり、一人だけが長く話したりすることは例外的であった。特にペア会話にはこの特徴が当てはまった。しかし、三人以上のグループ会話では、オーバーラップが非常に多く、オーバーラップがそのまま続くこともあった。ここでは同時に話し始めたり割り込んだりなどの文化圏別スタイルが、かなり中心的に働いていることがわかる。

　いくつかの研究によると、英語を話す社会では女性は男性と比べ協力的な多くのオーバーラップをしていることがわかっている (たとえば James & Clarke 1993、Tannen 1994)。本研究は異文化間コミュニケーションの場面だが、同じことが英語圏以外の女性に関しても当てはまることが明らかになった。

　本研究で明らかになったことは、先行研究で示された多くの論をおおむね裏づけるものであるが、参加者には性別も文化圏も異なる人が混ざり合っており、タスクのタイプや問題の影響など諸々の要因が複雑に絡み合っているため、一般化が難しくなっている。

本章のデータ分析で示す会話例は、インタラクションの三つの側面を例示する目的で選んだ。
(1) 対照的なターン・テイキング・スタイルをもつ人たちと、そのインタラクションの結果

　取り上げたインタラクションでは、ターン・テイキングのスタイルの違いが対人関係にかかわるほどの問題とはならなかったものの、他の場面状況では問題が起こり得るかもしれないことを示している。
(2) 構成員が類似のグループであるにもかかわらず、発言権（floor）のタイプが対照的なもの

　グループの構成は似通っているのだが、発言権のタイプがまったく異なっていることを示す。グループに想定された場面状況ごとの要因を指摘する。
(3) 会話グループが異なる時に同一人物が見せるさまざまなターン・テイキングの方法

　インタラクション特有の要因の影響を指摘する。この場合、参加者の組み合わせ、参加者のコミュニケーション・スタイル、会話グループ内の力学（group dynamics）や、タスクのタイプや問題が特に重要な要因となっている。

7.3　高度にかかわり合うスタイル（high-involvement style）と高度に配慮したスタイル（high-considerateness style）

7.3.1　発言権の交代とターン・テイキング：グループ B

　上で述べた四つの会話のスタイルはグループ B の会話に現れている。特に、会話の時間の経過とともに発言権をもつ者が異なってきたり、会話参加者がまったく異なるターン・テイキングの方法をそれぞれ用いていることが問題を引き起こしている。グループ B は文化的価値観についての章（第 4 章）と、会話の展開についての章（第 6 章）ですでに考察したグループであるが、問題 1「心臓移植」について話し合った。参加者は中東出身の女性のアスマハン（Asmahan）、ラテンアメリカ出身のヨランダ（Yolanda）という女性、東南アジア出身の男性ドアイ（Doai）、英語母語話者のジャック（Jack）である。会話の開始部で、短い間だが世間話が行われた。この段階では、多数のオー

バーラップ、繰り返し、短いターンでの交代、言いさしの発話があり、これらの特徴がお互いにかかわり合いたいという気持ちや、相手の話に興味をもっていることを示していた。この会話での発言権は、「ひとりひとりが気軽に話すがオーバーラップがないタイプ」というよりは、「同時に入り乱れて話すタイプ」に近かった。ジャックと他の三人は初対面で、自分たちの名前や出身地を紹介し合った後、ドアイが話題を変えて、ジャックにサッカーが好きかどうか尋ねた（ドアイとヨランダはサッカーについて少し前に話題にしていたようである）。サッカーについての簡単な会話の後、ヨランダはジャックの職業について質問をした。（訳注　オーバーラップは訳には記していない。英語のデータ中の番号が重なりを示す）

グループB：抜粋1

1 Jack: I've worked all round Australia　私はオーストラリアあちこちで仕事をしました
2   I've worked as a stockman　牧場のストックマンの仕事をしたこともある
3 Doai: You x stockman　あなたは x ストックマン
4 Jack: Stockman which is like cowboy　ストックマンはカウボーイみたいな
5 Doai: {Cowboy 1}　カウボーイ
6 Asmahan: {Ahh1}　ああ
7 Jack: x but worked up'n the Northern Territory {mustering cattle 2}　x だけどノーザン・テリトリーで働いて家畜の世話をした
8 Doai: {x x x 2} horses?　xxx 馬？
9 Jack: Yes yes with horses　はい　はい　馬と
10 Yolanda: x x like horses　xx 馬好きです
11 Asmahan: I love horses yes　私は馬は大好きです
12 Yolanda: I used {to ride 3}　前はよく乗っていました
13 Asmahan: {I said 3} to my husband　私は言いました夫に
14   I want to go somewhere and　どこかへ行きたい　そして
15   but he didn't know x　だけど彼は x を知りませんでした
16   and want to go {x x 4}　そして行きたい xx
17 Doai: {But did you 4} ride a horse　だけど馬に乗りましたか
18   {did you ride a horse 5}　馬に乗りましたか

19　**Jack:**　　　　{There's a place 5}　場所があります
20　**Asmahan:**　{No I would like 5}　いいえ私がしたいのは
21　**Yolanda:**　I ride it once　一度だけノリマス

　この後、ヨランダが乗馬の失敗談をして皆を笑わせたが、笑いの原因はヨランダの英語のつたなさにあった。間もなくして会話は問題の内容に移っていった。この会話例では、協力的なオーバーラップ（ドアイが8、17行目で興味を示す質問をしている）や、同時開始発話（18、19、20行目）があり、割り込み例も1回ある（ヨランダが乗馬の経験談を話している時に13行目でアスマハンが割り込み、ヨランダの発話を中断した）。参加者は興味を示し、彼らの発話のほとんどは話題を展開するための質問（8、17行目）やコメント（13、19、20行目）であったので、オーバーラップ、同時発話、割り込みが許容されていたのは明らかである。

　本題に移った時、1回のターンが長い発話がいくつかあり、それまでに見られたパターンは減った。この新たに出てきたタイプはジャック、ドアイ、アスマハンに見られた。ヨランダはサポート型のオーバーラップをする時に高度にかかわり合うスタイルを続けていた。このグループではこの時点から、誰に心臓を移植するべきかを議論し始めた。ジャックはもし6番の患者が亡くなってしまったら、彼女の子どもたちに何が起こるだろうかという彼の考えをドアイに話し始めた。ヨランダはこの考えを支持しており、説明するときにオーバーラップして自論を述べた。

グループB：抜粋2

1　**Jack:**　　What I'm saying is that　私が言っているのは
2　　　　　　they'd all get divided up　みんな離散して
3　　　　　　so you wouldn't have them as a family unit　だから一家族として捉えられない
4　　　　　　you'd {have maybe 1}　あなたはたおそらく
5　**Yolanda:**　{Because it's 1} in a poor situation　だって貧しい状況だから
6　　　　　　the children will be adopting for different families　子どもたちは別々の家に引き取られるでしょう
7　**Jack:**　　Yer different families　うん　違う家族に

8		so they {might see each other 2}　だから彼らは互いに会うこともなく
9	Yolanda:	{If we have a new 2} family but　もし新しい家族がいれば　だけど
10	Doai:	Is it true　本当ですか
11	Jack:	Yes it can happen　はい　それはあり得ます
12	Doai:	Oh really I didn't know　本当ですか　知りませんでした
13	Jack:	Yes they get divided up rather than　はい　むしろ離れ離れにされます
14		because really say say if I died my wife died　だって現実にたとえばもし私が死んで　妻も死んだら
15		who'd want to look after four boys you know　だれが4人の男の子の世話をしたがるでしょう
16	Yolanda:	Mm hm　うん
17	Jack:	like in one go　一度に
18		cos it's a {bit hard so that's 3}　だってちょっと大変だからそれで
19	Yolanda:	{yes four families 3} will care　はい　4家族が世話をするでしょう
20		probably for them　恐らく彼らのために
21	Doai:	Ahh　ああ
22	Yolanda:	in adoption under adoption yer　養子に　養子に　うん

　この抜粋の中の三つの発話（5、9、19行目）は、ヨランダがジャックの考えを確認しつつオーバーラップしながら話し始めているところである。ジャックは最後まではっきりと言い終えてはいなかったのだが、自分の話を中断した。このスタイルは彼の典型的な話し方として頻繁に見られたので、同時に話すことをよいことだとは思っていない彼のスタイルは、高度に配慮したスタイルと言うことができるだろう。一方ヨランダは、他の人が話している際にオーバーラップをして話し出すことがしばしばあった。ヨランダは偶然に同時に話し始めたのではなく、意図的に他の人が話している時に話し始めるという例が5、9、19行目に当たる。もし、彼女と同じスタイルを共有する人がいたら、彼女はさらにオーバーラップをして話した可能性もあるだろう。しかし、この話し方のスタイルが彼女一人だけであったので、彼女は次第におとなしくなり、全体的に見ると他の人より話す量が少なくなっていた。テープでの声の調子や発話内容からは、ジャックがこのオーバーラッ

プにいらいらしている様子は見られなかったが、毎回、話すのを途中でやめたので、彼は彼女のオーバーラップを割り込みと解釈していた可能性がある。オーバーラップがあると話を中断するジャックのような話し方のスタイルをもつ人は、たとえば職場などのもう少し改まった場面では協力的なオーバーラップにもいらいらしてしまうかもしれない。アスマハンとドアイも相手が話し終わるのを待ってオーバーラップしないターンをとる傾向があったが、英語母語話者のジャックようにオーバーラップを嫌っているようではなかった。

7.3.2 オーバーラップ：グループN

他にターン・テイキングの仕方に違いが見られたのはグループNである。このグループも問題1「心臓移植」について議論した。このグループはジル（Jill）という名の英語母語話者の女性、グループLにも参加したラテンアメリカ出身の女性パロマ（Paloma）、他の二人はアン（Anh）という東南アジアの女性とグループGにもいたエルヴィド（Elvid）という東ヨーロッパの男性である。この会話でも、英語母語話者（このグループでは女性）はオーバーラップをほとんどしなかったし、他の人からオーバーラップされた際には、自分の話を中断した。一方、ラテンアメリカの女性は頻繁にオーバーラップした。これは次の例に現れている。

グループN：抜粋1

1	Jill:	Actually I also thought about um　実際私も　うん
2		number five the Russian man　5番のロシアの男性のことを考えた
3		who is also on a heart lung machine　その人も心肺維持装置が使われ
4	Elvid:	Yes the same　はい　同じ
5	Jill:	but he's got three children　だけど　三人子どもがいます
6	Elvid:	Yes　はい
7	Jill:	and that was something　だけどそれは何か
8		that {you know I made the 1}　つまりあの私がした
9	Paloma:	{I put it the first 1} one too　私も1番にしました
10		but I don't put it because he has three children　だけど子どもが三人いるという理由ではありません

| 11 | | I try to think with my head not with my heart　情ではなく理性で考えようとしました |

　8行目で、パロマがジルに賛同してオーバーラップしたとき（9行目）、明らかにジルは最後まで話し終えないまま即座に話を中断してパロマに発言権を譲り渡した。ジルが移植対象者の決め方の基準を明らかにしようとした別の例でも、同じパターンが起こっていた。

グループN：抜粋2

1	**Jill:**	——so..I mean do we think　だから私が言っているのは私たちは
2		that number two is the sickest　2番が一番重篤だと思う
3		or number {five who 1}　または5番の
4	**Paloma:**	{It's not 1} important to {give the heart 2}　心臓移植するかは重要ではない
5	**Elvid:**	{number one 2} {number one is the sickest 3}　1番は1番は最も病が重く
6	**Paloma:**	{to x x but who can still 3} continue to live　xx に対して　だけどまだ生き続けられる
7		who has the best condition to live in　一番状態がよい

　ジルの指摘に対してパロマがコメントするためにオーバーラップしてきた時、ジルは話すことを中断してしまっている（3行目）。その時、エルヴィドがオーバーラップをしてどの患者を選ぶかをパロマと議論するために加わってきたが、パロマは話し続け最後まで言い切っている。繰り返すと、ジルのコミュニケーション行動は、高度に配慮したスタイルと一致し、他の人と同時に話さないことを好むが、パロマは頻繁にオーバーラップし、他の人が話している時にそのまま同時に話すことを不快には思わない。パロマがずっとこのスタイルを貫き通したのは、多くのオーバーラップや発話の同時開始が、非母語話者によるものが多かったということも原因であろう。アンはどちらのスタイルも用いており、同時に話し続けることもあれば、発言権を勝ち得たこともあった。彼女は、目に見えてだんだんと早口になっていった。これは、彼女が属する文化圏についての先行研究の記述とは一致しないのだが、この場面には上下関係が見られないこと、この問題のテーマに対して強

い主張をもっていたということと、女性も政治集会で積極的に話すことが奨励されている共産主義社会の出身であるという理由から説明できるだろう。

　エルヴィドも両方のコミュニケーション行動を使っていた。彼はターンを取ったり保持したりするためにオーバーラップを用いた言語ストラテジーを使ってはいたが、明らかにオーバーラップの無い話者交替を好んでいた。発言権を得るために 'excuse me'、'may I say something'（言ってもいいですか）、'can I say something ?'（ちょっと言っていい）などを、またターンを保持するためには 'let me finish'（最後まで言わせて）という表現をよく使っていた。この会話は全般的に親しげな感じでうまくいっていたし、オーバーラップや同時発話が、理解やことばのやりとりを妨げるものではなかった。発話量に関して言えば四人とも同じくらい話していた。実際、ジルは他の人と同時に話し始めてしまうと、口早に吐き出すようにコメントを言い、相手がオーバーラップしてきた時には自分のターンを遠慮して途中でやめてしまうので、彼女は明らかに読者交替時にオーバーラップの無いことを好むことがわかる。つまり、このような話し合いでは、女性の英語母語話者でも高度に配慮したスタイルで話すのを好んでいるということである。本研究のデータ・サンプルに出てくる他の女性の英語母語話者も同じように高度に配慮したスタイルに終始していた。しかし、ラテンアメリカの女性全員は、三人以上のグループ会話では高度にかかわり合うスタイルを示していた。ペア会話では、すでに述べたように、どの文化圏出身者もオーバーラップのない話者交替をする傾向がある。

7.4　ターン・テイキング・スタイル

　同じ問題を女性だけで話し合ったグループＬとグループＯの二つのグループは、対照的なターン・テイキング・スタイルを示していた。この二つは調査の中で集めたさまざまなスタイルの中でも対極にあるスタイルを用いていた。両方のグループとも、ラテンアメリカ、南アジア、東南アジアの出身者が参加しており、違いは、一方には東ヨーロッパ出身者、もう一方には中東出身者がさらに加わっていたことである。

7.4.1 順番に話すタイプ(round turn)と同時に入り乱れて話すタイプ(free-for-all)の対照的な二つのグループ：グループLとグループO

　グループLは、会話の間ずっと発言権を順番にまわしていくタイプ(round turn)のスタイルを維持していた。このグループは第6章ですでに扱ったが、東南アジア出身のアリ(Ari)、東ヨーロッパ出身のエリカ(Elica)、ラテンアメリカ出身のパロマ(Paloma)、南アジア出身のネタム(Netum)が参加していた。彼女らの問題は6「予算編成」である。会話を始めたころ、問題と関係のない話題を話していたが、そこでは少しオーバーラップがあった。その後で、エリカが優先順位の上位に置くべきだと強く思っている三つの予算分野について一人で3分間話をした。

グループL：抜粋1
1　Elica:　　Will I start　始めますか
2　　　　　　you understand everything okay　みなさん全部わかっていますよね
3　　　　　　oh well I think it's my opinion that er er　ああ　ええと私の意見はええと
4　　　　　　I don't know but maybe big percentage　わからないけど多分大きなパーセントで
5　　　　　　percent of that budget yes that budget　予算の大きなパーセントはい　予算
6　　　　　　can go for these er these er children　これらの　ええ　これらの　子どもたち
7　　　　　　malnutritions children and .. because　栄養不良の子どもたち　なぜなら
8　　　　　　I don't know what percentage　私は何パーセントかわからない

　エリカにしては、ゆっくりと、繰り返しながら、とぎれとぎれに話し始めたが、3分間同じ調子で話し続けていた。2回ほど確認を求める短い質問があり、同意を示すちょっとしたフィードバックや、言い方の難しいところを助けるようなことがあった以外は、誰も彼女にオーバーラップしたり、割り込んだりはしなかった。ここでターン・テイキングの構造にかかわるものは、1行目の彼女の 'Will I start?'(始めますか)だけである。おそらく、この問題に関しては、誰にも妨げられずにまず参加者それぞれが自分の意見を述

べるのが効果的だという暗黙の了解があったのであろう。というのは、他の会話では話し合いの最初からパロマとネタムが、若干オーバーラップをしていたからである。この後このグループは、数分をかけて何をどのような順番で話すのかを話し合った。その結果、八つの分野に優先順位をつけ、その理由を一人ずつ順番に述べることになった。

　ネタムが次にターンを取り7分間話し、八つの分野それぞれについて順番に要点・理由・要点の繰り返しというパターンを崩さないで話していた。次にアリが6分間話した。会話の展開の章（第6章）で論じたように、彼女は理由を先にあげた。優先順位の1位と2位にあげた項目について二、三確認しようとする以外は、他の人は彼女に最後まで言い終わらせていた。最後にターンを取ったのはパロマだった。彼女は最初に残り時間を心配してから、3分間かけて自分が決めた八つの予算分野の順位とそれぞれの理由を述べた。興味深いのはパロマのターンの最中にアリが割り込みをかけるのだが、他の人にそれを止められるところである。

グループL：抜粋2

1	**Paloma:**	Second one for me is agriculture　私にとって2番目は農業です
2		because you need to eat　だれもが食べないとならないからです
3		to keep your health you need to eat　健康を保つためには食べなければならない
4	**Netum:**	Agriculture　農業
5	**Paloma:**	Yes okay but　はい　オーケー　だけど
6	**Ari:**	Excuse me but just remember　すみません　だけどちょっと思い出して
7		agriculture is very hard {to to 1}　農業をすることはとても難しい
8	**Elica:**	{x x 1} just let {x x 2}　xx ちょっとさせる xx
9	**Netum:**	{You just 2} let her to　あなたはただ彼女にさせて
10		tell her opinion first　彼女の意見を最初に言わせて
11	**Ari:**	I thought {we tell 3}　思ったんですけど私たちは言う
12	**Netum/Elica ?:**	{x x we discuss x x 3}　xx 私たちが論じている xx
13	**Netum/Elica ?:**	{x after x x 3}　xx のあとで x
14	**Paloma:**	Thank you　ありがとう

アリは、パロマの優先順位の上位に農業があることに反対している。ここでは、おそらく先にあげた自分の論を繰り返したかったと思われる。アリはターン取得時の適切な表現である 'Excuse me' を使っているので、割り込みであることを自覚していることが示されている（6、7行目）。しかし、エリカとネタムは最初に皆で同意した通り、割り込みはせずパロマに話をさせてあげなければならないと言っている（8～10行目）。アリがすでに決められた話し合いの手順について疑問を呈したので（11行目）、二人は仕方なくもう１度手順を説明しなければならなかった（12、13行目）。パロマは 'Thank you' と二人に礼を言い、ターンを再び取った。しかしエリカとネタムが同時に話したため（12、13行目）、聞き取れた単語は数語しかない。パロマのターンが終わる時に、彼らはまた議論の進め方の手順について話し合ったが、この時もオーバーラップが多く見られた。その後、再び全員で順番にターンを取り、上位四つの分野に関して述べることになった。このようなターン・テイキングの仕方では、結論を出すまでの時間が足りなくなってしまった（35分後）。現実では、重要な問題解決を35分の制限をつけて行うことはないが、このグループの順番に話すタイプ（round turn）のスタイルのおかげで、結果的には全員の意見がかなり明らかにされた。

　このインタラクションからわかったことは、ある一つの構造が無意識であれ意識的であれ問題解決の議論で使われる時には、参加者がそれぞれもつターン・テイキングのスタイルの大部分が抑制され、議論の全体の構造や手順が固まってくるということである。全てのメンバーが全員発言することを重視する会議や、問題解決のための議論では、順番に話すタイプを採用すればそれが可能になる。たとえばもし、「ひとりひとりが気軽に話すがオーバーラップがないタイプ」や「同時に入り乱れて話すタイプ」のスタイルをとると、この議論の中で最も貴重であったアリの意見は、彼女の長い帰納的な話し方をしていると、最後まで聞いてもらえないだろう。

7.4.2　同時に入り乱れて話すタイプ (the free-for-all with simultaneous talk)：グループ O

　グループ L と対照的なグループ O も問題 6「予算編成」について話し合った。参加したのは東南アジア出身の女性のマータ (Mirta)、グループ B に参加していた中東出身の女性のアスマハン (Asmahan)、ラテンアメリカ出身女

性のドロレス (Dolores)、グループ A にも参加していた南アジア出身の女性ビソミンカ (Bisominka) である。このグループの際立った特徴は、オーバーラップが多いことである。35 分間のおそらく半分には同時発話が起こっていた。時折、協力的なオーバーラップをしたり、お互いの重要箇所を繰り返したりしながら、一緒になって意味が通るような内容に作り上げていった。つまり、同時に入り乱れて発言していたのである (the free-for-all with simultaneous talk)。また、意見が合わないときもオーバーラップしながら、自分の声を聞き取ってもらうために競い合うように声を大きくした。あらかじめ話の進め方を決めたり、ひとりひとりが十分に意見を言えるように取り決めをすることはなかった。結果的に、ほとんどのターンは短いものばかりだったが、これは一緒に考えて意見をまとめようとしていたからで、お互いの意見を長く時間をかけて出し合ってから意見をまとめる方法をとろうとはしていなかったからである。オーバーラップした箇所を書き取るとことは非常に難しく、誰が話しているのか聞き分けるのも難しかった。次に示す抜粋から、この話し合いで多く見られた参加者のやりとりの様子がうかがえる。これは会話の開始部分であるが残りの部分もこのように進んでいた。

グループ O：抜粋 1
1　**Dolores:**　We have five eight eight {points 1}　5　8　8項目
2　**Bisominka:**　{We 1} have eight points　私たちは 8 項目ある
3　?:　　　　　　{Yes we have eight points 2}　はい　8項目あります
4　?:　　　　　　{We have one two three four 2}　1　2　3　4 があります
5　?:　　　　　　{x x x x to choose 2}　xxxx 選ぶ
6　**Bisominka:**　seven eight yes　7　8　はい
7　**Asmahan:**　 First agriculture　第 1 は農業
8　**Bisominka:**　{Yes but 3}　はい　だけど
9　**Dolores:**　{No but that 3}　いいえ　だけどそれは
10　**Mirta:**　{We want to 3} have the percent of the budget　私たちがしたいのは予算のパーセンテージを示したい
11　?:　　　　　　{We have only x 4}　x しかありません
12　**Asmahan:**　Are you reading this 4}　これを読んでいますか
13　**Bisominka:**　Yes we read everything　はい全部読みました
14　**Mirta:**　We have only .. um two million {budget 5}　私たちはたったええと

		200万しかありません予算が	
15	?:	{Two 5} million yes　200万　はい	
16	?:	{Yes 5}　はい	
17	Mirta:	and we are going to .. um choose　そしてえぇと選ぶことになっている	
18		which one are we going to do it first {right 6}　どれを最初にしますか　どうですか	
19	?:	{Yes 6}　はい	
20	Dolores:	Yes the most important　はい最も大切なのは	
21	Bisominka:	{The most important I think x x 7}　一番大切だと思うのは xx	
22	?:	{x x x x x x x 7}　xxxxxxx	
23	Mirta:	For me x x is the transportation　私にとっては xx は交通	
24	Dolores:	is {the transportation 8}　それは交通	
25	Mirta:	{because that8}{xx9}　なぜならそれは xx	
26	Dolores:	{with transportation 9}　交通を使って	
27		{we can work everything 10}　私たちはどんな仕事もできる	
28	?:	{x x x x x 10}　xxxxx	
29	Mirta:	There is no good {transportation here 11}　ないですね　よい交通がここには	
30	?:	{yer x x x 11}　うん xxx	
31	Bisominka:	{x x x 11} very far from here xxx　とてもここから遠い	
32	?:	Very far　とても遠い	
33	?:	Yes very far　はい　とても遠い	
34	Asmahan:	Transportation is the most important　交通は最も重要です	
35	Bisominka:	{Transportation is the first 12}　交通が1番です	
36	?:	{x x x x x x x 12}　xxxxxxx	
37	?:	The first is transportation　第1位は交通	
38	Dolores:	Transportation is the first　交通が第1位	

ここでは、参加者はおおむね協力的にオーバーラップをしている。最初の1〜4行目では、一緒に考えながら話し合いの対象となる項目の数と予算を決めようとしていた。続く5〜16行目でも、他には何が必要かを決めようとしていた。しかし、オーバーラップがたくさんあり、互いに異なる項目をあげているので話し合いの進歩がほとんど見られなかった。17〜34行目で

は、もっと順調に話が進み、最重要な分野を一緒に選び、かなり協力的に発話を繰り返しながら「交通」が最も重要な項目であるという同意に達した。35～38行目は彼女たちが同意している箇所だが、ほとんどが声を合わせて繰り返している。同じ内容を多少表現を変えながら少なくとも3回繰り返していた。これと同じパターンが他の箇所でも起こっている。このように同じ考えをいろいろな言い方で繰り返すことによって意味が明確になり、全員の意見がまとまる手助けとなっていたようだ。このタイプの繰り返しはこのグループ独特のものだった。オーバーラップが何度も起こったのも、なんとか発言の機会を得ようと同時に大きな声で話す必要性から生じたのである。この後、意見が合わなくなってきた。交通を最も重要だという考えに対してビソミンカと、おそらくドロレスも賛成できなくなってくるのである。オーバーラップしたとても短いターンが目立ち、時々混乱が起き、議論は全くの堂々巡りで、意見がまとまるまでには及ばなかった。

　すでに述べたように、英語母語話者を対象にした研究によると、女性の方がオーバーラップをする傾向にあり、しかも他の女性に話しかける時に特にその傾向が現れるとされる。実際、このグループOも女性だけのグループである。さらに、この中の少なくとも二人が同時に話すスタイルに価値を置くと言われている文化圏の出身だった。ラテンアメリカ出身者は高度にかかわり合うスタイル（high-involvement style）の特徴を持ち（Tannen 1981、Trompenaars 1993）、くだけたコンテクストでは南アジアの女性も同様の特徴をもつ（Agrawal 1976）。ドロレスとビソミンカは、他のグループの会話でもこのスタイルを示しているが、それにもかかわらずこのグループOの人間関係により、タスクのためには、どのような話し合いの方法を取り入れるのがベストかという合意が行われている。合意をする際には暗黙のうちに行われても明示的に話し合われてもよい。ジェンダーと出身文化圏の構成が似ているグループLとグループOを比較すると、全く異なったターン・テイキングのパターンを用いて問題に取り組んでいることがわかるが、おそらく、グループOの特徴となっている協力型アプローチは、タスク内容が複雑でない場合はうまくいくのであろうが、当該の会話では、無駄な繰り返し表現があったり、話を進める中で意見がなかなかまとまらなかったりして、てこずっていた。この手の複雑問題解決には順番に話すタイプ（round turn）のスタイルを用いた方が、より効果的に話し合いができる。

7.5 会話を仕切る人たち

　一人の特定の個人が仕切ることによって他の者を疎外したり、他の者が発言することを著しく制限したりするパターンが四つの会話で見られた。これらの会話はいずれもうまくいかなかったのだが、個人の仕切りが主な原因となっているようであった。しかし、同じ個人が別のグループで異なる話題で話す時には仕切らないことがあり、その場合、会話はうまくいった。ある人物が仕切るようになるかならないかは、タスクのタイプ、問題、グループの構成員の三つが原因としてあげられる。前者の失敗例の会話は、与えられた問題が漠然としていたことが原因である。勧告をまとめることがタスクであったが、この問題に対してさまざまな意見が出て収拾がつかなくなった。逆に、成功した会話の三つは問題を中心に取り組み、どの会話でもひとりひとりが同程度に主張したり同じようなスタイルで会話をしたりしていた。成功例としてあげられるのは、問題6「予算編成」を話し合うグループに参加していたジャマル (Jamal)（グループFで男女共学についての話し合いで仕切っていた参加者）で、彼はそれぞれのグループでとても異なるコミュニケーション行動を示していた。グループFの時とは異なり、成功した会話でのジャマルの1回のターンは短く、話し方のスタイルを他の人のスタイルに合わせていた。ジャマル以外でも、会話のグループが異なるとコミュニケーション行動を変えた参加者がいたので、以下で細かく見てみよう。

　その参加者とは、すでに第4章のグループIに出てきたラテンアメリカのレナータ (Renata) のことで、問題2「男女共学」の話し合いを仕切っていた参加者である。グループIでは彼女が仕切ったためにあまり十分に話し合われなかった。他の人が比較的短い発言しかしておらず、意見がまとまらないうちに議論が終了してしまったのである。しかし、異なるメンバーとの会話では彼女のスタイルで話しても、不快な印象や会話をぎこちなくするというマイナスとなる影響は出なかった。

7.5.1　会話を仕切る人―失敗例：グループP

　失敗した会話のグループPには、問題のレナータ、南アジア出身の男性ブドハシア (Budhasia)、東ヨーロッパ出身の男性パヴェル (Pawel)、東ヨーロッパ出身の女性のリュビカ (Ljubica) が参加している。リュビカとレナー

タはグループ I でも一緒だった。パヴェルは英語にあまり自信がなく、他のグループではほとんど話していなかった。ブドハシアとリュビカの二人は、他のグループでの会話を見ると十分発言していたが、いつも絶え間なく早口で話しているレナータと比べると、二人の話し方はゆっくりしている。

　他の参加者が発言できなくなるのはレナータのターンが長いことも特徴としてあげられる。ときどき夢中になって何を言うかまとまっていないことも口に出したり、他の人がターンを取ろうとしていてもゆずらなかったりすることもあった。また、他の人が次第に話さなくなるにつれ、彼女は沈黙を埋めようとして、同じことを繰り返したりコメントを加えたり、ときには独り言のようなことも口走ったりした。もし彼女がこのようなことをしなければ、沈黙が起こった時に、他の人も発言できたかもしれない。また、前に示したように (82 ページ参照)、彼女は他の人に比べてオーストラリア社会について知識があるようで、この会話でもその様子が示された。しかしながら、この会話では他の人が理解をうながしたり、わからないと思われる用語をレナータが説明したりすることはめったになかった。このグループでのレナータの行動から言えることは、会話の中で他の人より優位な立場にあるためには、英語母語話者である必要はなく、より多くの知識と、ことばを数多く話せばいいことがわかるであろう。このグループの会話はビデオ録画されたが、それを見ると他の人は始終礼儀正しかったのだが、ラポールは生まれず、緊張した様子で、会話が効果的にスムーズにすすむような言語ストラテジーも用いられていなかった。

　この会話の終わりに、この様子を端的に示す部分がある。会話の当初、このグループの意見は、共学のほうが自然で普通で好ましいという考えで一致していた。しかし、12 年生を終える男子が女子より少ないこと、男子が女子に嫌がらせをすること、教員が男子に目を向けることが多いことを新聞で読んでいたので、試験的に男女別クラスを作るというレナータの提案を受け入れようとしていた。この提案については、他の人も議論に参加したが、ほとんどはレナータによって話が進められた。

グループ P：抜粋 1

1　**Renata**:　I think we don't have　　私たちにはないと思う
2　　　　　　　enough information about　十分な情報が

第 7 章　データ分析　165

3		what have we done to to　私たちがしなければならないことに関して
4		avoid the situation　この状況を避けるための
5		I mean psychologists or counsellors at schools　つまり学校の心理学者やカウンセラーが
6		we don't know what they are doing to to　何をやっているのか私たちは知らない
7		avoid the situation in schools　学校のこの状況を防ぐために
8		which kind of work　そのような種類の仕事で
9		they are doing with the boys　その人たちが男子に対してやっていることを
10	Budhasia:	{x x x 1}　xxx
11	Renata:	{counselling and psychology 1} you know　カウンセリングと心理学ですね
12		I don't think we have enough er information　十分な情報がないと思います
13	Budhasia:	{x x x 2}　xxx
14	Ljubica:	{x x x 2}　xxx
15	Renata:	{to decide about the 2} situation　決めるためにこの状況を
16		we have just factors here and percentages　ここには要因と割合しかない
17		not information enough　十分な情報ではない
18		We have x x x on the other hand　一方 xxx がある

　最後の部分では、レナータは声を小さくし、話す速度を著しく落とし、ほとんど独り言になっていた。ブドハシアとリュビカの二人がこの部分でターンを取ろうとしていることに注意したい。ブドハシアは 10 行目と 13 行目、リュビカも 14 行目にターンをとることを試みているが、いずれもよく聞き取れなかった。レナータが自分のターン（15 行目）を保持するためにスピードを増し、声も大きくしたので二人とも彼女にターンをゆずってしまったからである。レナータはそのまま続けて次のようにしめくくった。

グループ P：抜粋 2

1	Renata:	Do you I think we have finished decided　あなたは　私はもう決

                まったと思うのですが
2   I am going　行ってきます
3   **Budhasia**:　Where are you going　どちらへ行くのですか
4   **Renata**:　I am going to call the teacher　先生を呼びに行くのです

ここで彼女は部屋を出て行ってしまい、他の人たちは苦笑いしながらゆっくりとひとりひとり彼女のあとに続いて退室した。

7.5.2　比較的成功した会話：グループQ

7.5.1で示したグループPはレナータが初めて参加したグループであった。二度目に参加したのがグループQで、ここでもレナータがグループPで見せたコミュニケーション行動と同じ傾向を示したが、少し変化も見られた。というのも、後でも述べるが、この時点までに彼女は異文化トレーニングを受けたからである。このグループも、問題6「予算編成」について話し合った。このタスクでは、具体的な回答を出さなければならず、他の人と協力することが求められていたので、彼女もより協力的であった。もう一つの要因としては、グループQの会話では、参加者の中にレナータと同じくらい積極的で、オーストラリア社会についてもよく知っていて、議論を引っ張っる人がいたことがあげられる。同じような影響力をもつスタイルで話す人がもう一人いると、一人だけが仕切るパターンが崩れ、他の人も話ができるようになる。レナータとスタイルが合致する参加者は東アジアの女性のル・フア(Lu Hua)であるが、彼女はすでにオーストラリアにしばらく暮らしており、彼女の専門を生かして起業をしていたが、英語力強化のため休職中だった。彼女は、東アジアの女性のコミュニケーション・スタイルの例としてデータにカウントされたが、彼女の特徴をもつ女性はみな共産主義社会の出身で、強く積極的なスタイルをもっていた。

他には、東ヨーロッパ出身のリュビカ(Ljubica)という女性と、以前のグループでもレナータと一緒に参加していたスベータ(Cveta)という東ヨーロッパ出身の女性だった。レナータとル・フアはすぐにでも議論を始めたり仕切ったりしそうだったが、二人は冗談やお世辞を言いながら自分の主張を和らげた。グループ全員が女性だったことはこのグループでラポールを築くための要因ともなっていた。とりわけリュビカはグループIや、特にグルー

プPの時に比べて、ことばもなめらかで積極的だったので、この会話ではくつろいでいるのがわかった。最後に具体的な答えを出さなければならないタスクだったことも彼女が参加しやすい理由だったようだ。スベータは、リュビカほど話さず静かだった。スベータは他の人に比べて英語が流暢ではなく、他のグループにいる時もおとなしかった。

このグループの特徴は、協力し合うオーバーラップと同時発話が多いことである。レナータにはこの特徴がよく出ていたが、リュビカもよく他の人とオーバーラップしていた。ル・フアのスタイルは異なっていた。彼女は自分で話題を変えたいときに割り込みをしがちであったし、他の人がオーバーラップや割り込みをしてきてもターンを保ち続けた。この会話を成功に導いていた決定的な要因は、この問題内容に関係するところで笑いがよく起こっていたことである。

以下の会話の短い抜粋を見ると、この会話がうまくいっている雰囲気がわかるであろう。レナータが数秒間南アメリカの麻薬と独裁主義について話をして、警察にお金をかける必要性を話したとき、ル・フアは話題を変え、自身が考えた予算の優先順位を話すために割り込む。

グループQ：抜粋1

1 **Rernata:** ... you know so I　だからね私は
2 **Lu Hua:**　And er what about education　で　ええと　教育はどうですか
3 　　　　　　how much how many percent x you put?　どのくらい　いくつくらいパーセントを与えますか
4 **Cveta:**　I put fifteen percent {x x x x x 1}　15パーセントです xxxxx
5 **Ljubica:**　{I put fifteen percent {xxxx 1} too ah ha ha (*some laughter*)　私も15パーセントです xxxx あはは（笑い）
6 **Renata:**　Yes er because the problem is that　はい　ええなぜならその問題は
7 　　　　　　you have to share out {this money you know 2}　分けなければならないこのお金をね
8 **Lu Hua:**　{Yes x x x x 2} the problem　はい xxxx 問題
9 **Renata:**　Yes　はい
10 **Lu Hua:**　Why I put fifteen percent　なぜ15パーセントを与えたか
11 　　　　　　I think education is very important　教育は重要だと思う
12 　　　　　　for the country's future　国の未来に

```
13  ?:        {Yes 3}　はい
14  ?:        {Yes 3}　はい
15  Renata:   If you {don't understand 4}　もし　わからなかったら
16  Ljubica:  {Especially for 4} the new country　とくに新しい国が
17            {because if you have not 5}　なぜならもしなければ
18  Lu Hua:   {x x x if you x 5} if you have money　xxx もしあなたが x　もしお金
              があれば
19            but you don't know how to make it　しかしどのくらいできるかわ
              からない
20  Ljubica:  {How to make it 6}　どうやってやるか
21  Lu Hua:   {x x x x 6}　xxxx
22  Ljubica:  How to develop it　どうやって開発するのか
23  Lu Hua:   How to develop it yes　どうやって開発するのか　はい
```

　この部分では、ル・フアがどのようにしてレナータ（2、8行目）とリュビカ（18行目）に割り込み、自分が関心をもつ話題ではどのように自分のターンを保持し続けていたか（21行目）が示されている。また、リュビカが他の人の意見に賛同してオーバーラップしていた様子も示されている（5、16、20行目）。つまり、他のグループではあまりオーバーラップをしない女性でも、気のおけないグループ（この会話では全員が女性）ではこのようにオーバーラップをする傾向にあることがわかるのである。間もなくしてから、設備の話題に変わり、とくに電力について議論が始まった。ル・フアが話し出す前に、他の三人は予算の10%を電力に割り当てることで合意をしていた。

グループ Q：抜粋 2

```
1  Lu Hua:   I think this because　そのように思う理由は
2            if no electricity no power　もし電気がなければ
3            you can't make a factory　工場を作れません
4            {you can't x x x 1}　xxx ができません
5  Renata:   {Factories yes okay 1}　工場　はいオーケー
6  Ljubica:  {Can't make x x 1}　xx できません
7            You can't make money　お金が儲かりません
```

8		{x x x x 2}	xxxx
9	Renata:	{x hospitals working 2}	x 病院が機能する
10	Ljubica:	Everything	すべて
11	Renata:	Everything you're right	すべて　そうですね
12		the problem is we are just working	問題は私たちは働いているだけ
13		with ten and five you know	10 や 5 だけでね
14		just because it's easy	ただそれは簡単だから
15	Ljubica:	It's easy (*some laughter*)	簡単です（ちょっと笑う）
16		I may change it	変えないと
17	Renata:	{That's okay 3}	オーケー
18	Lu Hua:	{And for the 3} problem six	それと　問題 6
19		{I put twenty-two percent 4}	22 パーセントにしました
20	Ljubica:	{For develop natural resources 4}	天然資源を開発するために
21	Renata:	{Because it's way to make money 5}	それが稼ぐ方法
22	Lu Hua:	{x x x x x x 5}	xxxxxx
23	Ljubica:	{x x x x x x x x x x 5}	xxxxxxxxxx
24	Renata:	{for the country 5} you know (*laughter*)	国のためにね（笑い）
25		(*very softly*) I talk too much	（とても小さな声で）私は話し過ぎます

最初の部分で、レナータとリュビカの二人が賛成していることをどのように示しているかがわかる。賛成であることを表しながら頻繁にオーバーラップをしている（5、6 行目と 8、9 行目）。抜粋 2 では、抜粋 1 で見られたのと同じようにル・フアが会話を主導し（18 行目）、議論を次のポイントに移した。この会話ではル・フアとレナータとリュビカの三人が 1 度に話す同時発話の例も 1 箇所ある（21、22、23、24 行目）。レナータが他の人を言い負かすことがよくあり、他の二人は意見を途中で言うことをやめたり、最初から言うことすらあきらめたりしていた。ル・フアが最初に話すのをやめた（22 行目）。リュビカはレナータが話している間中も、ずっとターンを保持して話し続けていたのだが、それがきっかけとなり二人は笑い始めた（24 行目）。その後、レナータは自分ばかりが話しすぎたことを反省した（25 行目）。

次の抜粋は、この後でそれぞれの予算分野に対して正確に何パーセントの予算配分に決めたのだったかが混乱してわからなくなるという問題が起きた

時のものである。レナータは突如としてホワイトボードがあるのに気づき、そこに数字を書くことを思いついた。他の人たちも彼女が何をしたいのかすぐにわかり賛成した様子からすると、レナータは身振りでホワイトボードを示したかホワイトボードのほうに移動したのだろう。彼女は口頭でホワイトボードに書くことを伝えた。

グループQ：抜粋3

1	**Renata:**	If you had a board why not use it　ホワイトボードがあるなら使いましょうよ
2	**Ljubica:**	Ohh yes　ああ　はい
3	**Lu Hua:**	{Yes 1}　はい
4	**Cveta:**	{Yes 1}　はい
5	**Renata:**	(*laughing*) Okay which will be the first　（笑いながら）オーケー　どれが一番
6	**Cveta:**	(*laughing*) Agriculture eh　（笑いながら）　農業　うん
7	**Ljubica:**	Make er numbers　数字　ええと　書きましょう
8	**Renata:**	Oh maybe first group　ああ　たぶん　1番のグループ
9		{Okay first 2}　オーケー　1番
10	**Ljubica:**	{Agriculture 2}　農業
11	**Renata:**	(*to Lu Hua*) What do you think　（ル・フアに向かって）どう思いますか
12		if you disagree we can change it　反対なら変えることもできますよ
13		but we have {to put first 3}　だけど最初に1番を決めないと
14	**Lu Hua:**	(*laughing*) {Oh I just 3} thinking　（笑いながら）ああただ思っているのは
15		your writing very beautiful (*shared laughter*)　あなたの字が美しいと（みんなで笑う）

ここの部分では、笑ったり、ル・フアがほめ言葉を使ったり、レナータが全員で一緒に考えようとしたりするスタイルがうまく機能し、グループの中でラポールが築きあげられていくところが示されている。レナータはホワイトボードに書きながら、このスタイルで話し続け、少ししてから次のような提案をした。

グループQ：抜粋4
 1 **Renata:** Maybe x x could be put in the first one 　たぶん xx は1番にしても
　　　　　　いいかもしれない
 2 　　　　　 what do you think doctor?　どう思いますか　先生

　ここでは、レナータが再びル・フアも同意しているかを確認した。以前、ル・フアは異なった優先順位と予算配分を示していたからである。職業人としてのル・フアを意識して'doctor'(先生)という呼びかけ語を親しみをこめて使った。この40分にも及ぶ長い会話は同じような調子でさらに続いた。タスクは完了し、合意もとれた。オーバーラップのないターン (discrete turn) がこのような議論を成功させるための必要条件ではないことを示す例は多数あるが、これもその一つである。意思と協力さえあれば、お互いが競合するような激しい会話のスタイルでもうまく議論は運ぶのである。
　この節の初めに述べたように、レナータは問題3「多文化マネージメント」(第4章で考察) を話し合ったグループIにも参加していたが、そこでも彼女は会話を牽引し、他の人よりターンの回数が多く、ひとつひとつのターンも長かったのだが、彼女のターン・テイキングのスタイルは問題にはならなかった。グループIでは、彼女はオーバーラップをしないで他の者の意見に耳を傾け、他の者も発言できるようにしていたのである。レナータがこのような話し方に変わりグループの議論が成功した理由は、グループIが彼女の参加した3回目の会話であったこと、以前の自分たちの会話の様子をビデオで見ていたことから説明できるのではないだろうか。グループIの会話の前に、受講生たちは英語文化圏の職場や学校におけるコミュニケーションの重要なポイントについて授業で説明を受けていた。重要なポイントとは、直接性、ソフナーの使用、包括的表現、短く単発的にそれぞれが言い合うターン・テイキングのスタイルで、これらのうちのいくつかを練習し始めていた。また授業ではどの程度英語文化にスタイルを合わせるのかは、あくまで個人の選択であることが強調された。よりよいコミュニケーションを行うための技術、たとえばフィードバックや意味確認の方法も導入されていた。また、授業では自分たちの会話のビデオを相互に観察し、自己評価チェックリストへの記入をするように指示された。
　レナータは自分が参加したグループPのインタラクションの映像を見た

後、次のように質問紙に回答した。「ターン・テイキングはスムーズでしたか。たくさん割り込みがあったり同時に話したりすることがありましたか。自分自身を評価してみてください。」という質問に対して、「たくさん割り込みをしました。私はグループの中で一番礼儀知らずであったと思います。いつも、私が他の人に割り込んでいました。」と回答した。「みんなが同じだけ会話で発言しましたか。もしそうでないなら何が原因でしょう。あなたはあまり喋らない人に対して話しやすくなるような工夫しましたか。」という質問に対しては「いいえ、私はたくさん喋りすぎました。私は話さない人から意見を引き出そうとしませんでした。」と回答したし、また彼女はソフナーを一切使わなかったとコメントした。最後の自己評価では、「私は自分の意見をはっきりと言うことができます。しかし同時に、私はうまくグループディスカッションをするために学習しなければならないと思います。他の人が話をしていたときに何度も割り込んでしまいました。」と書いた。このあとで行った会話では、彼女はスタイルをかなり変えていたが（グループIとグループQ）、「私は喋りすぎました（グループQで）」という自己評価は、このような型を明示的に指導することが、少なくとも緊張やプレッシャーのない状況の会話であればコミュニケーション・スタイルに効果をもたらすことを示唆している。知識と意識があればスタイルを変えることができるようだ。緊張を強いられる場面では、それぞれがもつ自文化のスタイルに戻ってしまう傾向があることについては、Byrne & FitzGerald（1994）や本書の第9章で述べられている。

7.6 考察

データの分析が示すように、ターン・テイキングのパターンと参加者それぞれの発話量がさまざまであることは注目すべきである。グループ内の力学や、既習事項や、タスクやトピックに合わせて、会話参加者たちはスタイルを順応させることもあった。オーバーラップと同時発話の程度も、タスクの種類とトピック、議論の方法、またどのような参加者がいるかによって違いがある。

一方、先行研究で明らかにされたスタイルの特徴の実例となるものも見られた。ある参加者は、高度にかかわり合うスタイル（high-involvement style）

を示し、意見をサポートするためのオーバーラップを用いる傾向や、他の人がオーバーラップしてきても話を途中でやめない傾向があった。流暢に話す二、三の人を除くと、このスタイルで話す人は早口ではなかった（早口は高度にかかわり合うスタイルの特徴とされる）が、おそらくそれは英語力のレベルによるものだろう。特に、ある文化圏出身の女性に高度にかかわり合うスタイルが顕著であった。ラテンアメリカの女性全員と、東ヨーロッパ、中東、南ヨーロッパ、南アジアの女性たちの一部がこれにあてはまる。グループの中に似たスタイルをもつ人がいるときに自分も高度にかかわり合うスタイルを使用することが多かった。しかし彼女らは、相手がオーバーラップのないターンを使用すれば自分もそれに合わせ、話す順をあらかじめ決めるグループではそれに従っていた。つまり、自分と同じ文化的背景を持つ人とインタラクションをする時に高度にかかわり合うスタイルを使うということである。しかし本章の例では、このスタイルを心地よく使える相手がグループにいる例はなく、また、英語力があまり高くないためこのスタイルはあまり出なかったのである。東南アジアと東アジアの女性、また英語母語話者はこのスタイルを用いず、同時発話やオーバーラップをしないターンを好んでいた。他の人がオーバーラップしてくると、彼女たちが話を中断する傾向があることからそれがわかる。

　男性は協力的なオーバーラップを目立って用いることはなかった。これには5人のラテンアメリカの男性も含まれる。ラテンアメリカ出身でグループJに参加していたラモン（Ramon）や男性のホアン（Juan）が、個人特有のスタイルとしても、彼らの文化圏のスタイルとしても、高度にかかわり合うスタイルをあげていたことは注目すべきことである（ラテンアメリカの男性のうちコミュニケーション・スタイルを含む質問紙に回答したのはこの二人だけであった）。恐らくこの二人の男性が自分たちの本来のスタイルを使わなかったのは、異文化間コミュニケーションのやりとり中で作業型のタスクをしたためだろう。高度にかかわり合うスタイルは社交的な場面で、より一般的になると考えられる。同時に、いくつかのグループでは、男女全ての参加者が、ターンをとろうとする時や、反対意見を述べる時に、同時に話し始めたり、オーバーラップを続けたり、声を大きくしたりすることも見られた。これには、東南アジアと東アジアの男女も含まれる。

　すでに述べたように、いくつかの会話では女性の1回のターンは長かった

が、一般的には、中東、南アジア、東ヨーロッパの男性の1回のターンが最も長かった。もちろん、ターンの長さはある程度までは話し合いの過程にもよる。個人が長いターンをとるということは、グループの他の人もこのことを許容していることに他ならない。

いくつかの文化圏の出身者の中には、はっきりと述べる言語ストラテジー（verbal management strategy）を用いているものが少数見られた。このストラテジーを用いることはオーバーラップのないターンを好むことを意味するのだが、データでは相手と意見が合わない場面で、どの程度自分の意見を強く発言する気があるかに関係していた。適切に使われていた表現もあったが、改まった場面にはそぐわない使われ方も見られ、他の人が不快にならないためには、柔らかいストラテジーを使用する必要があるだろう。

本章で明らかにされたことを、職場や教育の場でどのように役立てることができるだろうか。データの中の多くの会話は成功していたが、さまざまなターン・テイキングのスタイルをもつ者が集まると、会話を仕切る人が出てくる一方、他の者からオーバーラップされたり、実際に発言できなくなったりするような者が出てくるかもしれない。異文化混合のグループやセミナーでは、話し合いの進め方をあらかじめ指定しておく方が賢明ということになる。Byrne & FitzGerald（1996）によるSBSシリーズの *What Makes You Say That? Cultural Diversity at Work*（『どうしてそんなこと言うの？　職場における文化の多様性』）に出てくる「会議での成功（Success in Meeting）」の1例に、2年間のリーダーシップ研修のグループ企画ミーティングにおいて、いくつかの異なった会話の展開方法やテクニックを試したものがある。その中の参加者は四つの異なる文化圏の出身者だった。ミーティングの最初の部分は、よくある「ひとりひとりが気軽に話すがオーバーラップがないタイプ（Open-house type floor with discrete turns）」で行われた。そこでは南ヨーロッパと南アジアからの人が話し合いを仕切ってしまった。逆に、東南アジア人とアングロ－ケルト系の白人のターンは、短かく、数も少なく、割り込んだりオーバーラップしたりすることも無かった。次に、順番にターンを取ること、ターンの間にはポーズをとること、各々話し始めるときに直前の人が言ったことを簡単にまとめてもう一度言うこと、という指示が出された。その結果、誰もがより平等に発言し、それぞれの人の専門的知識と才能が十分に引き出され役立った。Byrne & FitzGerald（1996）が指摘したように、い

ろいろなテクニックまたは手順を取り入れることが最も効果的なのである。たとえば、「同時に入り乱れて話すタイプ (the free-for-all with simultaneous talk)」では、人々が協力的なオーバーラップをしたりコメントをはさんだりするので、問題解決や決定につながるブレーンストーミング（訳注　アイデアを自由に出すこと）の段階に向いている。「ひとりひとりが気軽に話すがオーバーラップが無いタイプ (Open-house type floor with discrete turns)」では、それぞれの発言が聞いてもらえる。一方、「順番に話すタイプ (the round turn)」は、ひとりひとりがターンを取り、各自の考えを充分に述べることができ、しかも他の者からさえぎられることがない。本書のデータの中でも、指示が出されたり、または自然に生じたりして「順番に話すタイプ (the round turn)」が実行されたが、このような利点があったのである。もし人々が語学教室や、比較文化 (cross-cultural) 研修や多様性にかかわる研修でターン・テイキングが重要な鍵を握っていることを学べば、それは有益な知識となるだろう。さらに、特定のタスクや問題解決にふさわしいターン・テイキング・スタイルを取り入れる重要性が認識されれば、異文化の人の集まりは、より生産的で調和的なものになるだろうし、大学などでのチュートリアルの公平な評価にもつながるであろう。

　幸いここで述べたことは研修の効果が出る側面である。たとえば、ターン・テイキングのパターンの実例を示したビデオは、異文化間コミュニケーションではターン・テイキングのパターンが重要な鍵となることを理解するのに役立つ。SBS シリーズの *What Makes You Say That? Cultural Diversity at Work*（『どうしてそんなこと言うの？　職場における文化の多様性』）のシリーズの中でこのテーマを扱ったものは、研修の際に英語母語話者にも非英語母語話者にも「目からうろこが落ちる発見」となり、さまざまな文化圏出身者の参加しているグループが抱えている問題を説明するのに役立つ。語学教室でも、インタラクションのビデオ録画を行えば、学習者個人に自分のスタイルを批判的に見させ、非常に異なったスタイルをもつ人とのことばのやりとりの際、どの部分を修正すべきかを理解させることができる。

　どのスタイルも、同等の妥当性をもつが、個人個人が自分たちの目的を達成するために英語文化（アングロ型）のパターンを優先的に取り入れた方がよい場もある。たとえば、就職面接や、職場の会議、大学のチュートリアルでは英語母語話者によって評価されるからである。英語母語話者たちが学んで

きた「よいコミュニケーション」とは、オーバーラップのないターンで、しかも一回のターンは長くなく、平等にターンを取り、「気まずい」沈黙も無く、割り込み（オーバーラップ発生のきっかけにもなる）も無いことなのである。非英語母語話者はターン・テイキングのスタイルによって悪い評価を受けることがあることを知る必要がある。自分のオーバーラップが他の人の発言を中断することがあれば失礼にあたり、他の人の目には会話を独り占めする喋りたがり屋で仕切りたがり屋だと映る。もし黙ったままなら、受身で発言しないし、何の考えもない人と思われる。そのような誤解を防ぐためにも、必要な認識とスキルを教えるべきである。その結果どれが相応しい行動なのかを、それぞれが自ら考え選択できるようになるだろう。

　オーストラリアの職場や教育機関では「ひとりひとりが気軽に話すがオーバーラップがないタイプ」のターン・テイキングのスタイルが優勢であるため、非母語話者はターンを取れるような方略（ストラテジー）を練習する必要がある。英語母語話者がターンを取るときに手がかりにしているイントネーションや目の動きは、経験がない者は頼ることができない。そのため、'Can I come in here'（ちょっといいですか？）や、'Can I just add a point'（一つポイントを付け加えていいですか）のような言葉による方略（ストラテジー）を練習したり、前のめりになったり、手をきちんと伸ばして高くあげ、目につきやすい大きな身振りを練習する必要がある。さらに、前もってターンが長くなることを示す手段として、たとえば、'I'd like to make two points. First...'（2点言いたいことがあります。まず一つ目は…）や、'On the one hand... on the other hand'（一つには…　もう一つには…）などの表現を使い、割り込みを防御することもできる。さらに、ターンを保持するためには、'Just a minute, I've nearly finished'（ちょっと待ってください。すぐ終わりますから）など礼儀正しく、誰にとっても好ましい表現を使えば、他の人にターンを取られそうになっても話すのをやめる必要はなく、言いたいことが最後まで言える。ちなみにこの表現は目上の相手に使っても失礼にはならない。礼儀正しく効果的に直接的なターンをかわしたり、他の人がターンを保持したりしやすいようにする表現を学ぶことも役立つだろう。ミーティングなど重要な場面では、特にリーダーとなる人にとっては、これらのストラテジーを実行する能力は成功への鍵となるからである。このテーマは補遺3でコミュニケーション能力指導のための方法論の観点からさらに論ずる。何度も述べるが、「よ

いコミュニケーション」は文化によって規定されているので、「よい異文化間コミュニケーション」には柔軟性が必要であり、ターン・テイキング・スタイルにもいろいろあるという知識をつけることが理想的である。これが達成できるならば、ターン・テイキングが現在のように人間関係の軋轢を生んだりコミュニケーションのハードルとなったりすることもないだろう。

第8章　データ分析
自己主張、不同意、意見の対立

8.1　はじめに

　第3章で考察したように、個人的な意見の表明、不同意、意見対立についての考え方は、面子の問題やよい対人関係の築き方の価値観と密接にかかわっている。これらの事柄に関しても、個人主義的・低コンテクスト文化 対 集団主義的・高コンテクスト文化という分類に結びつけて二分する研究者がいる。彼らによると、個人主義的で低コンテクストな文化での一般的なスタイルは「問題解決を目的とした対立スタイル (a solution-oriented conflict style)」であり、一方、集団主義的で高コンテクストな文化では「問題回避を目的とした対立スタイル (an avoidance-oriented conflict style)」が広く用いられるという。前者の文化では、人々は問題や意見について直接話し合うことを重視する。しかし、後者の文化では、人々は内に強い違和感を感じていても、自分の気持ちや意見を直接表現しようとはしない。さらに、低コンテクスト文化では、意見の対立は手段 (instrumental、つまり目的や方法の違いに基づくもの) として考えられる。しかし、高コンテクスト文化では感情的なもの (expressive、つまり否定的な気持ちや敵対心に基づくもの) として解釈される。そのため、低コンテクスト文化では、人とその問題を区別して考えることが普通であるのに対し、高コンテクスト文化では区別して考えることは難しい。実際、高コンテクスト文化では、あからさまな意見の対立は大変な侮辱と見なされ、そこに巻き込まれた人は面子を失う結果となる。そこに目上の者と目下の者が加わっていればなおさらである。

　しかし、この二分法が、あらゆる個人主義的・低コンテクスト文化と集団主義的・高コンテクスト文化に当てはまると考えると誤解を招くことになる。この分類の根拠となっている研究は、主に英語圏の文化と東アジアの文化とを比較したものである (たとえば Chua & Gudykunst 1987、Gudykunst 他 1988、Ting-Toomey 1988、1994)。もっとも、この分類に関して言えば、

東南アジア文化に関する研究の結果を見る限り、東南アジアも東アジアに含めてよいであろう（たとえば Fieg 1989、Irwin 1996、Richards & Sukwiwat 1986）。このようなアジア文化に関する多くの先行研究によると、これらの文化では公の場での率直な討論や不同意は嫌われ、英語圏の社会でよく見られる会議やセミナーや教室などでの議論の場においても、沈黙が好まれるとされている。たとえば Rohwer (1996: 333) によると、「公の場での意見の対立を嫌う傾向は、アジアの最も教養のある西洋化された階級層の間にすら見られる」という。もちろん、彼らのターン・テイキングのスタイルが英語と異なることもその要因として考えられよう。しかし、Rohwer の考察が東アジアと東南アジアしか扱っていない点を考えると、ここでもまた「アジアの」ということばがあまりにも大雑把に使用されていると言えよう。同時に、これらの文化では人の態度や行動の仕方が場面状況に応じて変わるとも指摘されている。一般的には、これらの文化では、ソトの者（outsider）とは意見を対立させる傾向がある一方で、絶えず接していたり、関係が継続しているウチの者（in-group）とは調和を保とうとする傾向がある（たとえば Argyle 他 1986、Gao 1998）。

　Clyne (1994) は、南アジアの出身者をそれ以外のアジア地域の出身者たちとは区別して考えている。そして、少なくともインド人と中国人を比較した場合では、両者は議論や意見対立についての考え方に大きな隔たりがあるとしている。Ong (1981: 22) は意見対立についての研究の中で、インド人の議論の進め方ははるか後になって発達したものではあるが、基本的にはギリシャの論法を引き継いでおり、意見の対立や「討論の分析 (the analysis of dispute)」から生じたものであるとしている。それに対し、中国の文化では「議論は最小限にとどめるべきものであり、また、修辞は礼儀や和を保つためのものと考えられていた」と述べている。さらに、Valentine (1995) によると、インド出身の英語話者の間では、一つの主張の中で同意と不同意が同時に述べられることがあるという。本書のデータでは、東アジア出身者や東南アジア出身者が議論の中で相手に歩み寄る手法を用いる例は多く見られたものの、南アジア出身者にはこのような手法は一般的ではなかった。

　集団主義的・高コンテクスト文化とされている文化の中にも、さらに違いがあることを指摘した研究がいくつかある。Hall (1976) は、中東社会では面と向かい合った対立は避けるという。また、Katriel (1986) は、アラブ

人が「優しい話し方 (sweet talk)」と呼ばれるスタイルを用いることを明らかにしている。彼女によると、このスタイルは musayra を重視するために生じたスタイルであるという。この musayra とは、和を重視した社会関係を築き、対立を避けるために自分を相手に合わせ相手に同調することを意味している。一方で、東アジアや東南アジア出身者がわざとあいまいで遠まわしな話し方をし、沈黙を用い、意見の対立が生じそうな時には引き下がるのに対し、アラブ人は主として感情的で直感的な訴えかけを用いて人の気持ちに働きかけ、回りくどい表現や美辞麗句を用いるという指摘もある (Anderson 1994)。また、怒りをぶちまけてもマイナスに受け止められない例や、人々が感情をあからさまに表現する例も見受けられる (Patai 1973)。

ラテンアメリカについても、いくつかの相反する説がある。Condon (1986) は、ラテンアメリカの文化では二つの現実 (reality) を区別すると述べている。つまり、客観的現実 (objective reality) と対人関係 (interpersonal relations) である。後者はより重要と考えられ、面子を守り敬意を示すためには真実が捻じ曲げられることすらある。このような考え方は、日本、ベトナム、フィリピンなどのアジア文化の考え方と類似している。また Hall (1976) は、ラテンアメリカの文化では直接の批判や意見の対立を避けると述べている。しかし、最近の調査 (Albert 1996) では、職場では率直に、かつ直接的に意見の対立を解決する傾向が見られるという。Adler (1991: 184) は、ラテンアメリカの交渉スタイルについての考察の中で、そのスタイルを「情熱的で、理屈っぽく、衝動的で、自発的」と描写している。同時に、意思決定の場では、面目や威厳を保つために面子を守ることが非常に重要であることを強調している。

東ヨーロッパの文化に関しては、個人主義/集団主義の二分法にうまく当てはまるわけではない。しかし、主張や意見対立についての考え方に関する調査では非常にはっきりとした特徴が出ている。彼らは、マイナスの感情を表現することや意見が対立することについては、英語話者も含めた他のどの集団よりもはるかに前向きな捉え方をしているのである (Schiffrin 1984、Ronowicz 1995、Wierzbicka 1985、1991、1997)。これらの文化では、他者の意見や感情を気にせずに、明確な個人の考えや否定的な感情を表現することができる。意見を直接的に力強く表現することが許され、批判や個人的感想を述べることも許容されており、また、それが奨励されてすらいる。なぜ

なら、このような率直な意見の対立こそがこの文化で非常に重んじられている親しさ、誠実さ、自発性等を高めると考えられているからである。

　英語母語話者たちは、東アジアや東南アジア出身者たちと比べれば自由に意見を述べるように見えるが、東ヨーロッパの文化と比べればさほど自由に話すわけではない。英語母語話者は、不同意を述べたり意見の対立に向き合う心づもりはあるものの、東ヨーロッパ出身者と比べれば節度がある。英語母語話者は不同意も和らげて述べるし、独断的な話し方をすれば眉をひそめられる。批判を述べるときは、個人的感情を含まないようにしなくてはならない。そして自分の意見を相手に押しつけないようにする。というのも、そのようなことをすれば個人の自律性を重んじる価値観に反するからである。問題点や対立の解決策を見出すことが重視される一方で、感情を強く表すことは一般的には避けなければならない。穏やかで理性的で感情を抑えた議論のスタイルが好まれる（Kochman 1981、Wierzbicka 1997）。Ronowicz（1995）には、このような違いが原因となりオーストラリア人がポーランド人のことを無礼で頑固だと思ってしまう様子が記述されている。

　さらに、南ヨーロッパの文化では、自己主張やマイナスの感情も含めた感情の表出について、英語文化よりも肯定的な見方をするという研究がいくつかある。ギリシャやイタリアの文化では、意見を強く述べたり、激しい、また時には興奮した議論に参加することによってそれぞれの人の個性を表現することができるという（Broome 1994、Saunders 1985）。また、西ヨーロッパには、英語圏の文化と比較するとはるかに強い主張を肯定的に評価する文化が存在することを指摘した研究もある。たとえば Beal（1990）は、フランスの文化では感情をあらわにすることや怒りを表現することが重要で、それが面子を保つこと（face wants）以上に重んじられると主張している。また Clackworthy（1996）は、ドイツ人は意見が対立するとアメリカ人以上に直接的に論じ合い、より強い表現で語気強く議論し合うことを明らかにしている。

　コミュニケーションの他の様相と同様に、このような話し方の違いも誤解を招いたり相手への否定的評価につながることがある。意見の対立と向き合うことを好む文化では、対立を解消するために仲介者を用いる等の間接的で回りくどい方法をとると、責任逃れをしているようで卑怯で侮辱的であるとさえ思われる。逆に、対立や不同意を避けて和を保とうとする文化では、意

見の対立を面と向って解決しようとすると、品が無いとみなされ、人間関係の破綻を生む可能性もある（たとえば Gudykunst 他 1988、Leung 1987）。

　特に重要なことは、上で概観したようなコミュニケーション・スタイルに関する多くの議論では、そのコミュニケーションが生じた場面状況（situational context）を考慮しないまま一般化が行われてしまっている点である。本研究では、詳細な場面状況こそが重要であると強調したい。場面の特徴に応じてコミュニケーション行動を変更したり、少なくとも修正したりする例は多く見られる。とりわけ、場の改まり度、参加者間の上下関係の有無、その話に何が期待されているのか等の特徴によって変更が行われる。これは全ての文化に当てはまることである。一方で、地位やウチ・ソトの区別等の要因が重要な役割を果たしている文化では、その変更・修正の程度はさらに大きくなる。このような文化の多くでは、議論の筋道の立て方が理論に頼るのではなく状況に応じて選択されることが多い。そのため、使用されるコミュニケーション・ストラテジーだけでなく、述べられる意見そのものも場面状況によって変るのである（たとえば Scollon & Scollon 1995、Sinha & Tripathi 1994、Williams 他 1990、Yamada 1992）。

　上記のコミュニケーション・パターンの概観は、本会話参加者の多くから得た質問紙の回答結果ともおおむね一致している。184ページの表8.1は、価値観1「自分が望むなら、相手が年上や地位が上の人であっても不同意を述べることができる。自分の考えや望みを直接、率直に述べることにためらいはないし、また、そうすることが正しいと信じている。」に対して、さまざまな集団がどう反応したかを示している。回答によると、東アジアと東南アジアの出身者は、直接考えを述べることや率直に不同意を表明することを避けており、他の全ての集団、とりわけ東ヨーロッパ出身者とは異なっていることがわかる。

　表8.2は、価値観2「相手の面子を守ることは重要である。相手を直接批判すべきではない。また、不快なことや和を乱すようなことは引き起こさないようにすべきである。」に対する反応である。

表 8.1　価値観 1 に対する反応

集団	合計人数	賛成	中立／わからない	反対
東／東南アジア出身者	31	7*	4	20
東ヨーロッパ出身者	25	24	1**	0
ラテンアメリカ出身者	15	14	0	1
中東出身者	12	10	1	1
南アジア出身者	7	4	1	2
南ヨーロッパ出身者	7	6	1	0
西ヨーロッパ出身者	2	2	0	0

*　このうち 6 名は中国本土出身者
**　この価値観を一部修正した者

表 8.2　価値観 2 に対する反応

集団	合計人数	賛成	中立／わからない	反対
東／東南アジア出身者	31	28	1*	2**
東ヨーロッパ出身者	20	4***	4	12
ラテンアメリカ出身者	12	2	0	10****
南アジア出身者	8	3	0	5
南ヨーロッパ出身者	6	2	2	2
中東出身者	6	6	0	0
西ヨーロッパ出身者	1	0	0	1

*　決められない
**　ただし、この回答はその文化では一般的ではないと注釈
***　このうち 2 名が、この回答はその文化では一般的ではないと注釈
****　このうち 2 名が、この回答はその文化では一般的ではないと注釈

　これらの数値で最も顕著な特徴は、東ヨーロッパ出身者と東／東南アジア出身者の考え方が対照的に異なっている点である。この数値は、これらの集団の人々について先行研究で述べられていた知見をほぼ裏づけるものである。他の集団については、その数字の真の意味を読みとるにはその参加者の人数も少なく、あまりにも雑多な要素が影響しすぎている。しかし、中東出身者については、不同意を表明することができるとほぼ一致して答えており、同時に、面子を守ることも重要だと答えていた。これは、彼らの文化ではその両方を行うこと、つまり面子を脅かさない方法で不同意を表明するこ

とが可能であるということを示唆している。また、ラテンアメリカ出身者に関しては、一人を除いた全ての人が不同意を率直に表明することができると感じていた。しかしその一方で、面子を守り和を重んじることが重要と考えている者も二人いた。また、別の二人はそれを重要ではないと答えながらも、自分たちのその考え方は自文化では一般的ではないと思っていた。このことは、ラテンアメリカ文化でも面子や和の尊重がある程度は重要であるという事実を示唆している。これらの多くの結果を裏づける記述は、質問紙のより詳細な自由記述回答にも見みられた。そのいくつかは、会話の考察部分で詳しく述べることとする。

　前章の会話例からも明らかなように、本研究では参加者が直接的に不同意を述べている例が多く見みられ、また、それはどの文化集団の出身者にも見られた。ほとんど全ての参加者が会話に参加し、意見を述べ、その意見に対しての賛成や反対意見を述べていた。では、彼らの議論にはどのような形式が取られ、また、その主張はどのように述べられたのであろうか。オーストラリアの学校や職場では、このような場面でどのように自分の意見を述べるべきかについて強い文化的規範がある。受身的と思われることも攻撃的と思われることも避けなくてはならず、中庸の立場で「主張する(assertive)」ことが重要とされるのである。その結果、非常に受身な人は自己主張のためのトレーニングコースへ送られることとなる。これは女性によくあることである。というのも、オーストラリア社会の自己主張をする人の典型とは、一般的に考えられている男性性のステレオタイプと非常に類似しているからである(Byrne & FitzGerald 1998a)。オーストラリアの職場では、アジア出身の女性(南アジアの女性も含む)は、そのコミュニケーション・スタイルが原因となりとりわけ引っ込み思案で受身だという固定観念で見られている。たとえば、異文化対応トレーニング用のビデオの中では、アジアの女性たちは現実にそのように描かれている。実際、残忍な政治体制から逃れて、一人で、あるいは子どもとともに多くの国境を超えて危険な旅をしてきた女性たちですら、職に就く際には、まず自己主張のためのトレーニングコースに入れられるということはよく知られた話である。他文化での考え方や振る舞い方についての質問紙の自由回答記述からもわかる通り、受身であるべきか、自己主張すべきか、攻撃的であるべきかという振る舞い方についての考え方は非常に文化特有のものである。たとえば実際に日本語、ポーランド語、ロシア

語、フランス語には、英語の self-assertion（自己主張）と全く同じ意味をもつ語がないのである（Wierzbicka 1991）。しかし残念ながら、権力をもつ立場の人の多くはこの事実について全く気づいていない。このような無知が、多文化社会においては非常に悪い結果を招きかねない。

　一方、先行研究の中には、女性は男性ほど対抗心を表さないと指摘するものもある（たとえば Clyne 1994、Ong 1981、Tannen 1994）。Brown（1993: 159）は「多くの社会のさまざまな場面での女性の会話には、同調しようとする空気が流れている」と述べている。本研究の質問紙の中の回答でも、アジアの女性たちはこの点に関して自分たちの話し方が独特だと感じていることが明らかとなった。ある南アジア出身の女性は「一般的に、アジアの女性は非常にひかえめでいることに慣れています。とても静かで、柔らかく話し、内気です。そのため、アジアの女性が西洋の国に行くと、人とうまくやっていくことがとても難しいのです。」と書いている。実際に、一般的に男性が高い地位を占める社会では、女性は男性に対して丁寧で敬意を払うことを求められ、会社でもあまり議論をしないように求められているのである。

　それにもかかわらず、結局のところ本研究のほとんどの女性参加者（上に引用したコメントを書いた南アジア出身の女性も含めて）の振る舞いは、女性は男性ほど主張せず議論しないものだということを立証しなかった。また、ステレオタイプとして広く受け入れられているアジア女性像を証明することもできなかった。会話に参加した 31 人のアジア女性のうち、このような女性像に当てはまったのはたった三人しかいなかった。この三人の女性は参加した議論でほとんど発言せず、また、話している箇所でも声が小さくほとんど聞き取れなかった。その一人は日本人、もう一人は長年日本に住んでいた中国人、そしてもう一人はベトナム人であった。後者の二人は英語の聞き取りの力が弱く、全体的に英語の技量が低いと自分でも感じており、それがあまり話さない一因となった可能性がある。たとえば、その中国人の女性は自己評価のためのチェックリストに次のように書いていた。「私の一番の問題点は語彙が不十分なことでした。一つの語の意味を考えている間に、その後の全ての語を聞き逃してしまうことが時々ありました。」さらに「ビデオを聞いて、私の声がすごく小さくて自分でも聞き取れないことに気づきました。」とも書いている。

　Clyne（1985）は、コミュニケーションの決裂（communication breakdown）

とコミュニケーションの対立（communication conflict）という二つの重要な区別を提案した。前者には誤解や無理解が含まれ、参加者間のあつれきは後者に当たる。また、Smith 他（1998: 253）は、23 の国の職場で不同意がどのように論じられているかを調べた。その中で、不同意（disagreement）と意見の対立（conflict）の違いについて非常に有益な定義を行った。それによると「不同意とは、意見の違いがはっきりしたときに起こるものである。そして、その集団が、問題解決よりも自分の意見を優先させることを重視した時には、不同意が意見の対立へと変わる。」という。本データの中では、かなりの誤解、ある程度の無理解、また多くの不同意が生じているものの、あつれきや意見の対立が生じるような、あるいは生じかねないような例はほとんど見られなかった。以下では、自己主張や不同意を避けると思われている文化の出身者が、主張や不同意を行った例（強く直接的に行った者もいれば、柔らかく間接的に行った者もいた）を検討する。

8.1.1　強い不同意の表明（東アジア出身男性の例）：グループ A

　グループ A は問題 1「心臓移植」について議論した。そこでは、強い不同意の例がいくつかと、不和、あるいは、いさかいの例が一つみられた。このグループについてはすでに前章で考察しているが、東ヨーロッパ出身の女性のエリカ（Elica）、南アジア出身の女性のビソミンカ（Bisominka）、東アジア出身の男性リ・ドン（Li Dong）、英語母語話者のアレックス（Alex）で構成されていた。不同意を和らげて述べたり、強い不同意は述べないようにしていたのはアレックスただ一人であった。彼がこのように議論がましい話し方をしなかった理由については、後で考察する。

　エリカは、強くはっきりした話し方をすることが多かった。彼女の文化ではそのような話し方が求められているからかもしれない。そして、最初に不同意を述べたのも彼女であった。しかし、ビソミンカもまた不同意を述べている箇所があり、リ・ドンも何度も不同意を表明していた。次の会話は話し合いの最初の箇所で起こったものである。

グループ A：抜粋 1
 1　**Alex**：　　Shall we start with the problem?　この問題から始めましょうか
 2　**Elica**：　　No, no, {I want x x x 1}　いえ　いえ　私は xxx したいです

3 **Bisominka:** {No x x x I 1}　いえ xxx 私は
4 　　　　　　　I want to think about it for a while.　私はもうちょっとこれについて考えたいです

　エリカはアレックスの提案に反対しようとしている。というのも、彼女はこの機会を利用して英語母語話者の彼にオーストラリア社会についてある質問をしたかったからである。また、ビソミンカも不同意を表明しているが、これは問題を読んだ直後でまだ考えがまとまっていなかったためである。この会話から、総じて非英語母語話者は、たとえそれが初対面の知らない相手であったとしても、英語母語話者に対して必ずしも怖気づくわけではないことがわかる。

　問題について議論し始めた少し後に、6番のシングルマザーの患者への移植を提案する意見を述べていたアレックスに対して、ビソミンカとエリカとリ・ドンの全員が不同意を表明した。これは、英語母語話者が非英語母語話者から不同意を表明された多くの例のほん一例にすぎない。これらの会話から、言語能力が優位にあっても英語母語話者が相手に自分の意見を押しつけることができるわけではないことがわかる。エリカは、この会話の冒頭から非常にはっきりと不同意を表明していた。そのため、他の非母語話者もそれに影響されてますます率直で議論がましくなり、このようなスタイルに同調していった可能性がある。この少し後に、ビソミンカがエリカに不同意を唱える場面があった。その際、ビソミンカは南アジア出身者の典型的な傾向を示していた。つまり、はっきり不同意を述べることもできるにもかかわらず、その話題に対して同意と不同意の両方を主張していたのである。また、その少し後にも、彼女はリ・ドンの意見をきっぱり否定して、反論していた。

グループA：抜粋2

1 **Li Dong:**　The age is not no the age is NOT　年齢は　いえ　年齢は
2 　　　　　　the main problem .. reason you know　大きな問題ではないんです　理由はわかるでしょう
3 　　　　　　the age could the age can't decide on　年齢では　年齢では決められないんです

4		{which one should be 1}　どの人を選ぶかは
5	**Bisominka:**	{But age x x 1}　でも年齢は xx
6	**Alex:**	So right I think we all agree　そうだね　我々は全員意見が一致していると思います
7		that {some things are more important than others 2}　いくつかの項目は他の項目以上に重要だと
8	**Bisominka:**	{I think age Li Dong age is very important 2}　私は年齢は　リ・ドン　年齢はとても大事だと思います
9		to heart surgery　心臓手術には

　ここでは、ビソミンカはリ・ドンへの反対意見をはっきりとよく聞こえるように2回も繰り返している。2度目ではアレックスの話をさえぎり、注意を引くためにリ・ドンを直接名指しして大きな声ではっきりと話した（8行目）。

　リ・ドンは他の参加者たちが選んだ患者には反対であった。そして議論の間中、自分の選んだ患者を推し続けようとした。リ・ドンとエリカが互いの意見に対し部分的に同意したことで議論が建設的に進む場面が2度見られた。その1度目はリ・ドン、2度目はエリカが同意を示したのである。リ・ドンは「うん、君の言うことも一理あります」と述べ、また、エリカも「どちらかといえば、リ・ドンの意見に賛成です」と述べた。しかし、全体的に見ると彼らの不同意の仕方は非常に率直ではっきりとしていた。以下の短い会話例は、その一例である。

グループＡ：抜粋3

1	**Li Dong:**	And number two I I disagree　2番の患者には　私は　私は反対です
2	**Elica:**	No, I disagree with you ...　いいえ　私はあなたの考えに反対です

　しかし、議論が白熱して声が一時的に大きくなったのは、エリカがリ・ドンを説得しようとして、アレックスをまねて仮定の話をした次の例の1度だけであった。

グループA：抜粋4

1	Elica:	Shall we put that in another way　それを別の言い方で言うならば
2		for example there is a man with big x okay　たとえば大きなxの男性がいたとしましょう　いいですか
3		or a women woman thirty years　いえ　女性　30歳の女性だとしましょう
4		with a career great career .. er um on top of career　キャリアがあって　すごいキャリア　ええっと　うん　最高のキャリアです
5		and she is on a heart lung machine ..　それで彼女が人工心肺をつけていたとします
6		and there is a boy twelve years ..　それに12歳の息子がいたとします
7		what do you think ...　それならどうですか
8	Li Dong:	You know in this case NO-ONE likes what YOU said so　ねえ　ここには　あなたが言うような人は誰もいません　だから
9	Elica:	{There are men you know 1}　だって　男の人がいるじゃないですか
10	Li Dong:	{we WON'T DON'T 1} need to care about it　そんなこと　気にしたり　気にすることありません
11		don't need to care　気にすることありません
12	Elica:	there is a man thirty four　34歳の男性がいます
13	Li Dong:	Yes, so I think {number five is 2}　はい　だから私の考えでは5番の患者のことを
14	Elica:	{No I change I 2} I said a woman　いいえ　私は変えたんです　私は　私は女性って言ったのです
15	Li Dong:	She's also important　彼女も大切です
16	Elica:	I just er give er another example　ただ別の例をあげただけです

　リ・ドンは、8行目では低いゆっくりとした口調で、選んだことばに強勢をおきながら話したため、非常に対抗心あらわな話し方に聞こえた。そのため、エリカの9行目の返答はほとんど叫び声に近いものになり、リ・ドンも10行目と11行目でエリカと同じくらいまで声をはり上げていた。彼は、発言権を奪うために声を大きくしたのかもしれない。なぜなら、彼はエリカのコメント（9行目）を割り込みとみなしており、彼女のコメントとオーバーラップしながらも自分の主張を最後まで言い通しているからである（11行

目)。しかし、エリカは12行目で発言権を奪うと、怒ったような大きな声で話し続けた。それでも、この直後には彼らの声は小さくなり、意見も態度も歩み寄りを見せていた。たとえば、リ・ドンは自分のターンを開始する際に(13行目)認知のマーカー(acknowledgement marker)の'yes'を用いていた。また、エリカは16行目で緩和表現(mitigator)の'just'(ただ)を用いている。このような言語的特徴と彼らが声を小さくした事実から考えると、彼らはこれ以上の意見の対立を避けようとしたのだと考えられる。

　リ・ドンの不同意と面子についての質問紙の回答は興味深い。それによると、彼は自分の文化で一般的とされる価値観にはあまり共感を示さず、むしろその価値観とは幾分異なる考えをもっているようであった。しかし、彼の実際の振る舞いはその質問紙の回答とはかなり異なり、自己主張の強いものであった。彼は、価値観1「自分が望むなら、相手が年上や地位が上の人であっても不同意を述べることができる。自分の考えや望みを直接、率直に述べることにためらいはないし、また、そうすることが正しいと信じている。」への回答として「ほぼ賛成です。しかし、私は自分の意見を言うときには非常に用心します。人に自分の意見を強要すべきではありません。私は筋道を通して意見を述べることができます。」と記していた。さらに価値観2「相手の面子を守ることは重要である。相手を直接批判すべきではない。また、不快なことや和を乱すようなことは引き起こさないようにすべきである。」に対する答えとしては「まったくそのとおりです。しかし、それは話し相手が誰かによります。また、相手に理解してもらうためには色々な話し方を選ばなくてはなりません。」と書いている。さらに、「ほとんどの中国人は私と同じように振る舞うと思います」とも付け加えている。リ・ドンが中国本土の大都市出身の若者であるという点は興味深い。先述したように、Young (1994)がこのような人々の間ではより攻撃的で自己中心的なスタイルが広まっていると指摘しているからである。

　南アジア文化出身のビソミンカもある程度は不同意を述べることができると考えていた。価値観1への回答として「賛成です。なぜなら、もし人に何かを頼むなら、直接的に頼むべきだと思うからです。」と記している。しかし、価値観2については「賛成です」としか書いていない。一方、エリカの考えはもっと明確で、彼女の文化で重んじられる価値観と完璧に一致していた。彼女は価値観1への答えとして「はい。なぜなら、誰にでも自分の意見

をもつ権利があるからです。」と書き、価値観2に対しては「丁寧な言い方であれば、我々は自分の考えを述べることができます」と書いている。

前述したように、誰よりも直接的に不同意を述べるだろうと予想された英語母語話者のアレックスが、グループの中で最も直接的ではなかった。これは、彼が当初からこのグループの調整役やリーダー役をつとめ、建設的なフィードバックを返したり、会話の間中、他の話者の話の要点を整理して理解しようとしていたためかもしれない。また、他の話者が英語母語話者ではなかったために幾分手加減をしていた様子も見える。たとえば、1、2度、自分の語彙を若干やさしい表現に言い換えている場面があった。そのために強く不同意を述べようとはしなかった可能性がある。また、後で考察するように、彼に圧倒的な英語力があったことも関係していたのかもしれない。つまり、彼は議論の内容を理解するためにあまり神経を集中させる必要がなかったため、不同意を和らげて述べるゆとりがあったのであろう。

この会話でのリ・ドンの態度から、和を重んじ面子を脅かすような不同意や意見対立を避けると思われている文化の出身者が、必ずしも実際にはそう振舞うとは限らないという事実がはっきりと裏づけられた。さらにビソミンカの態度は、アジア女性は自己主張をせず相手に不同意を伝えられないという一般のステレオタイプとは一致しないものであった。

8.2　自己主張と不同意

会話の展開に関する章（第6章）で考察したように、アジア女性の中にも他の参加者とは異なる意見を述べようとする者がいた。しかし、聞き手に歩みよらなくてはならないと考え、異論を述べる前にまず根拠を説明する帰納的な話し方をしていた。グループLのアリの反対意見はそのよい例である。一方、他のグループの中には、時には融和的な表現は使いながらも、もっとはっきりと意見や不同意を述べる者もいた。またデータの中には、議論の間、少数の反対派の立場をとり続ける者も見られた。

8.2.1　はっきりとした不同意の表明（東南アジア出身女性の例）：グループN

この話し方の一例として、第7章でも考察したグループNの東南アジア出身の女性アン（Anh）を取り上げる。このグループの他の参加者はラテンア

メリカ出身の女性のパロマ（Paloma）、東ヨーロッパ出身の男性エルヴィド（Elvid）、英語母語話者のジル（Jill）であった。彼らは問題1「心臓移植」について話し合った。始めの雑談の間、アンはずっと会話に参加し、自分たちの英語コースについてたずねてくるジルの質問に答えたり、ジルに大学の授業についてたずねたりしていた。次に、ジルが雑談から問題へと話を導いていった。そして、エルヴィドが「患者を分類して一番病状の悪い人を探す」必要がある、つまり心臓を最も必要としている人を探す必要があると述べて議論を開始した。そして彼は、次のようにアンに意見を求めた。

グループN：抜粋1

1	Elvid:	What do you think Anh　アンはどう思いますか
2	Anh:	My opine opinion I ...　私のカンガ　考えは
3		I will priority the um child　子どもを　うんと　ユウセンしたいです
4		with age twelve on the top er　12歳の　一番上の　ええと
5	Paloma:	Number two　2番の患者ね
6	Anh:	The children children x　その子　その子 x
7		the number two in the list yep　リストの2番の子　はい
8	Paloma:	Um hm　うん
9	Anh:	because I think that he been young　なぜならその子はまだ幼いし
10		he should save his life first thing　先ずその子の命を救うべきだと思います
11		and the other things are　他にも
12		because he was born with the heart problem already　心臓病をもって生まれてきているし
13	Paloma:	Mmm　うん
14	Anh:	so if we keep him until teenage or whenever　だからもし10代か　それくらいまで放っておいたら
15		the the um the condition　その　うん　その病状は
16		I mean his condition was worse　つまり彼の病状はもっと悪くなるでしょう
17	Paloma:	(*softly*) Dramatically　（小さな声で）すごくね
18	Anh:	Yep worse and worse　はい　どんどん悪くなる
19		so and the other thing　それから他には
20		that because he's been keep alive　彼は生きているのですから

21		with the heart-lung machine　人工心肺のおかげで
22		so actually that is a very very urgent point　だから実際にはすごくすごく緊急だってことです
23		and my idea　それに私の考えでは
24	Elvid:	But er he can be alive　でも　ええと　彼は生きていられるんです
25		without er operation for awhile　当面は　ええと　手術しなくても
26		{for a short time]　しばらくの間は
27	Anh:	{No no he can't]　いいえ　生きられません
28	Elvid:	He can　生きられます
29	Anh:	No he can't　いいえ　生きられません
30	Elvid:	He can be kept alive　生き続けられます
31		on a heart-lung machine　人工心肺をつけて
32	Anh:	that means x x　それは xx ってことでしょ
33		that means his condition has x dramatically　それは彼の病状が劇的に x ってことです
34		and also he got the the x heart　それに彼は x な心臓をしています
35	Jill:	Well actually I also thought about number five　ええと　実は私も5番の患者を考えていたんです

　この例から、アンは当初から他の人に先んじて自分の意見をはっきり述べるつもりであったことがわかる。彼女は自分の考えを詳しく説明するために、ためらうことなく非常に長いターンを取った。まず要点を述べ（2〜4行目）、それからその根拠を説明した（9〜23行目）。おそらくエルヴィドが彼女に直接意見を求めたおかげで、彼女はこのように答えやすくなり、また、直接的な話し方に勢いがついたのであろう。あるいは、この問題と状況からこのような答え方が求められていると判断したのかもしれない。この例から、アンは極めて直接的に不同意を述べようとしていたことがうかがえる。エルヴィドが彼女に意見を尋ねたとき（24〜26行目）、彼女は非常にはっきりとしたことばで彼の意見を否定している（27行目）。それに対して彼もまた、はっきりと彼女の意見を否定するが（28行目）、彼女は再び彼に反論している（29行目）。ジルが彼らのやり取りをそらすために仲介に入って別の視点を持ち出すまで（35行目）、アンは自分の立場を擁護し続けていた（32〜34行目）。

エルヴィドも先のエリカ同様、議論を重んじる文化の出身であり、加えて男性でもあった。そのため彼の強い応酬は予想できるものであった。事実、以下の例が示すように、会話の開始部で彼は出合ったばかりのジルの意見をそっけなく否定していた。彼は、彼女の意見がまったくの間違いであるかのようなトーンとイントネーションで話した。このような彼の激しい反応に、ジルは明らかに驚き少し当惑した。その結果、彼女は自分の考えの根拠を弁明口調で説明しなくてはならなかった。

グループN：抜粋2

1　**Elvid:**　In my country I learnt Russian language　私は自分の国でロシア語を習いました
2　**Jill:**　Mm mm　うん
3　**Elvid:**　for eight years　8年間
4　**Jill:**　(*laughing slightly*) That's a very difficult language　（かすかに笑って）すごく難しい言語ですね
5　**Elvid:**　Oh I don't think so　ええと　そうは思いません
6　**Jill:**　Well for for people who speak you know English and　えっと　英語を話す人にとってはね　それに
7　**Elvid:**　Oh　ああ
8　**Jill:**　different languages {that's difficult 1}　違う言語は難しいです
9　**Elvid:**　{Yes that's right 1}　はい　そうですね

　9行目でエルヴィドはすばやく同意をしている。このことから、彼には対立するつもりが無かったこと、またそれを示したかったことがわかる。彼の5行目の不同意はあからさまで率直なものだが、もし彼の文化であれば明らかに受け入れられ尊重されたものであろう。しかし、英語圏の文化では丁寧なコメントに対してこのような否定意見を述べる際は、何らかの方法で和らげるか、ぼかすことが普通である。ジルの説明（6行目）は、彼の返事に驚き戸惑って、どちらかといえば身構えているように聞こえた。さらに、7行目のエルヴィドの'Oh'も、（英語話者にとっては）ジルのコメントをあなどっているように聞こえた。これほどまでにぶしつけな（英語母語話者にはそう思える）不同意はデータ中ではこれだけであった。しかしこの例から、あけすけでことばを濁さない不同意や意見の対立についての考え方には、このよ

うに違いがあるということを理解しておくことが重要だとわかるであろう。

　三人の非英語母語話者はこの議論の間中、主張をしたり不同意を述べたりし続けたが、中でもエルヴィドは他の者以上に激しく、また直接的であった。ジルも不同意を述べたり自分の意見を主張したりしたかったようだが、仲介役を果たすことが多く、さまざまな段階で他の人の意見を解説したりまとめたりしたりしていた。パロマとエルヴィドは時々自分の意見を変えることもあったが、アンは自分の当初の考えを変えることは無かった。直接的な不同意がかなり見られたにもかかわらず、この会話は友好的な雰囲気で、終盤に向けては多くの笑いも起こっていた。次の会話は議論の終盤のものであるが、アンが議論に加わる様子を示している。この時点では、エルヴィドが2番と5番の患者が同じぐらい重症であると述べ、年齢を考えると5番の患者の方が手術の成功の可能性が高いと述べていた。それでもアンは2番の幼い男の子の患者を推そうと議論していた。

グループN：抜粋3

1	**Elvid:**	—but the chance for a successful operation　でも手術の成功の可能性を考えると
2		er I prefer five er because he's thirty four　ええと　5番の患者がよいと思います　彼は34歳だし
3	**Anh:**	Yes but look at this look at this man　はい　でもこれを見て　この男性を見て
4		… he's 42 but his body rejects the heart {you know 1}　彼は42歳だけど身体が心臓を受け付けませんでしたねぇ
5	**Paloma:**	{No no 1}　{x x rejects 2}　ちがう　ちがう　xxが受け付けなかったのです
6	**Anh:**	{I mean compared 2} compared with the seven　私が言いたいことは　比べたら　7番の患者と比べたら
7		{nobody know because 3}　誰にもわからないってことです　だって
8	**Paloma:**	{x x don't x yes 3}　xxはxでないです　はい
9	**Anh:**	Elvid {talking about the age 4}　エルヴィド　年齢について言うなら
10	**Elvid:**	{but but look at this 4} look at this　でも　でもこれを見て　これを見て
11		Mr Jacobson's family has a history of heart disease　ヤコブソンさ

		ん―家は心臓病の血筋です
12		that's the reason what I think　だから私が考えるには
13		what I think the first is x x　xxが優先順位で1位だと思います

　この会話の後、アンは自分の一連の議論は妥当ではないと納得して、議論は2番と5番の患者のどちらを選ぶかの問題に戻っていった。ここで注目すべき点は、発言権を奪ってそれを維持する際に、この例のようにアンは時々非常に早口で話し、たとえパロマが彼女の発話に重ねて話した時ですら（4、5、6行目）自分のターンを維持し続けたことである。ついでではあるが、パロマの5行目の'No no'（ちがう　ちがう）から彼女も直接的に不同意を表明することがわかる。これは会話に参加している時の彼女の典型的なスタイルであった。アンは時々この種のストラテジーを使用するものの、一方ではしばしば主張を和らげることもあった。たとえば、3行目では彼女は'Yes but'（はい　でも）でターンを始め、4行目では'you know'（ねぇ）というマーカーを用いている。これは（第9章で考察する）相手を会話に招き入れ発話を和らげる機能がある。そして6行目では、'I mean'（私が言いたいことは）を用いて自分の意見をもっとはっきり説明しようとしている。彼女がこのような融和的で相手に働きかけるような表現を使用したのは、相手に自分の意見を納得させようとしたためであろう。また、これが彼女の議論のスタイルの典型でもあった。

　一方で、議論の終盤にかけて彼女は自分の考えをはっきり主張したために、少数派の立場へと追いやられた。先にジルが、次にエルヴィドとパロマが5番の患者を選ぶ結論に達した。というのも、この患者には子どもがいるのに妻がいなかったからである。その後、次のような会話になった。

グループN：抜粋4

1	**Anh:**	My my my point of view　私の　私の　私の考えでは
2		I still think I still think number two　私はまだ　私はまだ2番の患者を考えています
3		the boy is a very urgent case　この男の子はすごく緊急の病状です
4		I still think about him　私はまだこの子がいいと思います
5	**Elvid:**	But he hasn't children　でもこの子に子どもはいません

6 **Paloma:** Mm mm no wife　うん　奥さんもいません
7 **Elvid:**　Who cares for the children　誰が子どもたちの面倒をみるのですか
8 **Jill:**　　Yes who cares for the children if he dies　そう　もし彼が死んだら誰が子どもたちの世話をするのですか

　この会話例では、アンは表現の繰り返しや 'my point of view'（私の考えでは）という定型表現を用いていた。このように、まず自分の発言権を確保した上で、深刻な口調で意見とその根拠を述べたのである（1～4行目）。この後、彼らは患者4と5について冗談を言い始めたために話題が変わってしまい、アンの少数派意見はこれ以上議論されることなく録音テープは終わってしまった。

　このグループの中で、質問紙調査に答えたのはパロマとアンだけであった。興味深い点は、パロマの話し方は質問紙の回答と一致していたが、アンの実際の話し方は彼女が質問紙に書いたものとは一致していなかった点である。たとえば、パロマは、不同意を述べたり自分の考えを述べることができるという価値観1に対して「はい」と答え、相手の面子を守って相手への批判は避けるべきだという価値観2に対しては「いいえ。もし異論があるならそう言うべきです。」と答えた。一方で、アンは前者の価値観について「私の国では、そんなふうに振る舞うのは容易なことではありません。特に偉い人に対しては、その人との関係に影響を与えそうな事はなんでも直接、あからさまに言うべきではありません。」と書いている。二つ目の価値観に対しては、「私の国では、これは当然のことです」と書いている。おそらくこれは、彼女が自分の振る舞いを答えたのではなく、ベトナムで一般的に求められる振る舞いを書いたというのが真相であろう。というのも、実際には彼女はもっと直接的でオープンな話し方を使用していたからである。もしかすると、このグループが主に女性で構成されていたために、彼女は普段以上に自己主張をしたのかもしれない。しかし、彼女が最初にした議論はこのグループの男性のエルヴィドに対してであったし、また、彼女は英語の力が十分ではないにもかかわらず、そのグループの英語母語話者の意見に対しても反論をしていた。

8.2.2 自己主張と直接的な不同意の表明（東アジアと東南アジア出身女性の例）： グループR

アジア女性が少なくともある状況ではためらわずに不同意を述べ、強い反対意見に対しても自分の意見を曲げない例はグループRにも見られた。5人から成るこのグループには、東アジア出身の女性のチューシアン (Juxian)、東南アジア出身の女性のホア (Hoa)、東ヨーロッパ出身の女性のイルマ (Irma)、東アジア出身の男性のミン (Ming)、中東出身の男性のサライ (Sallay) が参加していた。彼らは問題3「多文化マネージメント」について話し合った。40分に及ぶ議論の前半部分は、この問題の原因として、そこに登場する男性従業員の性格の問題以上に、彼の文化的背景がどの程度影響をしているのかという点に議論が集中した。チューシアンとホアは彼の文化が影響していると主張し、一方で彼個人の考え方がより大きく影響していると主張したのはサライとイルマで、ミンもどちらかというとこの意見に近かった。このクラスでは文化的価値観とコミュニケーション・スタイルについてすでに少し勉強をしていたため、このような観点からこの問題について話し合うことが出来たのである。ここでは不同意は見られたものの、柔らかい言い方で述べられていた。次に、サライはその男性従業員を他の部署に異動することを提案した。しかし、他の参加者たちが納得しなかったので彼は意見を変え、その従業員と彼の上司と話し合いをもつことを提案した。イルマとミンはこの意見に賛成し、問題の男性にも自分の態度について説明する機会が与えられるべきだと述べた。しかし、以下の会話例が示すように、チューシアンは、明らかにそれではその男性に配慮し過ぎだと考えているようであった。議論が進むにつれて徐々にはっきりするのだが、彼女はその男性従業員にあまり同情的な立場はとりたくないようであった。

グループR：抜粋1
1　**Juxian:**　No I don't think so　いいえ　私はそうは思いません
2　　　　　　I think you know he come to a NEW country　だって彼は新しい国に来たのですから
3　**Irma:**　Yes　はい
4　**Juxian:**　he has to he have to he has to　彼は　彼は　彼は
5　　　　　　x to himself in the new culture　自分でxしなくてはいけません　新

6		to get used with the new culture you know　新しい文化に慣れるために　そうでしょ
7	Irma:	Yes　はい
8	Juxian:	the girl dress like x you can't say　女の子はxみたいな服を着るべきだなんて言えません
9		oh you can't dress like that　おお　そんな格好はしてはいけませんとか
10		you have to dress like in my country　私の国みたいな格好をしなさいとか
11		the young girl will dress　若い女の子は着飾るものです
12		no you can't say that　だめ　そんなことは言えません
13	Irma:	It's okay but if you want to HELP him　わかった　でももし彼を助けたいなら
14	Juxian:	mm hm　うん
15	Irma:	you must ask him what is unusual　何が普通ではないのかを彼に聞かなくては
16		what what is you are upset about about this girl ...　その女の子の何に　何に怒っているのかを
17		maybe maybe he has some <u>explain</u> for this　もしかすると　もしかするとセツメイをしてくれるかもしれません
18		yes if if we want to help　そうですよ　もし　もし助けたいなら
19		easy way is go away we don't need you　簡単なのは　出て行け　あなたはもう必要ないという言うことですが
20		it is x {x x 1}　それは xxx
21	Sallay:	{We need 1} some explanation from the man yes　その男性から説明してもらう必要があるね　はい
22	Juxian:	Mm　うん
23	Sallay:	it is easy for us to transfer into another department　他の部署に異動させるのは簡単です
24		but it is not the x x　でもそれは xx ではありません
25		we should know and then we make a decision　理解したうえで決定を下さなくては
26	Irma:	(*quietly*)Yes yes　(静かに)はい　はい
27	Juxian:	No I don't think if we work in Australia　いいえ　そうは思いませ

		ん　もしオーストラリアで働くのなら
28		we can't transfer to another position　他の部署への異動はできません
29		we can't do it another position　そんなことできません　他の部署なんて
30		It doesn't belong to you　そこはあなた方には関係ない部署です
31		it belong to another manager　そこは別の主任の管轄です
32	Sallay:	Yes I give you for example give an example　はい　たとえば例を一つあげると

　チューシアンは、はっきり'No'と言いながら議論を開始した（1行目）。そして相手に同意するどころか、疑い深げにつぶやくだけで（14行目と22行目）、相手の意見に歩み寄ろうとはしなかった。そして27行目で、もう1度直接的に'No'と言ってターンを開始し、'we can't'（できません）というフレーズを繰り返している。28行目と29行目の'we can't'は非常に押しが強く他の人を顧みない言い方であった。

　この後さらに少なくとも20分間、議論は同じ方向で進んでいった。しかし、やがてホアがチューシアンを支持するようになり、二人で新たな主張を開始した。二人の意見は、基本的にはこれはその男性従業員の問題であり、もし彼が適応できないのなら会社を辞めるべきだというものであった。しかし、ミン、イルマ、サライはまだその男性のために話し合いを続けたいという考えに固執しており、彼にこの問題の原因を説明させたいと考えていた。議論が進むにつれて発話のオーバーラップが増えてきた。

グループR：抜粋2

1	Sallay:	First I ask what is your problem ...　先ず尋ねたいのは　困っている点はなんですか
2	Juxian:	No .. the .. the ...　いいえ　その　その
3	Hoa:	No {it's the x x x 1}　いいえ　それは xxx
4	Juxian:	{No they don't you can't say 1}　いいえ　違います　言えないですよ
5		your personality the problem to the boss　上司にあなたの個性が問題ですなんて

6		we have some problem with the supervisor　上司に問題があるんですなんて
7		you have to solve this problem with us　あなたも一緒にその問題を解決しなくてはなんて
8	Hoa:	Yes yes　そう　そう
9	Juxian:	no you can't say that to your boss　いいえ　そんなことは上司には言えないでしょ
10		to the middle manager you can't say that　中間管理職にそんなことは言えないでしょ
11		if you are got some personality problem　もし個性に問題があるなら
12		you leave　あなたが辞めればいいんです
13		that's your problem　それはあなたの問題なんですから
14		not your supervisor's problem　上司の問題ではありません
15	Sallay:	Yes　そうですね
16	Hoa:	Yes the problem {is the x x x x x 2}　そうです　問題は xxxxx なんです
17	Juxian:	{If you don't feel comfortable 2}　もし居心地が悪いなら
18		to work here you leave　ここの働き心地が　あなたが辞めればいい
19		this is Australia　ここはオーストラリアです
20	Hoa:	If we have already resolved　すでに明らかにしたように
21		that the main reason is the different culture　主な原因は文化の違いなんです
22		but I think ANY culture ANY culture　でも私の考えでは　どんな文化でも　どんな文化でも
23		ANY country you come from you　あなた方がどんな国の出身でも
24		when you come to Australia example　たとえばオーストラリアに来たのなら
25		you have to follow with　それに従わなければ
26	Juxian:	The new culture　その新しい文化に
27	Hoa:	the new culture　その新しい文化に
28	Juxian:	You have to put yourself {in the new culture 3}　その新しい文化に自分を合わせなくては
29	Hoa:	{You have to put 3} yourself in the new culture　その新しい文化に自分を合わせなくては

30	Juxian:	You can't say oh new culture follow me no {no 4}　新しい文化の方が私に合わせろなんて言えないですよ　無理　無理
31	Hoa:	{No 4} you never say oh in my country I do that　無理です　あら　私の国ではこうするんだけどなんて決して言ってはいけません
32		no you have to put yourself in the new culture　だめです　新しい文化に自分を適応させなくっちゃ
33	Irma:	Oh yes it's correct but er if you want　ああそうね　確かに　でも　ええと　もしあなたが
34		to find a good way for this problem ...　この問題のいい解決方法を探そうと思うなら

　上の会話から明らかなように、チューシアンとホアの意見の述べ方は非常に強い。当初、チューシアンはことばを捜していたが（2行目）、その後、二人はどんどん流暢に話し始め、毅然と意見を主張するようになっていった。彼らは発話をオーバーラップさせたり、互いの意見を繰り返したり、相手の発話を引き継いで話したりしたために、意見が非常に強調されていたし（16、17、18行目、26〜31行目）、二人の波長もよく合っているようであった。26行目ではチューシアンがホアの意見を即座に言い補っているし、27行目ではホアもそれを追認していた。彼らの話すスピードは速くなり、ホアはいくつかの語を非常に強く発音していた（22、23行目）。33行目では、イルマが彼らの意見におおむね同意を示したように見える。しかしすぐに続けて、まずはもっと問題の男性の立場に立ってことを進めたいとも述べている。彼女は合意を得るための協力的な話し合いが続けられるように、形ばかりの同意を示した可能性がある。同様に、15行目のサライの 'Yes' も、単に「聞いています」という意味であったのかもしれない。

　この後にチューシアンが、男性従業員の置かれた状況も問題の女性の年齢も変えられないのだから、その男性に辞めてもらうしかないと主張した。ホアを除いた他の三人は、この時点でもまだ、上席の者たちがこの問題を解決してその男性を助けるべきだという考えに固執していた。するとチューシアンは、オーストラリアでは上司たちはこの種の問題に時間を割きたがらないものだと主張した。この議論の流れは興味深い。というのも、オーストラリアで実際に仕事をしているのはこのメンバーの中では彼女だけだったからである。彼女は熟練した技術者として大学でよい職を得ており、すでに1年ほ

どの勤務経験をもっていた。この時は、英語の力を伸ばすために休暇を取ってこのオリエンテーションコースに出席していたのである。結局、この議論では結論が出ることはなかった。終盤では、会話のスピードや発話のオーバーラップはさらに増え、声は極めて大きくなっていた。最終部分では二、三人が１度に話をして、聞き取ることもできなかった。

　以下の会話例は、ちょうどテープが終了する直前の箇所である。よく似た議論が繰り返され、誰も自分の意見を変えた様子はなかった。そして30秒にわたる同時発話が起こり、その箇所では誰の発話も聞き分けることはできなかった。男女混合で二手に分かれて話していたようであった。次に、イルマが誰にでも聞き取れるような大声を上げた（1行目）。1行目でわかるように、彼女はここでは非常に強い口調で感情的に主張していた。そして13、14行目、16～19行目で、上司たちがまず問題を解決しようともせずに従業員をやめさせることは非生産的で解決にならないと主張を続けている。同様にチューシアンとホアも自分たちの意見を強く主張し、これは個人の問題であり上司たちの問題ではないと述べている。二人は、相手の意見に譲歩することも自分たちの主張を和らげることも無かった。ただ、チューシアンが11行目で 'you know'（でしょ）というマーカーを使用していることだけは例外であった。これには相手を受け入れようとする意図があったのかもしれないが、このようなマーカーは唯一これだけなので、本当にそうであったのかは疑わしい。

グループR：抜粋3

1　**Irma:**　　　... {never never never say I don't want to work 1}　働きたくないと
　　　　　　　　は　絶対　絶対　絶対　言ってはいけません
2　**Hoa/Juxian?:**　{x x x x x x x x x 1}　xxxxxxxxx
3　**Irma:**　　　{x x must have explain what happened 2}　xx は何が起こったかを
　　　　　　　　説明しなくてはなりません
4　**Juxian:**　　{She's your boss if you don't like 2}　もし気に入らなくても彼女は
　　　　　　　　あなたの上司です
5　　　　　　　 {you have taken the position 3}　自分でその仕事を選んだのです
6　**Hoa/Irma?:**　{x x x x x x x 3}　xxxxxxx
7　**Juxian:**　　then you say I don't like this boss　それなのに自分の上司が気に入
　　　　　　　　らないって言うのです

8		that's your problem　それは自分の問題ですよ
9	**Hoa:**	You just think about yourself　あなたは自分のことばかり考えている
10	**Juxian:**	Yes the middle managers they won't want to spend　はい　中間管理職はそんなことに時間を割きたくないのです
11		too much time to solve this kind of problem {you know 4}　こんな問題を解決するために　でしょ
12	**Hoa:**	{x x 4} I think about you {I can't say 5}　xx　あなたのことについてはわかりません
13	**Irma:**	{But if you 5} always do it on the same way　でももしあなたがいつもこんなふうなら
14		you lose your time and {you always say go on people 6}　時間の無駄ですよ　そのたびに人を異動させていたら
15	**Sallay:**	{Yes you lose your time 6}　うん　時間の無駄です
16	**Irma:**	you always have a problem　問題はなくならないですよ
17		I don't have a worker　部下はいなくなるし
18		my my job stops　自分の　自分の仕事がストップしてしまう
19		and I always have a problem {x x x 7}　だからいつも問題を抱えたままです　xxx
20	**?:**	{x x x 7}　xxx
21	**Juxian:**	{Not in Australia 7} not in Australia that's a fact　オーストラリアでは違います　オーストラリアでは違うのです　それが現実です
22		{x x x x 8}　xxxx
23	**Ming:**	{x x x x 8}　xxxx
24	**?:**	{x x x x 8}　xxxx

テープはここで終了した。議論は明らかに真二つに分かれたままで、参加者はますます混乱し対立していた。それにもかかわらず、議論は個人的感情を交えたものではなく、また、敵意のあるものでもなかったことがわかる。というのも、この最後の部分の直前ではホアと男性陣にはいくらかの笑いが起こっていたし、午前のお茶の休憩時間のためにこのグループが解散した時には、結論は出なかったがおもしろい議論だったと彼らが親しげな雰囲気で話していたからである。おそらく、このようなラポールが生まれた理由としては、彼らが議論の内容にばかり集中したために、会話スタイルが同調して

話し方が似てきたためだと考えられる。徐々に好き勝手に大声で話し発話をオーバーラップさせるようになっていった点や、一人ずつ交替で話そうとはっきりと言い出す者が誰もいなかった点からも、誰もが他のメンバーへの「配慮(considerateness)」を忘れがちであったことがわかる。

　この会話の結果から、文化やコミュニケーションに関するこれまでの一般論を修正する必要が出てきた。このような議論が生じる状況では、東アジアと東南アジア出身の女性は意見の対立を避けたり妥協に持ち込んだりしないことがわかった。さらに、自文化のコミュニケーション・スタイルとは違う、一般に高度にかかわり合うスタイル(high-involvement style)と呼ばれるスタイルを取る傾向が見られた。具体的には、話題を繰り返して主張し、より早口で大声で話し、より頻繁に発話のオーバーラップを行っていたのである。この会話では、二人のアジア女性が議論の最初で互いに言い争いをしていたし、また別の箇所では、東ヨーロッパ女性とはもちろんのこと、それぞれの男性とも直接議論を行っていた。

　チューシアンの質問紙への答えは興味深い。彼女の回答は、彼女の文化で重んじられると考えられるコミュニケーション・スタイルとある程度一致するものであった。しかし、実際の会話では、彼女はそれとはまったく違うスタイルを用いていた。このクラスへの質問紙調査では、他のグループ以上に詳しく価値観をたずねた。その目的は、これを自らの文化について考えるきっかけにしてほしかったからであり、また、文化の違いについて文章で情報を与えることでもあった。一つの質問では、よい対人関係を築くための三つの方法をあげ、回答者がそのうちのどの方法に共感するかをたずねた。さらに、彼らと同じ文化に属する他の人にもそれが当てはまるか否かをたずねた。チューシアンは「私は第1のグループに共感します」「私の属する文化では、他の人も私と同じ考えです」と答えた。第1のグループとは、面子を守り、和を重んじ、不快なことを避けることを非常に重視する文化グループである。そのために人は自分の否定的な気持ちは封じ込めて、おおっぴらな非難、不同意、意見の対立を避ける文化である。

　また、高コンテクスト、低コンテクストのコミュニケーション・スタイルについて簡単な説明した後、回答者がどちらのスタイルを好むか、また、彼らの文化では多くの人はどちらを好むかをたずねた。チューシアンは「私の個人的な好みは物事をはっきりと述べる方法です」と答えた。さらに、「け

れど、中国のほとんどの人は、意味をほのめかして相手にその意味を汲み取ってもらう方法を好みます」と続けた。この回答から、チューシアン自身のコミュニケーションの傾向は、彼女が属する文化の主流のパターンからは逸脱していることがわかる。本会話中の彼女のコミュニケーション行動もこの点から説明がつくのかもしれない。ちなみに、ホアは質問紙には答えなかった。

　イルマは、彼女の属する文化の典型と言われているスタイルに共感を示した。たとえば、彼女は「私の文化では、ほとんどの人が直接的なコミュニケーション・スタイルをとります。私たちは天気に関する世間話等はしません。」と答えていた。よい対人関係を築くための最善の方法についての彼女の回答は非常に明確で興味深い。彼女は、第3のグループ（思いやりや親しさを最も重視するグループで、このグループでは強い意見表明やあけすけで感情的な意見対立は問題にはならず、むしろはっきり感情を表さないと退屈だと見なされる）に共感すると書いた。彼女の文化の他の人も同じ考えであるかという質問には、「そのとおりです！」と答えている。この会話の中での彼女の話し方は質問紙の回答通りの価値観を反映していた。これはミンやサライにも同様に言えることであった。ミンの価値観は彼の属する文化集団のものとは異なっていた。彼は次のように書いている。「個人的に好きなのは、直接的に話すことです。しかし、私の文化のほとんどの人は探りを入れるように話すことを好みます。」彼はまた、アングロ式のスタイルで重視されるよい対人関係（強要を避け、客観的で感情的にならずに不同意を述べる）にも共感していた。しかし、彼の文化の他の人に関しては「いいえ、彼らは違います」と答えている。この答えは、会話の中での彼のスタイルと一致していた。彼は自分の意見を表現しようとしていたが、女性たちほどは強く議論したり、おおっぴらに不同意を述べたりはしなかった。これはサライにも当てはまることであった。サライはより融和的であろうと心がけていた。よい対人関係を実現する方法について、サライは「この三つの方法のどれも私の文化には当てはまりません。しかし第1のグループが近いと思います。」と答えている。これは、和を保ち、あからさまな不同意を避けるスタイルで、アジアの多くの文化で好まれると考えられているものである。コミュニケーションについて彼は「直接的であることは時にはよいことだが、いつもよいとは限りません。私の文化では他の人々もそう思っています。」と書いてい

る。この質問紙調査では、コミュニケーション・スタイルをたった三つに分類しただけであった。質問紙の中では名前こそあげなかったが、この三つとは、先行研究で東・東南アジアのスタイル、英語母語話者のスタイル、東ヨーロッパのスタイルと言われているものであった。そのために、南アジア出身者が、他のアジア文化のスタイルに一番近いものの、このどれにも当てはまらないと感じたことは注目すべき点であった。

8.3 不同意

8.3.1 融和的な不同意の表明（東南アジア出身男性の例）：グループ B

　東アジアや東南アジア出身の男性が、グループの他のメンバーと意見が合わず、少数派の立場になりながらも自分の意見や不同意を述べた例も見られた。その例の一つは、すでに第4、6、7章で考察したグループBである。このグループの参加者は、ラテンアメリカ出身の女性のヨランダ（Yolanda）、中東出身の女性のアスマハン（Ashmahan）、東南アジア出身の男性ドアイ（Doai）、そして英語母語話者のジャック（Jack）であった。先にも書いたように、彼らは問題1「心臓移植」について話し合った。そして、会話のほとんど終盤まで、ドアイだけが他の三人に反対し、自分の意見に固執していた。

　ドアイは全体的には丁寧に不同意を述べていた。たとえば、彼は異議を唱える際に 'I agree but'（確かにそうだけれども）、'I think it's better to do X'（Xするほうがもっとよいと思うけど）、'Sorry' 等の丁寧さを示すマーカーを用いて話し始めていた。彼は反対意見を帰納的に述べ、相手の意見を慎重に考え、相手の意図を確かめようとしていた。会話の終盤に向けて他の三人の意見が一致したとき、ドアイは不同意を表すために沈黙を用いていた。そしてその結果、多数派の意見に同意するように言いくるめられてしまった。沈黙は、彼の自制と分別を表したものであったのかもしれない。彼の文化では、このような状況での沈黙はそう解釈されるのである。Ting-Toomey（1994）が説明しているように、意見が対立している場面で沈黙していることは、非常に自制が必要なこととみなされるのである。もちろん英語の文化では、沈黙は未熟ですねているとか、建設的に行動して徹底的に話し合うことを拒否していると解釈される。ドアイは対立するような話し方は避けたものの、反対

意見を撤回することはしなかった。この事実から、たとえ英語母語話者が会話に参加していて、彼らのほうがことばの面で優位にあっても、その意見が押しつけられるわけではないことがわかる。

　ドアイの融和的な話し方は、彼が質問紙の回答で述べた意見とも一致する。価値観1「自分が望むなら、相手が年上や地位が上の人であっても不同意を述べることができる。自分の考えや望みを直接、率直に述べることにためらいはないし、そうすることが正しいと信じる。」への答えとして、彼は次のように書いている。「部分的には賛成です。私は普段は間接的に自分の意見を伝えます。そして慎重に段階を踏んで自分の考えを説明します。」また、「相手の面子を守ることは重要である。相手を直接批判すべきではない。また、不快さや和を乱すようなことは引き起こさないようにすべきである。」という価値観に対しては、「まったくその通りです」と書いている。さらに、「もし意見の対立や問題が生じれば、それに正面から立ち向かい、熱心に議論し、自分の意見が固いことを示すために気持ちをこめて力強く考えを述べる」という価値観については、「部分的には賛成ですが、私は力強く意見を述べることはありません」と書いている。

8.3.2　融和的だが直接的な不同意の表明（東南アジア出身男性の例）：グループS

　グループSにも東南アジア出身の男性が意見を強く述べる例が見られた。しかし、この例では、その男性はある時には非常に直接的に不同意を表明し、また、ある時には他のどの参加者よりも融和的で、会話を促す役割を果たしていた。グループSは問題6「予算編成」について話し合った。このグループは参加者全員が男性で、この会話は授業の初期の頃、まだ授業の課程に入る前の参加者が互いを全く知らないに時期に行われたものである。彼らは皆ほんの少し前にオーストラリアにやって来たばかりであった。このグループの参加者は、グループFにも属していた東南アジア出身のピエン (Phien)、南アジア出身のシャラド (Sharad)、東ヨーロッパ出身のマルコ (Marko) とニコラ (Nikola)、そして中東出身のオマール (Omar) であった。この問題について議論した他のグループもそうであったが、この会話でも将来を見据えて今後の予算を増やすために天然資源の開発を優先したい者と、食料や医療や教育中心にお金を使いたい者との間で意見が分かれた。全員が自信をもって自分の意見を主張し、誰も意見を変えることは無かった。た

だ、ピエンだけは他の参加者と比べると相手が和むような話し方をしていた。この会話はうまくいったとは言えない。なぜなら、大きないさかいこそ無かったものの、意見の一致が見られることもなく、ラポールが形成されることもなかったからである。

　シャラドは、テープが作動していることがわかるや否や最初のターンを一人で独占して話し始めた。彼は各予算項目について一つずつ論じていった。その話し方は、まず各項目に振り分けたい予算の割合を述べてから、その根拠を述べ、そしてもう1度その割合を繰り返すというものであった。その話し方は繰り返しが多く、回りくどいものであった。その非常に長いターンの間に、相手を会話に参加させるような配慮はせず、断定を避けたり物事を仮定的に述べることも無かった。また、相手の反応をうかがおうともしなかった。マルコがシャラドのあげた数字を2度確認した以外は、誰もこの最初の10分間に口を挟もうとはしなかった。おそらく、彼らは皆、自分たちもそれぞれターンを得て各自の優先したい予算項目の概要を話すことができると思っていたのだろう。だから、彼の言い分も最後まで聞くつもりだったのであろう。しかし、彼が貧しい国には誰も投資をしてくれないし、資源が無ければ誰も来たがらないと言った時、マルコが声を上げて彼に反論した。そして二人は互いの意見に率直に反論を述べ始めた。マルコは天然資源の開発を主張し、シャラドは飢餓には食料を最優先すべきだと述べた。そこにピエンが割って入り自分の意見を主張し始めた。シャラドは予算の10パーセントを天然資源の開発に割り当てることを考えていた。

グループS：抜粋1

1　**Phien:**　I think er we spend ten percent　10パーセントを　ええ　使うというのは
2　　　　　　on develop natural resources is er .. too too little　天然資源の開発に　ええ　それはあまりにも　あまりにも少ないです
3　**Marko:**　Too little I agree with you　あまりにも少ないです　そのとおりです
4　**Phien:**　I don't agree with {x 1}　私はxには賛成できません
5　**Nikola:**　{x 1} x to invest　投資するには xx
6　**Phien:**　In my opinion, it's better if we spend twenty percent　私の考えでは　もし20パーセント使えればもっといいと思います

7	**Nikola:**	Twenty percent I agree with you　20パーセント　賛成です
8	**Marko:**	My idea is to spend about thirty percent on this　私は30パーセントがよいと思います

　この会話例からわかるように、ピエンはシャラドに賛同しない考えを非常にはっきりと述べていた (1、2行目)。そしてその次に、あいにく最後の単語は聞き取れなかったものの、不同意を明確に表明している (4行目)。6行目でも、彼は再び自分の要点を非常に強く述べている。彼の発言は、マルコとシャラドの議論がしばらくの間堂々巡りをしている時に行われたものであった。ニコラはほとんど喋らず、オマールも全く喋らなかった。そのため、ピエンにも話さなくてはならないというプレッシャーは無い状況だった。もしも彼が、彼の文化の価値観に沿って振る舞っていれば、沈黙を保っていたか、少なくとも議論に加わって自分の意見を述べることは避けていたであろう。

　この後にマルコが長いターンを取り、会話に割って入ってくる人をかわすために声を張り上げながら彼が考えた各項目への予算割当の概要を語り始めた。彼は天然資源の開発に30パーセントの予算を割り当てることを主張し続けた。ニコラも長いターンを取りながらこの項目が最優先だと主張したものの、30パーセントも必要ではないと考えていた。ニコラとマルコがその割合について議論している時には、二人の発話がオーバーラップしたり声が大きくなることもあった。ここで、再びピエンが話に割って入ってきた。しかし彼は、ここでは進行係となってまだ全く話していないオマールを議論に参加させようとしていた。

グループ S：抜粋 2

1	**Phien:**	What do you think about thirty per cent　30パーセントについてどう思いますか
2	**Omar:**	In my opinion to make a good society　私の考えではよい社会を作るには
3		there is there are some things　何かあるとあると思います
4		very very important like education .. and .. health ...　もっともっと大事なことが　教育とか　健康とか

| 5 | | it's the most important thing health and education　健康と教育が一番大切なことだと思います |

　それからしばらくの間、議論はこの流れに沿って進んでいった。ここではオマールが会話を支配し、繰り返し表現を用いて子どもの食糧や産業の発展の必要性とともに、健康で教育を受けた国民の重要性を訴えていた。彼は、予算の割合を議論するよりも、まず何が重要かをはっきりさせることが必要だと主張した。オマールは表現の繰り返しと大げさな一般化を用いているが、これもまた第一言語（アラビア語）で重視されるスタイルを第二言語で使用した例である。オマールとマルコは自分たちの意見を立証するために、貧しいアフリカの国々で何が起こったかを議論し始めた。そしてその後、オマールは議論を戻して、まず教育と健康を手当てすることが必要だと主張した。ここで、ピエンは再び話に割って入り、以下のようにオマールの主旨を確認している。

グループS：抜粋3

1	Phien:	But how can you do this for one year　でも　これを1年でどうやって実行するんですか
2		education and health how can you {x x 1}　教育と健康とを　どうやってxxできるんですか
3	Omar:	{Not in one year 1} you have to spend　1年じゃないですよ　かける時間は
4		I say you have to spend seventy five　そうですね　75パーセントを使わなくてはならないと言ってるんです
5		from here your budget seventy five percent　ここから　予算から75パーセントを
6		from your budget every year to improve {the x 2}　そのxを改善するために　予算から毎年です
7	Phien:	{Yes but 2} {this is only two million budget for one year 3}　わかります　でも1年に200万しか予算がありません
8	?:	{x x x x x x x x x 3}　xxxxxxxxx
9	Omar:	Yes　ええ
10	Phien:	and you do this for one year　それで　これを1年でするんでしょう

11 **Omar:**　　{Yes every year you have to spend 4}　はい　毎年使わなくてはなりません
12 **?:**　　　{x x x x x x x x 4}　xxxxxxxx
13 **Phien:**　No no no the next year　違います　違います　違います　その次の年です

　上の会話例からわかるとおり、ピエンは7行目で相手に歩み寄るよう 'Yes but'（わかります でも）という表現を用いている。しかしその後にはより力強く不同意を述べている（13行目）。議論はこの流れのまま続いていき、他の参加者も異なる意見に譲歩することはなかった。そこでピエンはもう1度発言し、再び相手に融和的で仲裁に入るような、しかし毅然とした話し方をしている。概して、他の四人はピエン以上にかたくなで理屈っぽい会話スタイルをとり、ターンもより長く、譲歩もほとんどしなかった。この会話のピエンの発言から、彼のような文化的背景をもつ者でも、彼らの文化の典型と考えられる寡黙なスタイルで対立を避ける話し方をするだけではなく、はっきり主張し不同意を述べることもできるのだとわかる。

　これらの参加者のうちの四人が質問紙に回答した。その結果から、はっきりと考えや不同意を述べることについて、またこのような意見対立で面子を脅かす危険性についてどう感じているのかが明らかになった。彼らのコメントのほとんどは、彼らが属する文化的背景の特徴と一致していた。たとえば「自分が望むなら、相手が年上や地位が上の人であっても不同意を述べることができる。自分の考えや望みを直接、率直に述べることにためらいはないし、そうすることが正しいと信じている。」という価値観についてさまざまな答えが出た。マルコは次のように書いている。「まったくその通りです。これ以外の方法はありません。」ニコラはこの価値観に全面的に賛成しているわけではなく、次のように書いている。「目上の人に不同意を述べることはできます。しかし、彼らを敬うことを忘れてはなりません。それに、状況によってはあまり感じがよいことではありません。」ビシュヌ教徒のシャラドは、この価値観には反対で以下のように書いている。「残念ながらそれはできません。もし目上の人に反対だとしても、直接何も言うことはできません。それは不敬な態度と見られるかもしれません。そうなれば、私はとても心地悪いでしょう。」彼が「残念ながら」と前置きしている点は興味

深い。この表現から、彼が本当はどうしたいのかが読み取れるからだ。そして、今回の会話には「目上の人」がいなかったので、彼は進んで不同意をはっきり表明し、自分の意見を主張しようとしたのであろう。ピエンは「部分的にはこの価値観に賛成です。しかし、こんなふうに振る舞うのは親兄弟や親類でない人に対してだけです。」と答えていた。このことから、彼はウチの人とソトの人とに対しては振る舞い方が違うらしいことがうかがえる。先に述べたように、彼のような集団主義的文化の出身者は、身近な人との不和を避けるが、ソトの人にははっきりと話しがちなのである。「相手の面子を守ることは重要である。相手を直接批判すべきではない。また、不快さや和を乱すようなことは引き起こさないようにすべきである。」という価値観に対しても同様にさまざまな回答が得られた。極端な答えとして、マルコは次のように書いていた。「そうは思いません。面子を守ったからというだけで人に好かれるなんて、本当に不幸なことです。」しかし、ニコラは次のように書いている。「確かにそのとおりですが、私の国では批判はもう少し受け入れられます」シャラドは「はい。誰に対しても直接的にあからさまに批判すべきではありません。」と書いていた。ピエンは「はい。まったくその通りです。」と答え、その立場はマルコとは対極のものであった。このグループの参加者が非常に多様な考えとコミュニケーション・スタイルをもっていたことは明白である。また先に書いたように、彼らはまだ文化への気づきのためのトレーニングも受けていない状態であった。これらのことが原因となって、この会話ではラポールが形成されず、また合意に至ることもできなかったのであろう。

8.4　考察

　本データの中には、グループSの例のように意見の一致も見られず、ラポールも形成されなかったと思われるグループがあった。しかし、全体的には本当の意見対立や不和が生じた、あるいはその恐れがあったグループはほとんど無かった。では対立が起きた時は、どのように対処されたのであろうか。それには三つの異なる方法がとられていたことが明らかになった。一つは、対立している参加者が自発的に引き下がり、もっと相手に歩み寄った挑戦的ではない話し方を選ぶ方法である。たとえば、この方法は本章の始めで

考察したグループAの会話で見られた。エリカとリ・ドンが怒ったように互いに叫び始めたものの、次の瞬間にはすぐに声を和らげ、相手にもっと歩み寄る話し方になっていた。二つ目の反応の仕方は、議論の方向性に納得がいかない参加者が身振りを使って苛立ちや不満を示し、場合によっては議論から身を引く方法である。この例は第4章と第6章で考察したグループFで見られた。ジョセフとピョートルがジャマルの意見に納得がいかなかった際、彼らはほとんど横柄とも思えるそっけない身振りで苛立ちを表現し、ピョートルはその議論から身を引いてしまったのである。この方法は、他の論文 (FitzGerald 1996) で記述した別のグループでも使用されていた。参加者の一人が示した価値観や前提が別の参加者のそれらとぶつかり合った時、後者はじれったさと苛立ちをはっきり示して議論から身を引いたのである。三つ目の方法は、意見の対立を処理する最も一般的な方法である。参加者の不満や苛立ちや怒気に気づいた時に、ことばを用いて彼らをなだめたり高まる緊張感を抑えたりする方法である。たとえば、これはグループBで見られた。ドアイが黙りこんでしまったとき、二人の女性は彼の名前を呼びかけ 'not to worry'（心配しないで）と言いながら彼に話すように促していた。他のグループでも、参加者は非常に率直に 'don't fight'（けんかしないで）、'keep calm'（落ち着いて）と述べていた。

　会話サンプルの数が非常に少ないので何らかの結論を出すことはできないが、男女共にさまざまな参加者が率先して場をなだめたり和らげようとし、また、誤解を解こうとしていたことは注目すべきである。この事実から、意見の対立を避けようとするのは特定の文化的背景をもった人々だけの行いではないということがわかるであろう。繰り返しになるが、このような事例では当然、文化以上に他の二つの要因が重要な役割を果たしていることを忘れてはならない。つまりジェンダーと個人の性格である。また、このデータでは、参加者全員が新しい言語に馴染まなくてはならないという共通の厳しい環境にあったために、彼等の間に共感が起こり意見の対立を避けようとした可能性もある。

　まとめると、ここまで示してきたようにこの会話サンプルではどの文化の出身者も自分の意見を非常に強く述べており、また、相手に対する不同意も述べようとしていた。最も顕著な点は、和を重んじて議論を避けると考えられてきた文化の出身者—そこには女性も含まれている—が、思った以上に力

強い主張やあからさまな不同意を述べていたことである。これには多くの理由が考えられる。一つはこのタスクの性質である。このタスクは、主に議論という談話ジャンルの中で行わねばならなかった。そのため、参加者は不同意を避けることが難しかったのである。その証拠に、二人で行った会話や議論には不同意の例はほとんど見られなかった。さらに、教師が参加者たちに意見を述べるように、他者を説得するように、そして機会を捉えて英語を話す練習をするようにと奨励していたために、他の多くの場面では働く抑制が今回は働かなかったのかもしれない。同様に、他の箇所でも強調したが、今回のコンテクストが参加者にとっては階級の差も、危険も、競争の心配も無い「しっぺ返しを受けるおそれのない」状況であったために、各自は自分の意見を述べても大丈夫だと感じた可能性もある。

　もう一つの要因としては、和を重んじると考えられている文化の出身者が、ウチとソトの区別を行った可能性があげられる。このような文化では、恒常的に付き合いのあるウチの集団の中では和を重んじることが極めて重要である。しかし、ソトの集団に属する人はもっとぞんざいな扱いを受ける。クラスのメンバーの多くは授業を通じて集団としての関係を築こうとしていたが、実際に議論を行ったグループは一時的なグループで、明らかにウチの集団ではなかった。さらにもう一つの要因として同調（convergence）の傾向をあげることができよう。つまり、激しい議論に慣れた文化出身者の行動が他の参加者にも影響を与えて、彼らを普段以上に率直で議論がましくしてしまった可能性がある。またこのような順応や同調（accommodation and convergence）の傾向以外に、もう一つの要因が考えられる。つまり、英語母語話者に典型的と思われている話し方をまねようとする傾向である。Yamada（1992）によると、日本人は英語を話す時には敵対心をあらわに攻撃的に話すのに対し、日本語を話す時は全くその傾向が見られないという。参加者の中には、自分の言語では許されなくても、英語で話すときははっきり主張し強く不同意を述べるほうが好ましく、また適切ですらあると考えた者がいる可能性がある。

　最後の要因として、英語の熟達度も無視できない。第9章で詳しく説明するが、学習者の発話行為は直接的で緩和策がとられない特徴があると指摘されている（Kasper 1997、Porter 1986）。参加者は、言語を聞く時も話す時も、その言語での話の内容に集中しなければならず、自分の話し方の影響にまで

意識を払う余裕がないのかもしれない。あるいは、話し方の影響についてまではあえて意識しないようにしているのかもしれない。たとえ非英語母語話者にはそのつもりは無かったとしても、無礼で挑戦的だと思われない方法で不同意が述べられるように、慣用句や表現を明示的に教える必要がある。

　指導の過程では、不同意や批判に対しての感じ方が文化よって異なること、またその背後にある価値観を教えることが必要である。そうすれば、知らないうちに無礼を働いてしまうことを防ぐことができる。また、いずれの文化集団の者も、効果的で説得力を持つ議論の方法は文化によって異なるのだということを理解しておく必要がある。相手の文化での効果的な議論の仕方を知っていれば、話し方を聞き手に合わせて加減することができ、知らず知らずのうちに効果の無い話し方や、逆効果の話し方をしてしまうことも避けられる。たとえば、先にも述べたように、日本人やインドネシア人は、直線的な話の構成に直接的な意見の主張を組み合わせて使用するオーストラリア人のことを挑戦的で無礼だと思う可能性がある。逆に、オーストラリアの職場で働いているポーランド人は、その激しい議論のスタイルのためにオーストラリア人から無礼で頑固だと見られてしまうのである。

　移民の人々にとっては、オーストラリアの職場での好ましい対人関係がどのようなものなのかを理解することは非常に有益であろう。具体的には、職場で 'passive'（消極的）、'assertive'（自己主張が強い）、'aggressive'（挑戦的）と言われたら、それはどんなことを意味しているのかを理解しておくことである。異文化間での談話で何が起こっているのかを分析できれば、非母語話者と母語話者の両者のトレーニングにどのような項目を加えればよいのかの答えや確証が得られるであろう。ビデオの場面を見たりロールプレイの訓練を行うことでこのような理解を深め、期待通りの効果を得るための言語ストラテジーを身につけることが可能になる。最終的には、同意や不同意の言い方を学ぶだけではなく、それらを実際に使う練習をすることが必要である。練習によって習慣的なものになり、緊張の高い場面でも使用できるようになる。そうなって初めて、非母語話者は自分で意図したとおりの印象を与えるに足る知識と言語技術を得ることになり、文化に無知でことばも不十分という印象を与えることが無くなるのだ。

　本会話サンプルには、明らかにコンテクストと関連した多くの要因が影響している。そのため、ここで明らかになったことを他のコンテクストにも

当てはめることができるわけではない。また、先行研究では議論や意見対立について文化によって多様な価値観があることが概説されてきたが、それらは、ほとんどの状況では依然として妥当であると考えられる。事実、本章のデータ分析でも、東アジアと東南アジアの出身者は非常に激しい議論の時も融和的で、他のグループほど激しく言い争う者は誰もいなかったことが明らかになっている。このサンプルの中のリ・ドンについては、本土出身の若い中国人男性の間でも特殊な例であった。さらに、参加者たちから得たさまざまな質問紙への回答は、総じて先行研究で述べられている傾向と一致していた。直接的な議論や自己主張をする者がいたとしても、質問紙調査によるとそれはその個人の傾向であって、その文化の典型ではないと記述されていた。さらに、どの程度直接的で批判的であるべきかという点について、東ヨーロッパ出身者と東・東南アジア出身者の質問紙調査の回答と比較すると、彼らはまったく逆の考え方をしていることが確認できた。考え方の違いのせいで意図がひどく誤解されたりマイナスに評価されてしまうケースとは、まさしくこのような場合なのである。このような場面でこそ多文化社会と異文化間コミュニケーションに関しての意識づけと技能が不可欠となる。

　同時に、あらゆる大陸の出身者がさまざまなグループで話し合ったこのデータサンプルの中には、コミュニケーションの破綻や不和の例がほとんど見られなかった。この事実は、今後に明るい希望を与えてくれる結果である。また、ことばが十分ではないにもかかわらず、さまざまな背景をもつ参加者が意見の対立を仲裁したり防止しようとした技量にも将来の期待がもてる。先行研究の中には異文化間コミュニケーションに関して暗く悲観的な考えを示すものもあるが、本書の結果は前向きな展望を示してくれるものである。

8.5　まとめ

　コミュニケーション・スタイル全般に関しては、コンテクストによっては先行研究とは異なる振舞い方がいくつかあったものの、その一方で、先行研究で示されたコミュニケーション・スタイルと一致している例も多く見られた。事例によっては、それぞれの文化集団の人数が十分ではなかったために仮説しか示せなかったものもある。それでも、東アジア、東南アジアの出身

者と東ヨーロッパ出身者に関してはいくつか明らかになった点がある。

　データ・サンプルの中の東／東南アジア出身者（計46名）は、彼らの文化の典型と考えられてきた寡黙で控え目なスタイルを実際にかなりの割合で用いていた。彼らは自分の意見を述べるために、帰納的な談話の構成を多用し、それは反対意見を述べる時に特に顕著であった。そして総じて短いターンを取り、ターンが重ならないように話していた。話題に関心がある時や話に夢中になっている時、また不同意を述べる時は、話す順番が決まっていない自由参加型の議論に加わることもあったが、全体的には他の文化集団よりも融和的な話し方をしており、他の人達の意見が衝突している時には仲介役をつとめることもあった。彼らの振る舞い方が一般的に考えられている特徴と一致しなかった場面とは、意見や不同意を述べる場面である。男女ともに、自分の意見、時には反対意見も主張し、グループの他の者に逆らってもその意見を貫いていた。さらに、グループAのリ・ドンが見せた強く攻撃的な不同意は一般的なものではなく例外的なものであったが、他にも直接不同意を述べた者はかなりいた。この結果からはっきりとわかることは、コンテクストを考慮に入れることが必要不可欠であるということである。彼らのこのような振る舞いは、第2章で詳しく述べたように打ち解けた上下関係のないコンテクストで起こっている。さらに、議論の中のいくつかのコメントから、彼らは、今回の会話の中では権威者の立場にある教師から意見を述べるよう促されたことを意識していたことがわかった。また、オーストラリアでは誰にでも意見を述べる自由があると期待していたことも明らかであった。また前にも考察したように、言語の技能が十分ではない学習者は、はっきり不同意を表明する傾向が強いという点も忘れてはならない。話の中身に集中しながら同時に不同意を和らげて述べるには、非常に高いレベルの言語の熟達が必要なのである。実際、非常にはっきりと不同意を述べた参加者の中には、質問紙の回答では、他者への不同意は避けるか間接的に述べるべきだと答えた者がいた。このことから、もし彼らが英語に熟達していれば、不同意を和らげて述べたり、より間接的なストラテジーを用いて意見を表明していたと思われる。

　43人の東ヨーロッパ出身者のコミュニケーション行動も、先行研究で彼らの文化の典型として描写されてきたスタイルとおおよそ一致した。自発的で理屈っぽいのが彼らのスタイルである。彼らは自分の考えを力強く述べ、

トレーニングを受ける前には不同意を和らげて述べる者はほとんどいなかった。多くの者が長いターンを用いて自分の意見を説明したり、その根拠を述べたりしていた。しかし、Clyne が彼のデータの中で指摘したような、話があちこちに飛ぶ例や脱線したりそれる傾向はこのデータの中ではほとんど見られなかった。それは、今回のデータの中の発話行為のタイプが、Clyne のデータのものとは違っていたからであろう。つまり、このデータの参加者は意見を述べてそれを正当化することや、相手を納得させることに没頭していたために、直接的で演繹的な話し方が最も効果的と考えた可能性がある。彼らの質問紙の回答は先行研究の記述と明らかに一致していた。地位や面子に気を遣わず自分たちの意見を自由に述べる権利を、他のどの集団よりも強く擁護していた。長年の授業の中で多くの会話を観察して得た筆者の個人的な所見は、この調査で裏づけられたといえる。つまり、これらの二つの文化的集団は両極端にあり、この集団の間では深刻な衝突や誤解が生じる可能性があるということである。東ヨーロッパ出身者はアジア出身者の気分を害したことに気づかない可能性がある。気分を害されたアジア出身者は黙りこんでしまい、以後その人との接触を避けるからである。

　南アジア出身者はこのデータの中には 14 名しかいなかった。そのため、彼らに関して何らかの一般化を行うことは難しい。会話に積極的に参加していた男性たちには、先行研究で指摘されたとおりのスタイルが見られた。彼らは意見を述べる時には、たとえそれが相手に異議を唱えるような意見ではなくても、帰納的な話し方をすることがあった。そのため、彼らの話し方は文脈に依存し、聞き手が自分で必要な前後関係を補って解釈しなくてはならない話し方であった。ターンは長く、形式を重んじた格式ばった官僚的なことばを用いた。これらの文化出身の女性は人数は少なかったが、そのコミュニケーション・スタイルの主な特徴として、非常によく話し、他者との発話のオーバーラップや同時発話を気にしない傾向が見られた。時には、一つの意見に対して賛成と反対の両方を述べることもあった。先にも述べたように、このような多弁さや同時発話は、くだけた雰囲気の上下関係のない場面でのみ見られるものかもしれない。その証拠に、このような特徴は参加者全員が女性のグループで特に顕著であった。質問紙への回答では、これらの参加者は総じて地位が上の人、特に年齢が上の人に対して不同意を述べるべきではないと考えていた。しかし、他のアジア出身者に比べると面子や直接的

な批判はあまり気にしてはいなかった。

　本データではラテンアメリカ出身者も少数であったが（計15名）、彼らに関しては一つだけ一般化できる点がある。それは、女性が皆、高度にかかわり合うコミュニケーション・スタイル（high-involvement style）を用いていたことである。具体的には、非常によく話し、しばしば協働的に（collaboratively）発話をオーバーラップさせていた。しかしこの傾向は、このサンプルの男性5人には当てはまらなかった。彼らは皆、短く一人ずつ話者交代しながら話し、非常に直接的で他の話者とオーバーラップすることも無かった。その理由として考えられることは、英語の文化圏でも男性は女性ほど発話をオーバーラップさせないと考えられていることから、他の文化にもそれが当てはまる可能性があるということである。もう一つの可能性は、男性達はこれらの議論を人づき合いにかかわるものというよりも、仕事に関係するものと解釈したのかもしれない。そのために、自分たちの話し方を、多文化の職場にふさわしいスタイルに適応させた可能性がある。質問紙に答えた男性二人の回答が高度にかかわり合うスタイルと一致していたことからもそれがうかがえる。この会話サンプルの男女はいずれも非常に自己主張が強く理屈っぽかった。しかし多くの場合、話し方は暖かく表現豊かで他の人を受け入れるものであった。質問紙の回答では、ほとんどの人は率直に不同意を表明することができると答え、面子にこだわるよりも自由に表現することのほうが大切だと考えていた。しかし彼らのコメントを見ると、このような意見は彼らの文化の中でも現代的で教養のある人の考え方であって、より伝統を重んじる人にはこれが当てはまるわけではないことがわかる。

　中東出身者も14人と少なく、その話し方を一般化はすることはほとんどできない。これらの参加者のいく人かのコミュニケーション・スタイルは、明らかに彼らの母語であるアラビア語で好まれるスタイルを反映したものであった。つまり、時に間接的で帰納的な話し方をし、同時に強く他を圧倒するような主張、繰り返し、平行構造を用い、また、劇的で情緒的なことばを用いて主張を述べるというものである。しかし、それ以外の者にはこのような特徴ははっきりとは現れていなかった。おそらく、彼らは異文化間の集団と交流するうちに、すでに話し方を修正していたのであろう。彼らの質問紙の回答によると、非常に多くの者が自分の意見を率直に言うことができるし他者に不同意を述べることもできると考えていた。しかし、中には、見知ら

ぬ人や目上の人に対しては話し方を和らげると答える者もいた。また、直接的な批判や不愉快なことは避けるべきだと感じる者も6人いた。

　他の三つの文化集団に関しては、その人数があまりにも少なく（5人以下）非常に不正確な解説しか出来そうにない。また、いずれにせよ彼らのコミュニケーション行動について目立って一般化できるような傾向はあまり見当たらなかった。南ヨーロッパ出身者は主に女性であるが、そのうち数人は他の者以上によく喋り、積極的にかかわろうとし、感情表現豊かなスタイルをはっきりと示しており、先行研究の指摘どおりの特徴が見られた。彼らの質問紙の回答では、面子を守り直接的な批判や不愉快なことは回避すべきだという考えにはあまり同意せず、ほぼ全員が意見をはっきり述べることに賛成し、不同意を述べることも可能であると答えていた。5人の西ヨーロッパ出身者は、そのうちの四人が女性であったが、彼らは誰もが直接的で自己主張が強かった。三人のアフリカ出身者は、短いターンを用いた会話やオーバーラップが多い会話では、大きな集団の中で黙りこんでしまう傾向があった。しかし話すようにと促されると、長めのターンを取って、どちらかというと改まったことばで話す傾向が見られた。西ヨーロッパ出身者二人とアフリカ出身者一人がコミュニケーション行動の価値観についての質問紙に回答したが、それらの回答は彼らが実際に議論の中でとった行動と一致していた。

　最後に、これらの会話に参加していた英語母語話者は、オーストラリア英語の母語話者の典型といわれるスタイルそのものであった。つまり発話がオーバーラップすることはほとんど無く、相手の発話がオーバーラップしてきた時は引き下がりがちであった。ほとんど常に演繹的な談話のはこびを用い、そのスタイルは手が込んで感情的なものというよりは、むしろ的確で手段としての要素が強いものであった。さらに全体的には、不同意を述べるときは表現を和らげる垣根表現を用いていた。そして主張するときは、仮定的に述べることで他の意見も受け入れる余地のある話し方をしていた。

　このデータから明らかになった事実は、コミュニケーション・スタイルについての未完成のジグソーパズルにほんの数ピースをつけ加えたようなものにすぎない。しかし、本研究の結果と先行研究の結果を考慮することで、文化集団を少なくとも以下の六つの特有のスタイルに分類することが可能になり、より包括的な枠組を提示することができる。（表8.3）

表 8.3 コミュニケーション・スタイルと文化集団

特徴記述	文化集団
手段重視の・的確な Instrumental / exacting	英語圏文化、北・西ヨーロッパ
自発的・理屈っぽい Spontaneous / argumentative	東ヨーロッパ
積極的にかかわる・感情豊かな Involved / expressive	南ヨーロッパ、ラテンアメリカ
入念な・芝居じみた Elaborate / dramatic	中東
官僚的・文脈依存的 Bureaucratic / contextual	南アジア
寡黙な・控えめな Succinct / subdued	東／東南アジア

手段重視の・的確なスタイル

　これらの文化では、個人の自律性と他者に負担をかけないことを重んじる。彼らはネガティブ・フェイスや、その人の個性の要である「私(I)」というアイデンティティーを重視する。そのために、簡潔で明確で直線的な目的志向のスタイルを用いる。会話の参加者は、演繹的な談話の展開方法を用いて対等の立場で話す傾向がある。そして理性的で客観的な話し合いや議論を重視する。短く一人ずつ順に話すターンを好み、オーバーラップは避ける傾向がある。

自発的・理屈っぽいスタイル

　この文化では、率直さ、自発性、親密さを非常に重視する。そのため、飾り気のない直接的なスタイルとなる。人はマイナスの感情や意見も述べることができ、相手を納得させるためには相手の気持ちや反応は気にせず力強い主張をする。自分の意見を十分に述べる必要があるため、長くオーバーラップせず、一人ずつ順に話すターンが好まれる。

積極的にかかわる・感情豊かなスタイル

　この文化では、暖かい感情的な表現の豊かさが重視される。一方で、他者のポジティブ・フェイスを守ることに関心がある。そのため、議論を行って

いる際の彼らのコミュニケーション・スタイルは情緒的で文脈に依存しており、協働的なオーバーラップが見られる。そして、情報を展開する際に話が脱線して逸れることも多い。

入念な・芝居じみたスタイル

　この文化では、和とポジティブ・フェイスが重視される。そしてそれは、情緒的で文脈に依存したスタイルを用いることで達成される。このスタイルでは長いターンを取ることが好まれ奨励されている。内容以上に、言語形式が重要である。相手を納得させることがコミュニケーションの重要な目的であり、そのために大雑把な主張、大胆な一般化、感情豊かな隠喩や直喩等を用いた芝居じみた修飾、リズミカルな語の繰り返し、平行構造が用いられる。

官僚的・文脈依存的スタイル

　この文化も和とポジティブ・フェイスを重視する。そして、それは情緒的で文脈に依存したスタイルを用いることで達成される。つまり、内容よりも形式を重視し、改まった官僚的なことばや多くの繰り返しや帰納的な談話展開を用いた長いターンが用いられる。物事を両面から考えるため、一つのターンに同意と不同意の両方の内容が述べられる。

寡黙な・控えめなスタイル

　これらの文化は、和、謙遜、服従を重んじ、ポジティブ・フェイス、特に社会的面子を重視する。そのためには、否定的な感情を隠して不快なことを避ける。会話では地位が重視され、多くの場合敬意を示し、間接的でなくてはならない。人は意味を推察するよう求められる。ターンは短く、人は寡黙である。ただし、あからさまな不同意を避けるために帰納的な情報の展開や融和的な話し方が用いられたときには、それは当てはまらない。話し方や言語使用の技量はあまり重要とは思われていない。沈黙があっても気にならない。

　先に述べたように、この枠組の中で、本データの参加者たちのコミュニケーション行動に基づいた部分はほんの一部である。枠組をさらに明確にす

るために他の研究の結果も取り入れている。しかし、本データの談話の分析と質問紙調査の結果から、以下の点を強調することができる。つまり、これら六つのスタイルは、中には類似したものもあるものの互いに明確に区分できるものであり、そのため、異文化間コミュニケーションのトレーニングに効果的に利用できるものであるということである。コミュニケーション・スタイルについての調査がほとんど行われていないために、この枠組に含めることができなかった文化も当然沢山ある。また、この六つの分類のいずれにもぴったりと当てはまらないものもあろう。たとえば、西ヨーロッパは英語圏の文化と同じ分類に含まれているが、フランス語のコミュニケーション・スタイルは南ヨーロッパのものに近いかもしれない。それでもこの枠組は、これまであらゆる文化を説明するために使用されてきた、たった二つのスタイル区分よりは、はるかに包括的で有益である。

第9章　コミュニケーション能力の養成
異文化間コミュニケーションと言語文化コミュニケーション

9.1　どのような能力が教えられるべきか

　この章では、本書が見てきたような場面（訳注　あまり力関係が意識されない、比較的同質の参加者同士の会話場面）や、その延長上にある学校や職場において、コミュニケーションを成功させるための能力は何であるかを概観し、そのような能力が発揮されている会話データを検証する。そのために、異文化間で必要なコミュニケーション能力と、アングロ・オーストラリアの「言語文化（lingua culture）」で必要なコミュニケーション能力の両方について考察する。言語文化というのはFantini (1995)が言語と文化の切っても切れない関係を表わすのに使った用語であるが、それはまた言語能力だけは優れていながら、言語が話される文化については無知な話者の存在への注意を喚起するときにも使われる。この章では一般英語クラスの会話データではなく（一般英語クラスでもうまく運んだ会話は多くあったが）、英語のレベルが高く、その意味でより実社会の職場での会話に近いと考えられる就職向け英語クラス（EPE）の会話を取り上げた。実際EPEクラスでは授業の一環としてインターンシップが取り入れられており、インターンシップが採用のきっかけとなった受講者もいる。

　オーストラリアでコミュニケーションを成功させたいなら、非英語母語話者はまず英語母語話者であるオーストラリア人が、何をもって英語でのコミュニケーションが成功したと考えるのかを知らなければならない。また同時に優れた異文化間コミュニケーターとなる必要もある。オーストラリアの企業の人事選考担当者に対して行った調査では、人とコミュニケーションがとれ、良好な人間関係を結べることが採否決定の重要要因と考えられていることがわかったが（Hogarth 1995）、オーストラリアでは当然英語母語話者のオーストラリア人が意思決定をすることが圧倒的に多いので、まずオーストラリア人がどのような人をコミュニケーションのとれる人と考えているのか

を知る必要がある。また、ほとんどのオーストラリア人はいまだに自分たちの文化の物差しだけで判断するため、自分の基準に合わない応募者の言動を文化的原因による相違であるとは思わず、個人の資質と考えてその人物を否定的に評価しがちである。しかし、このグローバリゼーションの時代にあって、オーストラリア国内でも、ましてや海外に出て行くオーストラリア人にとっても、異文化間コミュニケーターとなることはもはや必須である。このような状況において、英語教師が学習者に英語母語話者が好むコミュニケーション・スタイルを教え練習させる目的は、英語母語話者モデルの押しつけではなく、学習者が必要に応じて、英語母語話者式のコミュニケーションをしたいと自分で判断した時に、それができるような能力をつけてやるところにある。さらにそれは教師自身もまず異文化間コミュニケーション能力を学び、練習する必要があることを意味する。幸いにも異文化間コミュニケーション能力と英語文化コミュニケーション能力は、これから見ていくように、お互いに重なりあうものが多い。

　それでは効果的な異文化間コミュニケーションを成立させると考えられる能力とは何なのだろう。この問題については、これまでに非常に多くの研究が行われてきた。たとえばイギリスやアメリカでは、外国語教育の中で取り入れられるべき異文化間コミュニケーション能力について議論が重ねられ、能力の項目リストが作られている (Byram 1997、1999、Lambert 1999)。いずれの研究も、外国語の学習そのものが、異文化間コミュニケーション能力に自動的に直結するわけではないことを指摘している。他の研究、特にアメリカでは言語教育分野以外でもかなり広義に異文化間コミュニケーション能力に関する研究が進められてきている。この研究分野を概観した Martin (1993) によれば、この分野ではコミュニケーション能力を三つのレベルに分けて考えるとしている。まず一つは、ことばのやりとりを統制する文化・社会および人間関係のルールを理解するという、認識や行動原理に関する上位のレベル、次にさまざまな種類の言語行動 (たとえば、主張の仕方や、同感の表わし方といった会話の運び方) に関する中位のレベル、そして会話への割り込みや視線といった、行動のレベルである。異文化間コミュニケーション能力研究において難しいのは、ある文化に特化される事項と、文化普遍的な事項との関係を見極めることだろうと Martin は述べている。

　普遍か個別かの関係を見極めるのは、実際難しい。コミュニケーションを

成功させるためには場面の状況が大きく関係してくるからである。コミュニケーションが行われた場面や状況を考慮することなくして、実はコミュニケーション能力を査定することはできない。ある場面でうまくいった言語行動も、別の場面ではうまくいかないかもしれない。その場面で適切でかつ効果的であるということは、場とコミュニケーションがその状況で期待されていることに合致し、会話参加者が望む結果を得るということである。とはいえ、多くの状況や場面に適用できる、汎用性の高いコミュニケーション能力もある。Clyne (1994: 195) は Grice (1975) の協調の原理に普遍性をもたせるために修正を加えたが、その中の4番目の格律の様態 (Manner) を次のように変えている。

『調和、慈善、尊敬のような人間の尊厳にかかわる文化的価値観や、その文化のポライトネスに反しない限り、自分が伝えたい意図を明確にする。』

そして彼は異文化間コミュニケーションを想定して、第5番目の格律を付け加えている。

『会話の中で自分が何かを言おうとする時、相手のコミュニケーションの意図について、自分が知っていることや、予測できることを考えなさい。』

また Clyne は、異文化間コミュニケーションに長けた人というのはできるだけ文化を排除した言い方を選択し、誤解が起きそうな場合にはどんな質問を発してそれを防ぐのかを心得ている人であると述べている。

異文化間コミュニケーション能力のトレーニングのためには、言語や会話と密接に関係しているスキルやアプローチに限定するとよい。Bowe & Fernandez (1996) によるハンドブックには能力がリストアップされていて役に立つ。*English and the Multicultural Team – A Collaborative Approach*（『英語と多文化チーム―協働的アプローチ』）と題されたビデオに付随するこの本は、複数の文化が入り混じっているオーストラリアの工場内での会話データの研究に基づいて書かれている（そこには Clyne (1994) のものも含まれてい

るが)。この研究は「英語能力が低い者同士でもうまくコミュニケーションを運ぶ方策や、アプローチを明らかにした」(Bowe & Fernandez 1996: 2)と同時に、より優れた英語能力をもつ側が、英語のあまりできない職場の同僚の英語能力向上のためにどのように補助できるか、または何をしてはいけないかをきちんと述べている。

　Bowe & Fernandez は六つの方策をリストアップしているが、その第1は協働 (collaboration) である。協働とは、聞き手と話し手がいっしょになり、伝えられるメッセージを確認するという作業である。話し手は言いたいことを短く区切り、間をおいて相手の応答を待ちながら、話をする。聞き手は繰り返しという手段で情報を確認しながら誤解を排除し、意味がよくわからない場合は聞き返しをする。第2の方策はよいチーム精神 (a positive team spirit) を築くことである。そのためには指示や頼みごとの際には言い方を柔らかくし、たとえば間接的に言ったり、協力をお願いするという言い方をする。対立も避けなければならないし、文化的要因にも気を配り、苦情にはポライトネス・ストラテジー(間接的表現や説明の付加)を用いる。第3の方策は文化の違いに敏感になるということである。これはそれぞれ文化には異なる価値観があることを認識し、それがコミュニケーションの仕方に影響を及ぼすことを忘れないということに他ならない。たとえば饒舌をよしとする文化もあれば、それを厭う文化もあるだろう。第4の方策は話者交代(ターン・テイキング)に関してターンが一方的にならないようにするということである。特に、話し手が言いたいことを言い終えるまで待つようにする。方策の第5は複雑な語彙や文法をできるだけ使用せず、わかりやすい英語を使うということである。第6は文法上で誤りのある、いわゆるフォリナー・トークをしないということである。Bowe & Fernandez は、これまでの研究から非英語母語話者にわかりやすいようにと思って動詞の語尾変化を落としてしまったり、前置詞を使わなかったりすると、非英語母語話者には余計にわかりにくくなることが明らかになったと言う。非英語母語話者はお手本となる英語のインプットが必要なのに、これでは効果は逆になってしまうということである。

　Byrne & FitzGerald (1996: 110–112) も方策をリストアップしているが、これは *What Makes You Say That? Cultural Diversity at Work*(『どうしてそんなこと言うの？ 職場における文化の多様性』)というビデオに付随する本に掲載

されている。そこでは異文化間コミュニケーション・スキルを「多くの状況で使える」ものと「相手の英語能力があまり高くないとき必要な」ものという、二つのグループに分けたが、どちらのスキルも英語母語話者、非英語母語話者の両方に有益なものとなっている。Bowe & Fernandez の六つの方策に加えて、Byrne & FitzGerald は次の方策を新たに付け加えた。

- 理解を妨げていると感じる文化の違いを口に出して、オープンにする。
- 誤解があると思ったら、同じ言い方をせず、ことばを変えて内容を繰り返す。
- 相手が自分と世界観を共有しない可能性を認識し、自分がなぜそう言ったのかという、自分のことばの背後にある意図を相手に明らかにする。
- 情報のまとめ方、言いたいポイントの強調の仕方には自分が慣れている方法とは異なる方法があることを予見する。
- 会話の間があくのを避けるために、言いたいことがまだ終わっていないときはフィラー (filler) を使うようにする。
- 否定的なことは、文化的に適切な範囲で柔らかく言う。

その本の後半の部分 (訳注　相手の英語能力があまり高くない時のもの) には次の点も含まれている。

- 意味的につながりのあるところを切らない。
- 難しいことは別のことばを用いながら繰り返す。聞き手はイエスやノーだけでなく、自分がきちんと理解しているか質問をして確認する。
- 大事なことを言う前には導入の句を忘れないようにする。
- 指示を与えたり、何かの情報を伝えるときには不要な意見を付け加えないで、正しい順序に沿って文を述べる。

これらのスキルを習得するためには学習者が言語と文化の関係、つまり言語は文化を反映し形作ることを知っていること、そしてコミュニケーション方法や文化的価値体系に関する知識をもち、それが異なればコミュニケーションの形式も違うことを知っていることが前提となる。異文化間コミュニケーションのトレーニングコースではまずそのような講義の後に続いて、こ

れらの実践的なスキルが導入されることを想定している。

　英語母語話者と非英語母語話者の会話、または非英語母語話者同士の英語の会話を分析したり、それらを英語母語話者だけの会話と比較する研究も、教えられるべきコミュニケーション能力について考えるのに役立つし、本書のようなデータを分析するときの参考にもなる。英語母語話者だけの会話でも問題は起こるし、確認の聞き返しがあり、誤解がないように注意が払われるが (Schegloff 他 1990)、非英語母語話者が入ることによってさらにその傾向が強まることが指摘されている（たとえば Kasper 1997、Porter 1986、Varonis & Gass 1985）。本書でも会話においての相互間スキル、たとえば会話の運びに注意を払い、確認のフィードバックを発し、誤解が生じたときにはすみやかにリペア・ワークを行うことが異文化間コミュニケーション能力に必須であると結論づける。

　オーストラリアの職場で問題解決を目指した英語母語話者と非英語母語話者の会話を分析した Willing (1992: 1) は、相手の発話の意味とその意図を確認するために人々がよく使用した方法を発見している。英語をリンガ・フランカ（共通言語）とする異文化間の会話ではこれらの方法をうまく使うことは非常に重要なことであろう。Willing によればその相互間スキルとは「認知 (acknowledgement)、方向づけ (guidance)、明確化 (clarification)、修復 (repair)」であった。彼はそれぞれの役割を担う談話標識を最小言語合図 (minimal linguistic cue) と呼び、例をあげている。たとえば 'right' や 'yeah' や、'okay' は相手からの情報の確認に使われたり、新しい情報を受け取ったという意味で使われる。相づちの 'mm'、'hm'、'oh'、や 'really' は、興味を示すのに使われる。方向づけを表すものは 'now' や 'next' であるし、明確化や修復を前置きするものとしては 'I mean' がある。Willing はこれらのことばは人間関係にかかわる暗黙のメッセージを含み、会話を統制したり、話者間の情報の流れを組み立てたりするはたらきがあるという。Willing は、英語母語話者はこれらのことばの本来の意味やはたらきを当然のことながら完璧に知っているが、非英語母語話者はあまりわかっていないことを指摘した。非英語母語話者に知られている例外的な最小言語合図もあるにはある。Willing は 'well'、'yes'、'okay' は非英語母語話者が接する普段の会話の中に極めて頻繁に現れるため分かりやすく、誤解を生むことも少ないものとしてあげている。ただし Willing は非英語母語話者は 'yes' や 'yeah' の使用を英

語での意味、つまり同意を表わすときと情報の確認に限定せず、もっと幅広く自分の母語で 'yes' に相当することばが担う意味で使うことが多いとも指摘した。本書の第4章でも 'yes' に関して同じ傾向が観察されている。

　Willing の論文にはもっと長いフレーズも紹介されている。たとえば 'so you're saying that'（だから、おっしゃっていることは）や 'see what I am getting at'（私の要点がわかりますか）は明確化に使われるし、'what I'm saying is'（私が言っていることは）や 'the most important point is'（一番重要なことは）は方向づけである。ここで注意したいのは、Willing は明確化を意味の明確化と話者の意図の明確化に分けて考えていることである。話者の意図というのはそれを言う話者のねらいは何かということであるが、たとえば 'are you asking me or telling me'（私に依頼しているのですか、命令しているのですか）や 'are you serious'（真面目な話ですか）と聞く場合は、相手の発言の意図を明確にしたいときである。Willing によれば非英語母語話者がこのようなフレーズをよく使う時には、英語母語話者は話をきちんと聞く傾向を示し、したがってコミュニケーション不全が起こりにくくなるという。話者のねらいを誤解の余地もないほど明らかにするには、遂行動詞（'I promise' や 'warn'）を使えばよいが、Willing が言うようにこれらは改まった感じになりすぎたり、唐突な感じをかもし出す。英語母語話者なら、たとえば 'I suggest' と遂行動詞を使うより、'perhaps we could' と言うことが多いであろう。

　Willing が分析した言語の使用の研究でもう一つ重要な項目は、'could'、'would'、'may'、'might' といった法助動詞の役割である。大学や職場の会話において、英語母語話者が当然のこととして期待するポライトネスを教えて学習者を手助けしたいと思っている教師には、Willing の研究結果は特に役に立つ。先にも述べたが、英語は個の自律（personal autonomy）と、他人から指図を受けることを嫌って個の自由を尊ぶというポライトネスを基本にしている。チームや集団で仕事をする時、相手の自律を侵害していないかに気を配ることは、大変重要なことなのである。話し手は、聞き手が己の自律を侵犯されていると感じることがないように気をつけねばならない。たとえば、チームワークが必要になる事柄を提案する時は、全員を包含する「われわれ」という言い方を選択し、その提案が決定的なものでなく、あくまで「皆の賛同があれば」というような「仮り」の提案であるという含みをもたせた

言い方をしたほうがよいのである。集団の議論で重要なスキルの一つは、自己主張が前面に出る言い方を避け、主張を弱めるはたらきをする垣根ことば(hedge)を使い、一方的にアイデアを押しつけられていると相手が思わないようにできる能力である。そのために法助動詞が使用されるが、問題は非英語母語話者はそれがうまく使えないことである。Stubbs (1986: 22) はこれらの法助動詞の使用を「悪名高き問題(notorious problem)」と呼んだ。

　主張が前面に出ないようにするために 'I think that'、'I suppose that'、'I doubt that' といった遂行動詞を使ったフレーズで文を始めたり、'in my opinion' を付けたりしてもよい。このようなフレーズを伴って発せられる意見は、「あくまで自分の」意見という意味が明らかになるため、押しつけ度が低くなるのである。Willing のデータでも本書のデータでも(この章のデータを含めて)、非英語母語話者はこれらのフレーズを比較的頻繁に使用している。しかし、やはり法助動詞の使用はあまり無かった。

　法助動詞は「個人的には」という意味合いを示し、話者と聞き手の相互間のポライトネスに作用するが、Willing のデータを見るとかなり高度な英語をあやつる非英語母語話者でも、法助動詞をその意味ではほとんど使わないことが明らかになっている。Willing は職場における問題解決を目指した話し合いでは「予測を述べて、原因や解決などを仮定し、それらの類似性や重要性を判断する」過程が欠かせないにもかかわらず、非英語母語話者は仮定、予測、可能性の法助動詞を全くと言っていいほど使わなかったと指摘した。法助動詞の使用こそ英語能力の高い非英語母語話者が使う英語と、英語母語話者の英語を分別する唯一の項目であり、使わないことで非英語母語話者が多大な不利益を被る重要項目であると Willing は断じている (Willing 1992: 124)。Willing (1992: 87) は法助動詞のかわりに非英語母語話者が好んだのは、意味をあいまいにする maybe であったとした(非英語母語話者による maybe の使用は英語母語話者の 6.8 倍にもなったとある)。

　また法助動詞によって表わされるような強調や弱めの意味を、非英語母語話者は 'maybe' の他に、'certainly'、'perhaps'、'probably'、'actually' 等を用いて表現することがあると Willing は述べている。スペイン語話者(成人男性)が英語母語話者と話している会話を分析した Porter (1986) も同じような結論に達した。スペイン語話者は主張を客観化する 'seem' を全く使用せず、その他の垣根ことば(hedge)の使用もほとんどなかった。Porter の報告

では垣根ことばとして使われた語彙形はわずか四つ、'I think'、'perhaps'、'maybe'、'for me' で、あとは付加疑問的な 'you know'、'right?'、'no?' の使用という結果であった。

　Willing はまた、特に何かを提案する場面で、その他の慣用的な間接ストラテジーを使う重要性についても説いている。たとえば、'how about'、'why don't we'、'do you want to'、'perhaps we could' や 'I was wondering if' を使えば、包含的な言い方（'we' で相手を含めている）になるし、相手への押しつけが低い言い方になる。他にも 'I don't know'、'I'm not really sure'、'I'm probably wrong but' と前置きしたり、'we could try X, couldn't we?' といった付加疑問形も仮定的で包含的な言い方である。

　Loveday（1982）が Bublitz（1980）を参考にして作ったソフナー（訳注　主張を和らげる表現：原書には softening devices とあるが、ここではソフナーと呼ぶ）のリストには発話の際に相手の名前を入れること、'just' や 'well' の文中への投入、'Do you think?'、または 'As far as I am concerned'（私に限って言えば）などの意見の疑問化や、個人化をはかることで意味を限定するフレーズを使うことが含まれている。Loveday は英語文化圏ではこのようなソフナーの使用なしでは、決して良好な人間関係を築くことはできず、ソフナーを使わないと相手から傲慢で失礼で冷たい人間だというような評価を受けてしまうことを強調している。Loveday は、英語圏の子どもたちが言語習得の早い段階でソフナーを使い始めるのは、ソフナーを使えば自分の欲しいものが手に入りやすいからであると指摘した。しかしながら前にも述べた通り、ソフナーの使用は英語圏独特の文化的価値観に基づくものなので、ソフナーを習得するということは、英語文化以外の文化背景をもつ人にとって母語文化の価値観を無視したり、母語で慣れ親しんでいる話し方を大きく転換させることになるかもしれない。ソフナーに限らず、会話の展開方法、感情の表わし方、対立やターン・テイキングなどにもそれが当てはまるかもしれない。

　そのために、英語文化に堪能になるような教育をしようとする時、英語教師はジレンマに陥るのである。英語教師は、第二言語としての英語教育が陥りがちな、文化の同化（Williams 1995: 21-24）になってはならないと考える。一方で非英語母語話者が英語母語話者とうまく渡り合えるための情報やスキルを教えたいと思う。それに加えて、オーストラリア国内に四人に一人

の割合の 100 以上にわたる非英語圏の文化背景をもつオーストラリア人とうまくコミュニケーションをとることや、グローバル化の中でオーストラリア国外で接触する非英語母語話者とのコミュニケーションの必要性を考えると、異文化間コミュニケーションのスキルも教授しなくてはならない。同化か否かという問題は、異文化間コミュニケーションのスキルを教えることよりももっと根本的なものであり、教師のジレンマに答えを出すのは難しい。英語文化のコミュニケーション能力を教えるということの究極の目的は、社会で優勢の基準に押し込めることではなく、第二言語および二文化併用を促進することであり、その学習は減算でなく加算でなければならない。学習者は、母語式か英語式か、どちらのコミュニケーション・スタイルをとるのかを自ら選択できるように、知識とスキルを与えられなければならないということである。

この点に関して Wierzbicka (1997: 119–121) は「バイリンガルの二重生活 (The Double Life of a Bilingual)」と題された論文の中で、彼女自身の興味深く示唆に富む選択の経験を書いている。Wierzbicka は自分の母語と新しい言語の話し方の違いに気づけば、新しい文化で否定的に取られてしまう母語の特徴を変えることができるという。しかし一方で、どうしても自分に馴染まない時は、変えない選択があるとも書いている。彼女はアングロ・オーストラリア社会で機能するために変えなくてはならないと感じたことを、「新しい自分にならなければならなかったが、従来の自分を『裏切り』たくないという思いがあった」と説明している。アングロ的な話し方を学んで「自分が非常に豊かになれるが、今までの自分が消えてしまうかもしれない。」Wierzbicka は選択的に話し方を変えることによって、新しい自分と今までの自分のバランスが取れるようになったのである。

彼女は英語で話すときは、落ち着いて (calm down)、あまりきつくなく (less sharp)、直接的でなく (less blunt)、興奮せず (less excitable)、極端でない (less extreme) 判断をして、如才ない (tactful) 話し方をするようにした。彼女の母語のポーランド語の特徴的である大げさな話し方の代わりに、アングロ的な控えめな言い方を覚えなければならなかった。そのためには意見を述べるときは断定的で感情的になったり、けんかを仕掛けているように聞こえる言い方を改めなくてはならなかった。Wierzbicka が英語でもポーランド語のように話していることに気づいたのは、英語母語話者の学生たちが書いた授

業評価のコメントによる。そこには彼女の授業に対する熱意を評価しながらも、感情を込め過ぎであるとか、客観性を欠くとか、情熱的だとする批判がしばしば書かれていたのである。

Wierzbicka (1997) はターン・テイキングに関するアングロ的規則（「まだ話し終わってない」「わたしが話し終わるまで待って」などという会話の相手からの反応を受け取った経験から）も学ばなければならなかったし、日常会話の中で 'Do X!' というポーランド語なら普通に使われる命令形はだめで、かわりに 'Would you do X?'、'Could you do X?'、'Would you mind doing X?'、'How about doing X?'、'Why don't you do X?'、'Why not X?' といった、押しつけが軽減される一連の疑問形での依頼の仕方を覚えなければならなかったと書いている。

しかしながらアングロ的な会話の規則に従うにしても限界があったと言う。それは彼女にとっては 'how are you?' ― 'I'm fine, how are you?' という白々しく聞こえることばのやりとりであり、天気に関する意味もない会話であり、いわゆる英語のスモール・トークといわれるものであった。また彼女は英語の定型表現である 'pleased to meet you' や 'it was nice to meet you' も使わない。なぜならそれらは相手に対して、話者の心から沸き上がったことばではないのに、「あたかもそうであるようなふりをしている会話」だからだと言う。彼女はこのリストを次のように結んでいる。「アングロ的な会話の規則の中でも使えるようになり、お気に入りになった、たとえば反対意見のときに単刀直入に 'No' というのでなく 'I agree, but on the other hand...'（おっしゃることには納得できますが、しかし…）という前置きをする表現などもある。」

Wierzbicka の個人レベルの経験を Clyne (1985、1994) はもう少し一般的な言い方で示している。彼は非英語母語話者が英語母語話者のようなコミュニケーション行動をとることが、もともとの自分の文化価値体系を変更するだけでなく、自分自身の心理構成も変えてしまう可能性を指摘した。しかし彼は、高い英語コミュニケーション能力がなければオーストラリアで社会的な力をもったり、情報を手に入れることができないことから、一般的なオーストラリア英語、すなわちアングロ的英語コミュニケーション規則を習得することが、外的動機として必要であることも認めている。ただしアングロ的英語コミュニケーション規則の習得は、非英語母語話者のアイデンティ

ティーを変えるほどであってはならない。学習者にはあくまで選択肢がなければならないのである。このことは学習者がどちらのコミュニケーション・スタイルを取るのかを自らが選べるように、その違いについてきちんと教えてもらう必要があるということを意味している。そのための英語教育は二文化主義を目的とするのであって、文化の同化を達成することではない。さらに Clyne は二文化主義や二言語併用は社会経済的な優位性をもたらすだけでなく、心理的にも優れた資質をもたらすと考えている。学習者側は自分の言語以外の言語使用の規則を学び、逆に自分の言語運用のスタイルが英語母語話者にどう解釈されるかを知る必要がある。英語教育は、自文化と学習している英語の間に自分を置くための第3の場所を見つける手助けをすることだと信じている研究者もいる (Crozet & Liddicoat 1997、Kramsch 1993、Liddicoat 1997)。どのようなコミュニケーション能力を教えるべきか、それらを教える目的は何であるかに関して英語教師がジレンマを感じるとき、以上のような研究や結論を知ることは答えを出す上で大いに助けになるだろう。

　オーストラリアで専門職や管理職に就く移民たちに必要な社会文化的能力に関する研究でも、やはり英語文化特有の話し方について訓練する必要性が示されている (Mak 他 1999)。香港からの 100 人以上の移民を対象として行った調査では、そのうち3分の2が自らの職能技術をオーストラリアで活かそうとする際に最も大きな障害となるのが、自分がオーストラリアの文化と社会を知らないことであると回答した。その中で頻繁に出てきた意見は、異文化間コミュニケーションのための何らかの訓練が必要であるというものであった。Mak と共同研究者たちによると、職場や社交の場で役に立つ重要なコミュニケーション能力は、意見やアイデアをきちんと発言できるようになることである。

　最後に、英語文化特有のコミュニケーション能力を教えることに関しては次の議論もある。英語文化特有のコミュニケーション能力の中には、他の言語文化にも共通に存在するものもあり、またそれらは同時に異文化間コミュニケーション能力でもあるので、その共通の特徴を知ることが学習者のためになることがあるということである。たとえば英語では断定や対峙を避ける言い方をすることを教えることは、Clyne (1994) の言う「できるだけ文化的に中立的な物言いをする」という異文化間コミュニケーション能力に通じる

ものであり、学習者にとってなじみのある話し方である可能性もある。第8章でも触れたが、もともとそのような文化をもつ人が往々にして失礼な英語を使うのは、文化的な価値観の相違によるのでなく、ましてや人間性によるものでもなく、単なる英語能力（英語の話し方の知識）の欠如であるかもしれない。Gudykunst 他（1988）によると高コンテクストのコミュニケーション・スタイルでは 'maybe'、'probably'、'somewhat' や 'rather' などの語彙を使い、断定を和らげようとするとしている。同じく Ting-Toomey（1994）も集団主義文化の人は、対立する場面では付加疑問文、間接的依頼文、'perhaps' を典型的に使い、断定的な言い方をしないようにするとしている。Gudykunst や Ting-Toomey が高コンテクスト文化とか、集団主義とよんでいるのは明らかに東アジアおよび東南アジアの文化を指していると思われるが、それらの文化圏の学習者は英語で断定を避ける言い方を学ぶことで、自分の文化との共通項を知りほっとするであろうし、英語母語話者も同じような話し方をするのだと考えることで、英語への抵抗感が和らぐに違いない。これとは逆に、直接的な物言いや対峙を尊ぶ文化に属する人たちが英語の非断定的な話し方を学ぶと、自文化的な話し方を英語ではしなくなるということが指摘されている。実際 Bowe & Fernandez（1996）は異文化間コミュニケーション能力の一つの例として、指示や依頼を柔らかく言うという項目を入れている。

　今回分析したクラスの受講者に対して異文化間コミュニケーションの訓練を行ったのは、クラスを終了した受講者たちが、オーストラリア英語の母語話者のみ、または全員でなくとも大半が英語母語話者という職場で仕事を遂行するための準備でもあった。実はオーストラリア英語というのは他の英語種と比べても、押しつけがましい話し方を嫌う傾向があることを示す研究がある。たとえば Beal（1994）は、フランス語話者とオーストラリア英語話者の職場での英語会話を分析し、オーストラリア英語にはある明らかな特徴が見られるとした。Beal がオーストラリア英語の特徴としてあげたものは、Cross-Cultural Speech Act Realization Project（CCSARP）として知られる研究の結果と似たものであった（Blum-Kulka 他 1989）。CCSARP にはオーストラリア英語、アメリカ英語、イギリス英語、カナダ英語、デンマーク語、ドイツ語、ヘブライ語の母語話者（男女の成人）のデータの比較があるが、この六つの言語の母語話者の話し方の中でオーストラリア英語が最も間接的であると結論づけられている。たとえばオーストラリア英語話者の発する依頼文

の80%以上が慣用的に間接的な言い方であり、それは状況が変わってもあまり変化しないことが観察されたのである。Bealの研究でもオーストラリア人の上司は部下に対して仕事を要請するとき、「奉仕（service）」であるような言い方を用い、命令や指示を下す言い方を決して取らないことが指摘されている。Bealは、オーストラリア英語話者というのは「過度に躊躇し、自己主張をせず、平等主義的な考え方をする」としている（Beal 1994: 56）。Wierzbicka（1992: 102）も同じようなことを述べている。彼女のことばを借りれば、オーストラリア英語は「よく知られたオーストラリア超平等主義や、人は基本的に同じであるいう考え方」に由っている。オーストラリア英語話者が共有するこのような平等を強調する言語文化があればこそ、学業や職場で成功しようとする人に対するトレーニングの中では、このような特徴が強調されなければならない。

9.2　会話におけるコミュニケーション能力の発達の軌跡

　本書のデータには英語文化のコミュニケーション方法を知ることと、異文化間コミュニケーション能力を伸ばすことが、英語をリンガ・フランカ（共通言語）とした会話における最適なコミュニケーションにつながることを示す証拠が含まれている。データにはトレーニングをする前の英語の会話、若干のトレーニングを受けた後の会話、かなりのトレーニングを受けた後の会話の全てが含まれているからである。この章で取り上げた三つの会話には、それぞれのトレーニングの段階で参加した同一の話者が含まれている。データは就職向け英語クラスの会話で、最初の会話が録音された時点では受講者はトレーニングを受けておらず、2回目の会話の録音時点ではある程度のトレーニングを受けていた。この段階では受講者は文化的価値観の違いがあること、そしてそれはコミュニケーション・スタイルに大きく影響するものであることを学んでいた。従って、コミュニケーション・スタイルで人柄を判断したり、知能を判断する危険性を教えられていた。またコミュニケーション能力のトレーニングも始められていた。3回目の会話の録音までには全員がかなりのトレーニングを済ませており、とりわけ英語文化のコミュニケーションについて「包合性（聞き手も話に含めた言い方）」、「明確化（意味を聞いて確認する）」、「仮定法の使用」、意見や提案の独断的な響きを和らげる

「ソフナー（たとえば法助動詞と疑問形）の使用」を練習していた。そしてこれらの項目がオーストラリア文化の重要な価値観を反映するものであることも学んでいた。この時に使った材料、または使ってみてわかったことを含めてトレーニングの方法及び資料を作成したが、それは補遺3として本書に載せた。

　この章での会話分析には四つの目的がある。第1に、トレーニングをする以前にすでに学習者が身に付けているコミュニケーション能力があるのか（すでに身に付けているものは当然教える必要はあまりない）、そして欠落しているものは何かを観察する。第2に、文化への気づきのためのトレーニングが会話に影響を与えたかを観察する。ここでは、文化への気づきが話者のお互いの文化の違いを具体的に理解させ、文化的価値観の違いにまで意識が及んだかどうかを見る。第3に、このトレーニングがオーストラリアの職場で鍵となる、問題解決のための会話のスキルの獲得にどのくらい有効かを見る。第4に、そしてこれが一番重要なのだが、コミュニケーション能力に関係する言語ストラテジーは教えることが可能であり、話者個人がコミュニケーション・スタイルを選択し意識的に変えることによって、自文化以外の場でも適切なスタイルにすることができることを示す。ここでは異文化間コミュニケーション能力であると同時に、英語文化的コミュニケーション能力でもある「主張や提案には独断的言い方を避けるため、法助動詞を使ったり間接表現をとる」ことに特に注目した。法助動詞や間接表現に注目したのは、過去の研究でこれらがオーストラリアを含めた英語圏文化において重要であるにもかかわらず、非英語母語話者には特に習得が難しいと報告されているからである。このような話し方こそ、文化的価値観を反映し、それを使用できるかできないかが対人関係に多大な影響をあたえることを示す例証となる。同じ話者が異なった段階で2回以上登場する会話のデータがあったために、以上の点を検証することができた。

9.2.1　トレーニング以前：グループH

　最初に見るのは問題5を取り上げ、「エイズ教育」について議論したグループHである。すでに第4章で紹介済みであるが、会話参加者（名前はいずれも仮名）は南アジア出身の男性ゴヴィンダ（Govinda）、東アジア出身の女性ヴェラ（Vera）、東ヨーロッパ出身の男性ミロン（Miron）、ラテンアメリカ男

性のカルロス (Carlos)、それに東ヨーロッパ出身の女性ダナ (Dana) とテレサ (Teresa) の合計6人である。6人は保護者と市民グループにそれぞれ分かれ、中学・高校でエイズ教育を取り入れるべきか、取り入れる場合はどのような内容にするべきかについて決めるというタスクに取り組んだ。グループHの会話はいろいろな点で成功している。参加者がお互いの文化背景を考慮した点、ユーモアやラポールが多く観察された点、出身国での愛と性行為や自分自身の考えに関して忌憚なく議論できた点である。また会話運用に関してもターン・テイキングの偏りがなく、発言が中途で誰かに遮られるということもなかった。後でまた述べるが、このグループは議論の過程で多くのインタラクションがあり、それもコミュニケーションが成功した理由であるようだ。コミュニケーションのつまずきや軋轢もみられなかった。しかしながら、法助動詞や間接表現に関してはその使用は少なく、議論をしてなんらかの結論を出すという問題解決のタスクに費やされる時間もわずかで、最終的にタスクは完遂されずじまいであった。

　相互作用は多かったものの、実際の議論において自分の意見を述べるときに使われた表現は、'I think X should happen' (Xをするべきだと思う) という構文だけであった。仮定構文の使用、法助動詞の使用はほとんどなかった。ただ、あまりトレーニングを受けていないグループが 'We have to do X' や 'We must do X' を多用するのに対して、'I think' と前置きをすることで主張の響きが弱くなったのは確かである。Willing (1992) は 'I think' というような遂行動詞を使えば、それは事実として誰もが当然受け入れる主張というより、個人の意見という意味が出るため一種の垣根ことば (hedge) となるとしている。トレーニング以前でも東ヨーロッパ出身の参加者が 'I think' を多用した事実はWierzbickaの報告と照らし合わせると興味深い。Wierzbickaはポーランド語ではいわゆる「意見」は「意見」として語られることはめったになく、ポーランド語にも 'I think' や 'in my view' という言い方はあるものの、意見を述べるときに使われることはほとんどないという。なぜならば、彼女によれば他の東ヨーロッパ人も同じ考えだが、議論というのは誰が正しいか間違っているか、または何が真実かを主張するものであり、意見の交換ではないと考えるからである。議論についてこのような捉え方をする東ヨーロッパ出身の人たちが 'I think' を頻繁に使ったという本書のデータは、本人は無意識であっても新しい言語を覚えること自体が話し方の違いにつな

第9章　コミュニケーション能力の養成　243

がることを示しているかもしれない。下のグループHのデータの抜粋は、このグループの典型的な議論パターンである。

　話し合いが始まってかなりの時間が経った段階で、ヴェラが間接的にタスクと関連する最初の提案をした。彼女は性行為には避妊具を使うべきだと言い、ある人が安全でない性行為をしてどうなったかという話をした後、以下のように述べる。

グループH：抜粋1

1	Vera:	I think also parents should talk　親も話すべきだと思う
2		to their children about sex　子どもにセックスについて
3	Dana:	Yes first you have to talk to parents　はい　まず親に話をし なくてはいけない
4	Vera:	When they reach a certain age　子どもがある年齢になったら
5		er apart from education　ええと　教育とは別に
6		sex education in schools　学校の性教育

　1行目はこのグループが意見を述べたり、提案をしたりするときに使った典型的な構文である。'I think' で始まり、'should do' が続く。ダナの提案（3行目）は独断的な 'you have to' を使っているが、このグループのデータではこの表現は他にはあまり出てこない。ダナは会話マーカー（interactive marker）の 'Yes' を使い、自分の発言の前にヴェラへの同意、または認知を示しているが、4行目でヴェラはダナの発話に対しては認知も応答もしていない。ヴェラはダナの発話を割り込みとして見ている。そして1行目に始まった自分の発言を4行目から6行目で終えているが、何らかの性教育が学校でなされるべきであることに対して、グループ内ですでに合意があるような話し方をしている。

　この後、話は親が子どもに性の話をするのがいかに難しいかに移っていくが、ゴヴィンダが再度タスク遂行に話を戻そうとする。

グループH：抜粋2

1	Govinda:	(*laughing*) Well but we should not wait　（笑いながら）まあ待たないほうがいい

2		till the generation of my baby　わたしの赤ちゃんの世代まで
3		we have to because the problem　するべきだね　なぜなら問題は
4		is growing up at the moment　今大きくなっているということだから
5		I mean it will grow up so the emphasis　つまり　子どもは大きくなるから強調は
6		should be given as soon as possible　なるべく早くされるべきで
7		and the best way is　最良の方法は
8	**Teresa:**	in school　学校で
9	**Govinda:**	in school yes　学校で　はい
10	**Teresa:**	the education system　教育のなかで
11	**Govinda:**	Yes that's right　はい　その通り
12	**Dana:**	When I talk about parents　私が親と言った時ね
13		I thought that the best way would be　私も思った　ベストな方法は
14		to er teach them at school too　ええ　学校で教えることだと
15		at their children's school in the school　子どもの通っている学校でね
16	**Teresa:**	Yes yes　はい　はい

　この抜粋には相互作用の談話標識が随所にみられる。ゴヴィンダは1行目でソフナーの 'Well' を使用し、5行目では 'I mean' を使って自己修復をして、自分の意見のポイントをはっきりさせようとしている。8行目ではテレサがゴヴィンダのポイントを理解した、という意味で彼の発言を引き継いでいる。Schegloff (1984) が指摘するように、相手の発言をうまく引き継ぐということは、相手が何を言いたいのかわかっていなければできない。ゴヴィンダは9行目でテレサの引き継ぎが正しかったことを認知 (acknowledge) している。テレサは再び10行目で自分が正しく理解していることを、言い換えによって念を押した。この念押しに対してもゴヴィンダは 'Yes that's right' と言って、彼女が正しいことを認知する。ゴヴィンダが 'that's right' と言っているのでこの 'yes' は、認知の意味で使われていることが分かる。13行目ではダナが 'the best way' の前に 'I thought' をつけて断定を和らげている。'thought' と過去時制になっているのは先の自分の意見（抜粋1の3行目）のことを指しているからである。16行目でテレサは 'yes' を2度繰り返して強

く同意を表わすことで、ダナに応えている。この部分は議論の中でやりとりが成功している典型的なものである。しかし断言的な言い方も用いられている（1行目と6行目では何がなされるべきかに関して、7行目と8行目では最良の方法について）。ここでは垣根ことばを使って提案を仮定的にしたり、包括的にしたりすることはなかった。このやりとりの後まもなく、テレサは次のような提案をする。

グループH：抜粋3

1	Teresa:	Maybe we should try to teach　子どもたちに教えるべきなのかも
2		our kids some moral principles　私たちの子どもたちに道徳の基本を
3		like not go to bed with him　たとえば彼氏と寝てはいけないとか
4		so I think that's one of the ways　それも一つのやり方だと思う
5		we should follow　私たちがとるべき
6	Miron:	I think that the main problem's　わたしが思うに一番の問題は
7		if we can make people　人々に
8		not to feel ashamed about it　恥ずかしいと感じさせないようにすること
9		because the problem with AIDS　だってエイズの問題は
10		they feel if they can you know　もし人々が感じればね
11		just er speak up about an illness like that　ええと　そのような病気について話すことができると
12		you know then the problem would be half solved　問題は半分解決したようなものでしょう

ここでも提案をするときに 'I think' が使われている（4、6行目）。ミロンはテレサの提案を認知することなく、内容がずいぶん異なる自分の意見を述べ始める。相手の言ったことをほとんど無視して自分の考えを述べるパターンはこのグループにはあまりないが、他のグループではよく見られるものであった。ただミロンは包括的機能を持っていると解釈できる 'you know' を2回使っている。Kasper (1989) によれば 'you know' は自分のターンをキープしようとしたり、沈黙のフィラーとして使われることもあるが、その主たる働きは集団の和を形成すること、つまり対人関係調節である。Brown &

Levinson（1987）も 'you know' は話し手と聞き手が知識を共有していることを確認したり不確実性を表明するために使われるので、'sort of' や 'I guess' などのただのフィラーとは異なるものとして扱っている。ただしここでミロンが、'you know' を意図的にその意味で使用したのかはわからない。言うことを考える時間稼ぎだったかもしれないし、英語母語話者が 'you know' を多用するのを聞いて、'you know' を使えばより「自然な」英語になると考えたのかもしれない。理由はわからないが、ミロンは話す時、今回の議論の中でも他の議論でも 'you know' を多発していた。また他のグループのメンバー、たとえばグループAのリ・ドンやグループFのジャマルなども頻繁に使うことが観察された。これは英語の能力にかからず、個人が身につける「くせ」のようなものであるようだが、たいていの学習者は使用することは無かった。

　テレサの 'Maybe' の使用（1行目）は提案を仮定とすることで和らげるためであり、これはこのグループのなかでは珍しい用法である。カルロスも同じ 'maybe' を1回使っている。ダナは 'maybe' を1回、'perhaps' を1回使った。しかし会話が1時間以上続いたにもかかわらず、使用されたソフナーはこの2種類のみであった。また議論は上のような提案の出し合いに終わってしまい、タスク完遂には至らなかった。

　一方でやりとりについて言えば、かなり活発であったことは確かである。下の抜粋4でもそれが見られる。ミロンはエイズについて恥ずかしさを感じることなく、自由に話ができるようになることが大切だと述べるのだが、グループの話はそこから広がり、性行為を軽く考える風潮、自分がエイズだとしたらパートナーに告げるか、恥だから黙っているか、愛のない性行為は許されるかについて話し合われる。そのあと抜粋4が続いた。

グループH：抜粋4
1　**Dana**：　　Ah but that's what I wanted to say　　ああ　それがわたしが言いたかったこと
2　　　　　　　You should have sexual contact with someone you love　性行為は愛する人とすべき
3　**Miron**：　Sorry that's your opinion that you should　悪いけど そうすべきというのはあなたの意見でしょ

4		but it doesn't happen like that　でも（現実には）そうならない
5	**Dana:**	Yes I know　はい　わかっている
6	**Miron:**	That's the point I mean the fact is　そこがわたしのポイントなのだ　現実は
7		that it doesn't happen like you say　あなたが言うようにはならない

　ここでは話者交代のたびに新しい話者は前の話者の言ったことを認知する表現を使っているし、6行目と7行目ではミロンが自分の意味をはっきりさせる表現を使っている。3行目の 'Sorry that's your opinion'（悪いけど、それはあなたの意見でしょ）は面白い表現である。英語母語話者は、不同意の衝撃を緩和させたい時この表現を好んで使うが、ミロンは不同意することが許される文化圏の出身である。これは第二言語を使う時は、第二言語でより適切であると見なされる言語行動に自動的に移行することを示す例かもしれない。あるいは学習者が第二言語に接することによって、本人が無意識のうちに身につけた用法である可能性もある。もしくは第一言語の言い方の単なる反映かもしれない。ここでミロンは相手の言ったことを単なる「意見」とすることで議論を止めようと思ったのかもしれないということなのだが、そうであればそれは第一言語文化の型に合うものである。ミロンの文化（ポーランド語）では Wierzbicka（1991）が指摘するように日常会話で個人の意見と事実を区別しないため、あえて「意見」ということを全面に出すことは、「議論の余地はない」ことを意味するからである。

　この会話はクラスが始まって日が浅い頃のものであり、コミュニケーション能力や文化への気づきのためのトレーニングがまだなされていない段階である。学習者はそれまでにそのようなトレーニングを受けた経験をもっていなかった。抜粋にあるように、この段階で会話参加者が使用した談話標識がいくつかある。'I mean'、'Yes, that's right'、'That's true'、'Good one'、'Me too' であるが、会話全体を通してこれらは使われていた。実はこれらの談話標識は、ペアの日常会話的な会話も含めて、他のほとんどのデータでもよく使われていた。ある談話標識が非英語母語話者を交えた会話の中でよく出現することは他の研究でも報告されており、本書のデータはそれを裏づける結果となっている。あまり指導しなくても非英語母語話者が習得する談話標識があるとすれば、教える側はその指導にあまり時間を割く必要が無い。

Porter (1986) でも聞きなおし (clarification)、言い直し (repair) と促し (prompts 話し手の発言を引き継いだり、完成させること) は非英語母語話者も英語母語話者と同程度に使いこなせると報告されている。しかし指導の必要性が低いからといって、コミュニケーション能力のトレーニングの際にこれらのフレーズを省略してもいいということにはならないだろう。習得しやすいものと習得しにくいものを区別して、難しいものを丁寧に教えたり、同じ表現でも複数の働きをもつ場合はそれぞれの働きを説明しなければならない。本書のデータでも、多く出現している談話標識と、比較的出現しにくいものの差は大きかった。多くの場面でほとんど見られなかったのは、たとえば相手の発言をいったん認知する標識と、自分の発言の意図をきちんと示すための標識である。

　ソフナーや、仮定にしたり可能性を低めることによって断定を和らげるための法助動詞の使用に関しては、グループHでも、他のグループでも、非英語母語話者はほとんど使わないという過去の研究結果と同じ結果が出た。この会話収録の後で学習者たちは、自分たちの会話に欠落しているものを教えられるのだが、以下で見るように教授以降の会話には、まさにその法助動詞の使用が出てくるのが観察できる。

9.2.2　トレーニングの中段階：グループM

　グループMの中の5人はグループHのメンバーと同じである。南アジア出身男性のゴヴィンダ (Govinda)、東ヨーロッパ出身女性のダナ (Dana)、東アジア出身女性のヴェラ (Vera)、ラテンアメリカ出身男性のカルロス (Carlos)、東ヨーロッパ出身男性のミロン (Miron) である。加えて、東ヨーロッパ出身女性のローラ (Lola)、中東出身男性のザイナブ (Zainab) と西ヨーロッパ出身男性のアラン (Alain) の合計8人がグループMのメンバーで、問題6「多文化マネージメント」を議論した。このグループは会話収録の段階で文化的価値観、コミュニケーション・スタイルの相違について学んでおり、コミュニケーション能力についても少しトレーニングを始めていた。グループMの会話もやりとりの面では順調にいった例である。偏りのないターン・テイキング、笑い、ユーモアが多くみられ、反対意見があったら自分の意見を変えるのも厭わないなど、全員が会話に積極的に参加していた。またタスクから議論が大きく逸れていくことはなかった。ところがソフナー

や仮定法の使用は増えてきてはいるものの、意見の述べ方や解決策の提示の言い方は 'I think' の前置きがあるだけで、仮定したり、包括的にすることはない。下の抜粋を見てみよう。話し合いの最初の方からの抜粋である。

グループM：抜粋1

1	**Alain:**	I think our fellow has problem of	この男性は問題を
2		er he has a cultural problem	ええと　文化的問題を抱えていると思う
3		because apparently he's coming from a	なぜなら　彼は明らかに出身が
4		er country .. in which	ええと　国では
5		this kind of situation never happened	こういう状況は絶対ありえないんでしょう
6		because er the woman er	なぜなら　ええと女性は　ええと
7		probably they don't have any responsibilities	おそらく責任をもつことがなく
8		of power in any organisation	どんな組織でも権力は
9		so we have to convince him	だから説得しなくては
10		that in Australia we have	オーストラリアではわれわれは
11		different behaviour different customs and er habits	違う行動や違う慣習　ええと習慣があるし
12		and organisation in the workplace	職場は
13		are very different from his old country	自分の国ととても違うことを
14		{I er ↑}	私は　ああ
15	?:	{Well er ↑}	それでは　ええと
16	**Zainab:**	I think I think that we are facing here	われわれが面している問題は
17		ah a problem of cultural differences	ああ　文化の違いの問題だと思う
18		because obviously the man	なぜなら明らかに男性は
19		um came from a society	うん　社会の出身
20		where er .. I mean a male dominated society maybe	ええ　たぶん男性優位という意味ですが

21　　　　　　and he can't understand the behaviour of a female ...　こういう女性の行動を理解できないのでしょう

　1行目でアランは 'I think' で発言を始め、3行目では断定を弱める 'apparently'、7行目で 'probably' を使った。しかし9行目では 'we have to do X'（Xをしなければならない）という表現を用い、相手の意向を配慮しない強めの表現をとった。'I think' と 'we have to to X' の二つはこの会話の中で他の参加者も頻繁に使った表現であった。16行目でザイナブが 'I think' を2回繰り返しているのが観察できる（繰り返しはどうやって自分の意見を言うか、または何を言うのかを考える時間をかせぐフィラーとして使われたようだ）。ザイナブは自分もアランと似たような意見であるにもかかわらず、アランの意見を認知しないで発言に及んでいる。前にも述べたように、本書の分析の対象となったデータでは、このような相手の意見を認知しないまま、自分の考えを話し出すケースが多く見られた。このグループは認知 (acknowledgment)、方向づけ (guidance)、明確化 (clarification) という相互作用の標識を使う必要性についてのコミュニケーション能力トレーニングを受けたにもかかわらず、それをしない傾向が続いた。もしかしたら、次に何を言うのかを考えているために相手の言っていることを聞いていないので、認知ができないのかもしれない。次に言うことを考えるのは、聞き取りより、話す方が難しい非英語母語話者にとっては自然なことであろう。確かに、ザイナブの話し方にはフィラーや沈黙が多く出ていること（17、19、20行目）や、20行目の発言が言い直しになっている点から、彼が自分の意見を述べるのに苦労している様子が見て取れる。そして20行目の 'maybe' の使用は断定軽減になっている。これは意味的には18行目の 'obviously'（明らかに）と矛盾するものではあるが。ザイナブはこの後すぐ解決策を提案する。

グループM：抜粋2

1　**Zainab:**　So I think we have to talk to him　だからわたしはこの男性に話さなければならないと思う
2　　　　　　and explain that in Australia　そして説明する
3　　　　　　in all place ..　オーストラリアではどこでも
4　　　　　　it's it's normal that people　人々が

5		dress in a way they they like　自分の好きな服を着るのが普通であるということを

　'I think' で和らげられているものの、またしても独断的な 'we have to' が使われた。この提案は問題になっている男性の行動を説明した後で出された。冒頭の 'So' は、ザイナブがそれまでの説明から解決案の話に移ったことを表わしている。抜粋には無いが、この解決案をザイナブは 'what do you think?' という、相手を包括する表現で終えた。その後活発に意見がやりとりがされるのであるが、ザイナブの解決案に反対するミロンが異なる解決案を述べるところを次の抜粋で見る。

グループM：抜粋3

1	**Miron:**	I'm afraid just talking to him is not enough　残念ながら彼に話すだけでは十分ではないと思う
2		he might need need to attend {some 1}　通う必要があるかも
3	**Lola:**	{English 1} {classes 2}　英語クラス
4	**Miron:**	{EPE Two 2} classes you know (*laughter*)　EPE2クラスにね（笑い）
5		to broaden his er you know　視野を広めるためにね
6		vision about cultural issues in Australia {so 3}　オーストラリアの文化問題の視野ね
7	**Alain:**	{You 3} mean he needs a sort of training　だから彼は何らかのトレーニングが必要という意味？
8	**Miron:**	A sort of training yes　何らかのトレーニング　そう
9		an adjustment time　調整期間

　1行目の 'I'm afraid'（残念ながら〜と思う）はミロンの不同意の衝撃を緩和している。2行目では、ミロンは意見を仮定的に述べるのに法助動詞を使うが、このような法助動詞が使われるのは大変稀である。3行目ではローラが共話（訳注　他の話者の文を途中から引き継いで文を完成させる現象）で割り込むが、これは相手の言うことをきちんと聞いていたということに他ならない。以前のやりとりから明らかなように、ミロンは 'you know' と言うのがクセであるが、4行目と5行目の 'you know' はミロンが自分のターンを維持しようとして使っているようで、沈黙の代わりのフィラーと見ることが

できる。同時にその意味から、情報を共有するもの同士として、相手を会話に含むニュアンスも出ている。7行目では 'You mean' とアランが切り出すが、これは相手の意味の明確化の前置きである。ミロンの解決案(男性従業員が就職向け英語クラス2を受講すること)は、それが提示された時笑いが出た事実から、アランも含めて他の参加者に理解されていると考えてよい。Kasper (1989) でも英語母語話者と非英語母語話者の混合会話では非英語母語話者が相手の言ったことを認知する目的で笑うことが指摘されているからである。当然アランもミロンの提案を理解していると思われるが、あえて確認を求めているのは、もっと詳しい説明をミロンに求める意図があるからのようである。ミロンはそれに応えて自分の意味の確認(8行目)と言い替えによる説明(9行目)を行っている。就職向け英語クラス(EPE 1 と EPE 2)とはこの会話参加者の受講期間に開講されていた英語クラスのことで、参加者たちは Class Two というさらに上級のクラスを受講していた。

　ミロンは次に、勤務評定は人物の文化的価値観を排除して行われるべきであり、あくまで職務能力に限定した評価であるべきだと述べる。彼はそれには時間をかけた適応のためのトレーニングが必要であると言う。ミロンがこのような意見を述べているとき、ザイナブが割り込みをしようとするのが抜粋4で観察される。ミロンは他の参加者が自分の解決案を正しく理解できているかの念押しを行う(2、3行目)。

グループM：抜粋4
1 **Zainab:** Maybe maybe the ideal solution is {to 1}　おそらく理想的な解決方法は
2 **Miron:** {I'm 1} not saying they should sack him　私は彼を解雇すべきだと言っているのでなく
3 　　　　　 just remove　単なる配置換えでということ

　2行目に出てくるような表現は直接的な明示化(自分の言っていることを相手に対してはっきりさせる)の例で、1行目はグループMの会話によく出てきた一連の垣根ことば 'maybe'、'perhaps'、'probably' の例である。このグループの会話にはごくわずかではあるが、法助動詞と条件を表す節を備えた仮定法表現が出てきた。文法的には正しいとは限らないが、話者の意図、

つまり「断定を緩和する」という意図は明らかであった。たとえば抜粋5でミロンは、ある人間を雇用したということは、その組織がその人材を必要としているということであり、したがって人物を保持しておきたいと考えるものだと論じる。

グループM：抜粋5

1	**Miron:**	They wanted this man　会社はこの人が欲しくて雇ったわけでしょ
2		they hired him and they want to keep him　彼を雇ったのでキープしたいわけでしょ
3		if you know if they didn't want him　この人が要らなければ
4		they shouldn't have employed him　最初から雇わないわけだから
5		that's true yes?　そうでしょ？
6	**Alain:**	Up to a point　ある程度は
7	**Govinda:**	They might not know　会社側はわからなかったかもしれない
8		that he has a different attitude　彼がそういう考えを持っていると
9		and that er he he didn't change his attitude　そしてええと　その考えを変えようとしないということも

　3行目と4行目でミロンは過去を想定する仮定法過去を使って判断を下し、自分の判断に対して同意を求めている（5行目）。アランとゴヴィンダのフィードバックはミロンの判断に対し疑問を呈すものであった。アランはある程度は同意を示し、ゴヴィンダはミロンの仮定とは異なる仮定（会社側はわらなかったのかもしれなかったという）を法助動詞を使って柔らかく述べている（7～9行目）。

　全般的に見て、このグループの会話は、文化への気づきと英語文化特有の言い方を含むコミュニケーション能力の指導が効果を上げる例証となっている。たとえば、この会話では当初から、問題があると個人の性格のせいにするのでなく、文化の違いであると考えることができ、またその点を躊躇することなく口にすることができた。トレーニングを受けていないグループでは問題があるとそれがすぐに人物評価に結びつくことが多かった。文化に対する共通の認識をもつことによって、参加者は異なった立場でものを見ることができるようになり、議論が理性的になることによって、多文化社会にまさしく存在する非常に異なった価値観や考え方を考慮した提案を、客観的に話

し合うことができたのである。また問題解決を効率的に行うためには、問題の原因の特定、さまざまな解決方法の提案とその評価という順番をたどるのであるが、このグループは堂々巡りが無かったとは言えないまでも、効率的な議論を展開できた。ただし、オーストラリアの職場で機能するレベルにはまだ至っていない。トレーニングによって英語文化特有の表現の使用に関しても改善がみられた。特に相互作用に関係する標識、緩和表現、仮定法と法助動詞の使用が増えた。

9.2.3　トレーニング後：グループT

　グループTにもグループH、グループMと共通のメンバーが入っているが、グループTの会話の収録は集中的なトレーニングを済ませた段階で行われた。トレーニングは、意見を述べたり提案をするときに仮定法や法助動詞を使用して言い方を和らげ、相手を会話に含む話し方（包含表現）をする練習、および西洋の古典的な問題解決の方法に関する内容になっていた。最近のByrneによるオーストラリアの職場の分析では、英語母語話者はこのような古典的な西洋の問題解決の方法に則って議論を行うとされている（Byrne & FitzGerald　1996）。グループTは問題7「印刷会社の減収」について話し合った。グループH、グループMと共通の参加者は南アジア出身の男性ゴヴィンダ（Govinda）、東アジア出身の女性ヴェラ（Vera）、東ヨーロッパ出身の女性のダナ（Dana）である。西ヨーロッパ出身の男性アラン（Alain）と中東出身の男性ザイナブ（Zainab）はグループMにいた。もう一人のメンバーであるラテンアメリカ出身のシルヴィア（Sylvia）はどちらのグループにも入ったことはなかった。グループTの会話収録には教員が同席し、議論を手引きし、5段階にわたる問題解決のステップから逸脱しないように時々注意を促がしたり、議論の参加者を変えたりした。具体的に教員が口出しをしたのは3回である。1度は誤解を解くため、もう2回は議論を戻すためであった。

　ここでいう古典的な問題解決の方法とは次のような段階を踏む過程を指す。
(1)問題を定義する（原因の分析）
(2)問題を深く追求する（もし必要ならば再定義する）
(3)可能な限りの解決案を出す（ブレーンストーミングで、解決案の評価は

行わない)
(4) 個々の解決案の評価を行う(結果を想定しながら、最も優れた解決案を選ぶ)
(5) 行動計画を立てる

　参加者は議論に際し、各々が同じ印刷会社の違う部署の責任者(部長)であると想定するよう指示を受けた。取り組む問題は会社の最近2ヶ月間の利益の減少である。議題は減少の原因の特定とその対処案についてであった。またそれぞれが自分の部署で何が起こっているかを書いたカードを手渡された。グループを少人数に保ち、ひとりひとりの発言が確保できるように、5段階の全ての段階に全員が参加したわけではない。第1段階での参加者はダナ、ゴヴィンダ、アランとシルヴィアである。ダナがまず始めから議論のリードを取っていた。彼女は問題を概観し、次のように自分の発言をしめくくった。

グループT：抜粋1

1　**Dana:**　So I would like you to ... consider the problem　ということでこの問題について　考えて頂きたいと思います
2　　　　　and to try to find out why this was this happened ..　なぜこういうことが起こったかを
3　**Sylvia:**　Well, one reason **might be** that　ええと 理由の一つは
4　　　　　the number of customer's orders　お客からの注文が
5　　　　　has remained the same, they hasn't raised ...　同じであるということかもしれません 増えていない
6　**Dana:**　Alain what　アラン　何
7　**Alain:**　Well er actually er in my section　ええっと 私の部署では
8　　　　　we have er .. we have a problem and er ..　実は問題がありまして　ええと
9　　　　　perhaps it's one of the reason the the firm　理由の一つかと思うのですが
10　　　　has some er difficulties during this last month .. because　会社が先月問題があった　なぜなら
11　　　　er ... we have to buy a lot of extra materials　ええと 物品をたくさん購入しなくてはならないのです

12	Sylvia:	Mm　んん
13	Alain:	and especially because er we suspect pilfering　特に　ええと　横領を疑っているのですが
14		so it **might be** er one of the reasons we have　だからそれも問題かと
15		so so many problems I don't know　だから　私が知らない問題がたくさんあります
16	Dana:	Mm　ふうん
17	Govinda:	(*nodding*) Right as far as my section is concerned　（頷きながら）そう　私の部署では
18		there has been no decrease in production　生産が落ちているということはありません
19		the same amount of goods are .. goods have been going out　同じ量の製品　製品が出て行っています
20		to customers .. er so .. er I would agree .. that　お客に　なので　ええ　賛成です
21		I would agree with you .. that um the problem **might be** in that area　問題はそういうところにあるかもしれないという　ええ　あなたの意見に賛成です
22	Alain:	Oh　ああ
23	Dana:	Do you think Alain that those　アラン　思いますか
24		er pilfering er had increased er extraordinary or …　ええ　横領が異常に増えていると　それとも
25	Alain:	Yes yes um … there has always been some　はい　はい　ええ　常にある程度はあるのですが
26		but er this have increased dramat dramatics　増えました　ええと　劇　劇的に
27	Dana:	Drastically　猛烈に
28	Govinda:	Drastically　猛烈に
29	Alain:	(*smiling*) Oh yes very difficult …　（笑いながら）ああはい　難しいですね
30	Dana:	What do you think Sylvia?　シルヴィア　あなたはどう思いますか
31		why why we lose our customers　なぜお客が減っているのでしょう
32	Sylvia:	Well .. I I think you misunderstand my point {because 1}　ええ　私が言ったことを誤解しています

33	Dana:	{Oh 1}　あら
34	Sylvia:	we are not losing customers　お客は減っていません
35		we just stay the same with the same　お客は同じです
36	Dana:	You don't have any {new customers 2}　新しいお客がいない
37	Sylvia:	{and we haven't 2} any increase in the orders　注文が増えていないのです
38		and the problem in the profit　だから利益（が増えないという）問題は
39		**may be** a combination between the p pil　たぶん　組合せ　おう　おう
40	Alain:	{pilfering 3}　横領
41	Sylvia:	{pilfering 3} and the we are producing the same amount　横領があることと　生産が増えていないということの組合せであるかもしれない
42		and investing more money buying material …　材料を買うのにお金を使うし
43	Dana:	Yes it **could be** that　はい　それかも知れません
44	Alain:	It **could be** both　その両方かも知れません

　この会話ではポーズや躊躇した話し方が見られるのは、一つには参加者が渡されたカードに書かれた情報をもとにして、内容を膨らませながらあまり馴染みのないテーマについて話さなくてはならなかったことに理由があるだろう。語彙の中には「横領(pilfering)」とか「劇的(dramatically)」といった、タスクの説明の時に初めて習ったばかりの単語も含まれていた。そのようなハードルにもかかわらず、やりとりは活発である。最も注目すべきは、自分の意見を述べる時に、参加者全員が法助動詞をつけて断定的なトーンを下げたことである（3、14、21、39、43、44行目）。また 'perhaps'（9行目）、'I think'（32行目）、'I don't know'（15行目）をつけて断定を弱める例もあった。
　相手が言ったことに対する認知や応答（17行目の 'Right'、20、21行目の 'I would agree'、25、43行目の 'yes'、29行目の 'Oh yes'）はもとより、相手を包括する言い方（1行目の 'I would like you to' の 'would like'、23行目の 'Do you think'、30行目の 'What do you think'）も今までより多く使われた。これ以前にはあまりなかったあいづちでの応答も見られ（12、16、22行目）、ゴ

ヴィンダが賛成するところでアランが使った 'Oh' 以外は、使い方も適切であった。アランの 'Oh' はゴヴィンダに向かって指をさしていたことから見て、ユーモアの意味もあったと思われる。

相手の発言に助けを出し、発言を促がす場面もあった。それは 27 行目から 28 行目であるが、ダナもゴヴィンダも、アランがことばにつまっているときに、アランが求めていた単語とは少し異なるが、'drastically' と助けを出した。そのアランは後に (40 行目)、シルヴィアに対して同時発話になってしまったが、'pilfering' で助けを出している。19 行目ではゴヴィンダが自分の発言を言い直して意味をはっきりさせているし、35 行目ではシルヴィアがやはり同じく自分の言いたい点を言い直している。32 行目では相手の誤解をあからさまに指摘をするものの、言い方は 'Well .. I think you misunderstand my point'（私の要点を誤解しているようです）と、'Well' と 'I think' を使って如才ない。

問題解決の 5 段階の全ての段階で、このような活発なインタラクションが観察された。上で説明した方法だけでなく、他の方策でインタラクションを図る例もあった。法助動詞の使用も継続的に見られた。次の抜粋ではそれを見ることができる。これは第 3 段階のブレーンストーミングの会話である。議論の参加者はシルヴィア、ヴェラ、ザイナブとゴヴィンダの四人であり、いくつかの解決策が提案された。第 3 段階と第 4 段階ではシルヴィアが解決案や合意案を白板に書き出したので、抜粋の中の長い沈黙は彼女が書いている間の沈黙である。これは第 3 段階のちょうど真ん中の議論である。

グループT：抜粋 2

1　**Zainab:**　I was wondering if er we **could** establish　設置できないものかと思います

2　　　　　　a control system .. a control system er with access ...　コントロールシステムのようなものを ええ アクセスの

3　　　　　　to the stores and materials is strictly limited　店に入ったり物品を制限するような

4　　　　　　... I mean at the moment they can come ...　つまり今は誰でも入れる

5　　　　　　and do what they want ...　そして何でも勝手にできる

6		because some people with permission special permission　特別な許可をもって
7		they have access to the stores ………　店舗のアクセスがある
8	Govinda:	Yes .. what else **could** we　はい　他にどんな
9		consider as a possible solution …　解決策があると考えますか
10		{do you think 1}　どう思いますか
11	Zainab:	{Actually we can 1} we can we **could**　実際にできるかもしれません
12		use the service of some security companies …　警備会社を使うことが
13	Govinda:	Well it **could be** a good idea　そう それはよい考えかもしれない
14	Zainab:	We can't afford can't afford the situation　現状を放置しておく余裕はない
15	Govinda:	Don't you think it **would be** too too strict　それは厳しすぎると思いませんか

　ザイナブが母語の典型である力強い芝居じみたスタイル（dramatic style 第8章参照）を、いかに英語スタイルに合わせようとしているかが大変興味深い。1行目で英語での慣用的に間接的なストラテジー 'I was wondering if' を用い、さらに 'could' も使っている。11行目では相手を包含し、押しつけを軽減するために 'can' を 'could' と言いなおしている。14行目では母語的なスタイルに戻っているが、全般を通してザイナブは、異文化間の話し合いの場面でより適切な話し方とされるような話し方に変えている。またゴヴィンダも、もともと非常に断定的な言い方を好む母語をもつが（第8章参照）、8、9、10、15行目では相手を包含するための疑問文を発し、8、13、15行目では法助動詞を使った。下の抜粋3では、同じ第3段階の議論の中で、母語から逸脱している二人のスタイルや、ブレーンストーミングの様子をさらに観察することができる。ジョークも飛び出している。

グループT：抜粋3

| 1 | Govinda: | How about installing a video camera ..　ビデオカメラを設置するのはどうでしょうか |
| 2 | | in front of .. in front of the store storeroom …　店の前に　倉庫の |

3		so that we can count .. the person going in and out　そうすれば数えられ　出入りする人を
4		how many times per week or how many times a day　1週間に　あるいは1日に誰が何回出入りするか
5	Zainab:	Or maybe we can dig hole in front of the door (*loud laughter*)　あるいはドアの前に大きな穴を掘るのがいいかも（大きな笑い）
6	Govinda:	and if you … if you are the first who goes (*more laughter*)　あなたが最初に穴に落ちたら（さらなる笑い）

　1行目でゴヴィンダは慣用的に間接的な表現である 'How about' を用いることでザイナブを会話に包含し、一方ザイナブは5行目で 'could' でなく直接的な響きのする 'can' を使っているものの、冗談めかした提案をする際に 'maybe' と前置きするのを忘れない。ゴヴィンダは直ちにザイナブのジョークに反応し、皮肉にもザイナブが穴に落ちるかもしれないと言おうとするが、他の参加者はすぐゴヴィンダが何を言おうとしているか理解し、彼が言い終わる前に笑い出す。ゴヴィンダの文末と、それに対するザイナブの応酬は他の参加者の笑い声に消されてしまって聞き取れなかった。

　解決案から想定される結果を話し合う第4段階でも、参加者は意見に対し断定を和らげることをほとんど忘れなかった。ザイナブが解決案として、まず内部調査を行うこと、そして横領が出ないように警備会社に依頼することを提案する。この第4段階の話し合いにはヴェラ、ゴヴィンダ、シルヴィアとザイナブが参加している。

グループT：抜粋4

1	Vera:	You mean we employ er er security person　警備の人を雇う　ええ　ということですね
2		from outside to come and solve it {x 1}　外から来てもらう
3	Zainab:	{Right 1}　そう
4	Vera:	if we did that that means um there would be some …　もしそれをするなら　それは
5	Govinda:	expenditure　費用
6	Vera:	Yes expenditure　そう費用

第 9 章　コミュニケーション能力の養成　261

7	Zainab:	Yes but we can stop the stealing … 確かに　でも盗みは止められる
8	Vera:	What about um someone to {um 2}　誰かが仮にええっと
9	Zainab:	{and 2} stealing is more expensive that the　盗みは高くつきます
10		expense of er possibility of x　x の可能性の　ええ　費用
11	Sylvia:	But Zainab I think if we if we do this internal investigation　でもザイナブ　内部調査をすれば
12		we will stop the stealing　盗みは止められると思うんだけど
13		because we will find the person {who is doing this 1}　盗んでいる人を捜し出せるから
14	Zainab:	{It's not the idea 1}　それは考えではない
15	Sylvia:	if after finding this person imple implement　盗人を捜した後で導入すれば
16		this type of control I think it would be　このようなコントロールシステムを
17		more difficult for people try to steal again …　盗みをするのが難しくなると思う
18	Dana:	yes I've changed my point of view because xx　そう　考えを変えたわ　だって xx
19		even if we hire someone from outside this organization　会社の外から誰かを雇っても
20		and our internal control is not properly implemented　内部のコントロールがきちんとできなければ
21		we will still have this problem again and again in the future　将来同じ問題がまた起こるでしょう

　ここではヴェラがザイナブの提案を自分が理解できているか 1 行目で確認をし、それから相手を包含する 'What about'（8 行目）と、仮定法過去構文（4 行目）を使った。仮定法過去構文はこのグループの話し合いの中ではここの 1 ヶ所だけであるが、英語母語話者なら推測を含んだ言い方には、このように仮定法過去で言うところである。このグループの参加者は、条件節を使っていた（11、15、19 行目）。もちろん英語母語話者も同じような状況下で、可能性の高い推測のときには条件節を使うことはあり得る。また、このグループの参加者は 'I think'（11 行目と 16 行目）などの垣根ことばを使っているので、押しつけ的なニュアンスが前面に出るわけではない。11 行目でシ

ルヴィアはザイナブへの不同意を表わすが、「呼びかけ」(訳注 発言の際に相手の名前を呼ぶことを指している)を入れることで衝撃が和らいでいる。18行目ではダナが自分の意見が変わったことを明言する。

　第5段階の最後の方で、ザイナブが自分の意見をかなり強い調子で主張する場面があった。そこでは他の参加者たちが法助動詞を使うように冗談めかして指摘していることから、参加者はそのような状況下では法助動詞を使うことが必要であるという認識をもつに至ったことがうかがえる。

グループT：抜粋5

1　**Zainab**:　Let's limit the access　アクセスを制限しよう
2　**Govinda**:　(*laughing*) modal modal modal　(笑いながら)法助動詞　法助動詞　法助動詞
3　　　　　　wouldn't it be possible to do (*laughter*)　することはできないかしら(笑い)
4　**Sylvia**:　What do you think if　どう思いますか
5　**Govinda**:　(*laughing*) Modal language {this is x the class ↑}　(笑いながら)法助動詞ことば　これはクラスx
6　**Zainab**:　(*smiling*) {You are listening or not ↑}　(笑いながら)聞いているの　聞いていないの
7　**Sylvia**:　Sorry, Zainab, I wasn't listening　ごめん　ザイナブ　聞いてなかった
8　**Zainab**:　Let's limit the access to the stores　店舗へのアクセスを制限して
9　　　　　　and at the same time let's start our internal investigation　同時に内部調査を始めよう

　ザイナブは 'let's' という相手を包含する言い方をしているものの、ゴヴィンダはザイナブが断定的過ぎると感じたようである。だから3行目にあるように、タスクの役を一瞬離れ、法助動詞を使うことを思い出させようとして、'wouldn't it be possible' と言ったほうがいいと、冗談めかして言ったのである。ザイナブはそれに対し微笑んだが、言われたことは無視した。そしてシルヴィアに自分の提案を聞いていたかと確認する(6行目)。シルヴィアはちゃんと聞いていなかったことをきちんと謝る(7行目)。

　授業の中で英語での話し方を明示的に教えられた後で、抜粋5に現れたコ

ミュニケーション能力は何だろう。まずは参加者たちはいつもスムーズに英語を話せたわけではなく、意見を述べるにも手間取ることがあったが、異文化間コミュニケーション能力の一つである、バランスの取れたターン・テイキング（話し手が終わるまで待つ、参加者全員でターンを分け合う）が守られたことであろう。これはこのような場面における話し方のスタイルとして、英語文化とも共有されるコミュニケーション能力でもある。このグループは解決方法の合意に達するというタスクも完遂することができた。ただ一つの弱点は、ブレーンストーミングをするべき段階なのに、出てきたアイデアに対して評価をしてしまうことであった。段階によって参加者の入れ替えがあったことも、会話が少し不自然になった理由である。今まで見てきた抜粋で明らかなように、このグループはインタラクション自体が大変活発であった。参加者はこの章の最初であげたやりとりのストラテジーのうち、付加疑問を除く全てを1回は使用した。付加疑問に関してはクラスで構文として習い、使えるように練習したにもかかわらず、問題解決のプロセスという文脈での練習がなかったために、学習者（会話参加者）は使わなかった。今回のデータには、異文化間および英語文化コミュニケーションにおいて鍵となる、他のコミュニケーション能力の発達も見られた。たとえば意見を述べるときに断言を避け、相手を包含する言い方をしたり、仮定し推測して断定的なニュアンスを避ける能力などである。しかし問題解決というタスクの性質上、このような表現を使い易かったということがあるかもしれないし、ちょうどトレーニングを受けたばかりの時に会話のデータを取ったので、学習者の記憶が新しく、お互いに使い合ってみたということもあろう。抜粋5にあった法助動詞の使用についてのジョークからも、直前に習ったことが学習者の記憶に焼きついていることがわかる。したがって、このグループのこのタスクのデータだけを見て学習の効果があったと結論づけることには無理もある。特に感情が出る会話や、根深い価値観が影響する会話では同様の結果が出る保証は無い。

　このグループのデータは、指導前と明示的な指導後での違いを最も顕著に表す例であることは確かだが、異なる話題で話し合った他のグループでも実は同じような変化が示されている。スタイルの違いについて学習することによって、他のグループでもコースの終盤近くになると会話のスタイルを変えることができるようになった参加者がいた。一般英語クラス（Orientation

Class）にもそのような参加者がいたのである。相互作用に働きかけるストラテジーでは特に、相手を包含する言い方、積極的なあいづち、法助動詞を含むソフナーの使用が多く出現するようになった。（グループKのイヴァンとシンは、最終の会話では母語のスタイルを大きく変化させ、ソフナーや法助動詞を含む配慮表現をたくさん使えるようになった、目覚ましい例である。）初期の会話の中でも、ソフナーとしての法助動詞は出現しなかったものの、トレーニングを受けたことによって他の会話のマーカーがいろいろ使われて、話し合いがうまく運ぶこともあったことを指摘しておきたい。本書のデータにもあるが、全くトレーニングを受けないグループでは、そういったストラテジーの使用は、ほとんどなかった。Byrne & FitzGerald（1994）にはトレーニングを受けたグループの二つの例の分析があるが、同書では価値観が大きく対立し合うような負荷の高い場面になると、新しく学んだストラテジーが後退してしまうことも確認されている。今回の会話でも就職面接での経験を話した学習者が、同じことを述べていた。つまり実際の職場や、緊張や困難を強いられる場面では、慣れない英語を使ったり、コミュニケーション・スタイルを変えるのが難しくなるということである。

9.2.4　英語母語話者と非英語母語話者を交えた会話の成功例：グループU

　最後に英語母語話者を前にしても、新しく学んだ話し方を実践した非英語母語話者の例としてグループUを取り上げる。英語母語話者混合のグループでは英語母語話者が会話を牛耳り、自分たちの意見を押しつけ、ときにはわざとらしく非英語母語話者の話し方をまねしてみたりするので、非英語母語話者は萎縮して言いたいことが言えなくなるという論議の真偽を検証する機会でもある。グループUは問題8「人事選考」について議論した。参加者は東ヨーロッパ出身の女性のシェザナ（Szezana）、同じく東ヨーロッパ出身の男性ピョートル（Piotr）（この二人はグループFにも参加している）、そしてオーストラリアに到着してクラスに入学したばかりの中東出身の女性ファリダ（Faridah）と英語母語話者のジャック（Jack）とジュリー（Julie）である。ジャックはグループBにも参加していた。グループUも就職向け英語クラスの受講者のグループであり、かなりの量のトレーニングを受けていた。ここで見る会話はコースの終わり近くになって収録されたものである。非英語母語話者は文化的価値観、コミュニケーション・スタイル、およびコミュニ

ケーション能力について学習していたが、このデータは筆者の研究初期のものだったので、法助動詞については特に強調して学んではいなかった。グループに課せられたタスクは、最終的に三人に絞られた応募者の中から誰を採用するかを決めるというものだった（職種は大学での課長職）。三人の候補者について、いくらかの情報は前もって配布されていた。このタスクはアメリカの多様性トレーニングを援用したもので、それぞれの候補者の違いは年齢であったり、能力であったり、経験であったりして、文化により是非の判断が分かれるように、意図的に設計されていた。グループUの会話は次のような特徴をもつ。どの参加者のターンも長かった。ただしシェザナとジュリーの発言の回数は他の人と比べると少ない。誰に対しても発言をきちんと終わらせる配慮がなされた。つまり割り込みや重なりはほとんどなかった。同時に相互作用の高い会話でもあった。不同意がそこここで見られたものの、建設的に対処された。全般を通して会話は友好的で、ジョークや笑いが多く観察された。このグループの非英語母語話者たちは三人とも断定的な話し方を好む言語文化を母語としてもち、そのままのスタイルで英語を話すと、かなり押しつけがましく強い口調の話し方になるのだが、この会話では自分たちのスタイルを変え、和らげた物言いをしていたのに注目したい。参加者は全員タスクに没頭し、建設的に意見を交換し合意に向けて協力をした。非英語母語話者は異文化間コミュニケーションを意識し、自文化のものさしで判断を下すことがないように注意を払いながら、オーストラリア社会において、このポジションに最適な人物を選考しようとする姿勢が見られた。選考の過程で、出身文化の価値観が顔を出すような現象は見られなかった。

　ファリダとピョートルが意思決定に向けて話を誘導する役回りを果たしていた。当初ファリダは話の調整役をしており、誰からも平等に意見を引き出していた。また要所要所で、ポイントをまとめながら話を進めた。話し合いはまず選考決定の基準を決めることから始まった。以下でわかるように、ファリダは全員を包含する言い方でうまく話を進めている。

グループU：抜粋1
1　**Faridah**: So what do you think you know　みなさんはどう思う
2　　　　　　 what sort of character x is suitable for … for this sort of position

		このポジションにはどんな性格が　向いているかしら
3		what do you think　みなさんはどう思いますか
4		how much importance we should give to the experience and age　経験や年齢にはどのくらい比重を置いて
5		… and er experience in terms of administrative experience　ええと　事務経験には

この後ジャックが長めのターンを取り、このポジションにはどんな能力が必要とされるかについて自分の意見を述べる。

グループU：抜粋2

1	Jack:	The biggest problem's really the er　一番大きな問題はええと
2		like it's a public relations position　広報のポジションであること
3		because it's got a bad relationship with the public ..　世間との関係が悪いし
4		also within um the tech itself　そして大学の中　ええと　でも
5	Faridah:	Yes　はい
6	Jack:	.. so that's the major problem … and　なので問題は
7		if if it's public relationship …　もし もしこれが広報であるとすれば
8	Faridah:	So you need someone that　すると誰か
9	Jack:	What's his name um xx　名前なんだったっけ xx
10	Faridah:	xx　xx
11	Jack:	can be put up to have a go　やらせてもいい
12		if its profile can be promoted it will then funding will　もし 評判がよくなれば 予算も
13	Woman?:	Increase　増える
14	Jack:	Yes increase because it'd be seen　そう増える なぜなら
15		therefore as doing an important job　重要な仕事をしていると見られるから
16		so my opinion is that public relations is the most important　だから私の意見としては広報は一番大事
17		promoting the unit itself　部署にとっても
18		and promoting it with the general public　世間で認知されるためにも

19	**Faridah:**	Yer ... what do you think Szezana　あのう　シェザナはどう思う
20	**Szezana:**	I think same　同感
21	**Jack:**	Thank you (*laughter*)　ありがとう（笑い）

　11 行目で慣用句（訳注　have a go のことを指す）を使っていることからわかるように、ジャックは非英語母語話者にあえてわかりやすく話そうとはしてはいない。12 行目の言い方も決してわかりやすい英語ではない。21 行目の 'Thank you' は冗談めかして言われたものであり、意図を理解した他の人たちからも笑いが出ている。この後間もなく、ピョートルが他の人のやり方に疑問を呈す発言をする。

グループU：抜粋3

1	**Piotr:**	I'm not sure about if you are doing in right order ...　順番が正しいかどうか疑問です
2		I think we've got a kind of list of er abilities　能力の　ええ　リストとか
3		and er description of each person　応募者の描写があったでしょ
4		what do you think if we start maybe　どう思いますか　まず
5		just talking in detail about each person according to　それぞれの応募者を詳細に見ていくのは
6		.. er er x Faridah x x one selection criterion criterion　ええと　x　ファリダが xx 一つの選考きじゅ　基準
7	**Julie:**	criterion　基準
8	**Piotr:**	Yes one criterion for example er we could start from experience　そう　たとえばえー　経験は基準になるけど
9		is it important or not important　これは重要か重要でないか
10		we can could talk about {experience each person 1}　応募者の経験を審査してもいい
11	**Faridah:**	{But no I disagree 1} I disagree because　でも私は反対　どうしてかというと
12		if we let's say if we select Mr X or Miss Y　たとえばミスター X かミス Y を選ぶとして
13		But what if the person we select does not match the criteria　その人が選考基準に合わないとしたら

14	the selection criteria we have in mind for this job	この仕事の選考基準として私たちが考えているものに
15	so what we have to clarify is that	だからはっきりさせるのは
16	what is basically um important in here	ここで何が大事な選考基準なのかを

　このデータの1行目でピョートルはそれまでの選考方法を変えて、もっと効果的な方法にしようと提案するのに先立って、不同意を述べる 'I'm not sure' を使った。4行目から10行目では、ピョートルは法助動詞の 'could'、'what if' という言い方をすることで相手を包括し、'maybe' で断定を和らげている。またこの部分には英語母語話者が助け舟を出す例があるが、英語母語話者による助け舟はこの箇所のみである。6行目でピョートルは 'criterion' という単語を繰り返すが、これは単語が単数形として正しいか確認する意味があった。ジュリーはそれが正しいことを、相手の発言の邪魔にならないように極めて手短に確認しているが、彼女のこの答え方は相手が英語母語話者でも何ら変わらない言い方である。ファリダはピョートルの意見に反対で、明確に不同意であると述べるのだが、'if' の条件節や 'let's say' (たとえば)を使うことによって断言を避けている(12、13行目)。この後、結果的にピョートルはファリダの言い分に納得する。そしてグループ全体として選考方法に関し合意形成がなされ、具体的にこの職種に求められる能力について数項目を選んで、候補者のひとりひとりが要求される条件にどの程度かなっているかを査定することになった。下の抜粋はその過程でジュリーが意見を述べた箇所であるが、ジャックと同じく、ジュリーも相手が非英語母語話者だからといって話し方を変えていないことがわかる。

グループU：抜粋4

1	**Julie:**	I suppose they need to be able to	この人たちは知る必要があると思います
2		be aware of what the public thinks	世間がどう思っているか
3		what it is looking for cos it says they have	何が求められているのか なぜなら部署は
4		problems with public relations and the general public	世間に評判

		が悪いということだから
5		so they need to be on the ball um　だから敏感になる必要があります　ううん
6		they need to know what the public is looking for　求められているものを知る必要があるということ
7	**Faridah:**	Awareness　気づき
8	**Piotr:**	Awareness　気づき

　ジュリーは5行目で慣用句 'on the ball'（いつも気をつけている）を使うが、その意味がわかるようにフォローしている。慣用句を英語母語話者に対するときと同じように使うものの、意味をフォローするやり方はじつはジャックもジュリーも同じである。そのおかげでファリダもピョートルもジュリーが言わんとする意味を理解し、候補者に求められる才能は 'Awareness'（気づき）だと言うことになるのである（7、8行目）。

　逆に、ピョートルがことばを探しているジュリーに助け舟を出す場面もある。次の抜粋はこのグループに特徴的なやりとりを示している。場面は、ピョートルがある女性候補者はイニシアティヴを欠くのではないかと発言したところである。

グループU：抜粋5

1	**Jack:**	I agree I mean I see what you're saying　同感　言っていることはわかります
2		I mean if you look at the first bloke　最初の候補者の男性を見ると
3		he's quick to offer ideas where the woman's quiet　すぐアイデアを出すけど　女性は物静かで
4		a good listener but it doesn't sort of talk much about　よい聞き手だけどあまり話さない
5		her coming forth with her own ideas　自分がもっているアイデアを
6	**Piotr:**	Yes she prefers to listen first　そう　まず話を聞くことを好む
7	**Jack:**	Yer　そう
8	**Piotr:**	and prepare everything　そして考える
9	**Julie:**	Yes they probably need someone who's a bit more …　そう多分必要なのはもう少し

10	Piotr:	creative self motivated　創造的で動機付けの高い
11	Julie:	Yer yer　そうそう
12	Piotr:	That sort of thing　そういう感じの
13	Szezana:	But in my opinion a person　でも私の意見としては
14		who who lives a life like this woman　この女性のような生活をしている人は
15		must be full of life and energy and all that　エネルギッシュに違いないと思います
16		because she has a problem with that son　どうしてかというと息子といろいろ問題があって
17		and she helps at that school and everything　息子の学校で支援をしたりしているし
18	Jack:	{She's also well known locally 1}　地域ではよく知られている人だし
19	Szezana:	{I mean she's probably not x 1} you know　彼女は多分xではないと思いますが
20		I mean she's probably fighter in my opinion　多分闘士だと思います　わたしの意見では

　ここでのやりとりの特徴は参加者がお互いの意見をきちんと聞いて認知し、同時に自分の意見も述べていることである。個人的な変化としては、シェザナが本来の非常に断定的な以前の話し方を改め、'probably'、'in my opinion' などを入れてスタイルを変えた点がある。グループはこの後、話題になっていた女性について議論を続け、その女性と男性応募者一人を最終的な二人として絞込む。次の抜粋では一人がユーモアのあることを言い、それが素早く他の人に引き継がれて、笑いが起こるシーンであるが、このグループの会話ではこのようなユーモアが顕著に見られた。

グループU：抜粋6

1	Faridah:	I think the only things that that woman is missing　この女性に唯一欠けていることは
2		is she's not um ah … she's not … can I say …　ええと 何と言いましょうか　彼女は　どう言えば
3	Piotr:	(*laughing*) Yes you can (*slight laughter*)　（笑いながら）どうぞ　言っ

		てもいいですよ（少し笑い）
4	**Woman?:**	Yes you can　どうぞ　言ってもいいですよ
5	**Jack:**	Go ahead go AHEAD (*laughter*)　どうぞどうぞ（笑い）
6	**Faridah:**	(*laughing*) Yes yes you can if you think you can (*laughter*)　（笑いながら）はい　はい　言えると思えば言えるわ（笑い）
7		I think the only negative point against her is　彼女のただ一つの欠点は
8		that she's not um that sort of as Piotr said in the beginning　彼女は　ええと　ピョートルが最初言ったように
9		that she's .. she lacks that initiative　彼女は　彼女はイニシアティヴがない

　2行目でファリダは適当なことばを探しながら 'can I say' という表現を用いる。これは文字通りの意味でなくフィラーとして使われているわけであるが、ピョートルは故意に文字通りの意味（話してもいいか許可を求める）に解釈し、3行目で笑いながら「言ってもいい」と応えている。もう一人の女性話者とジャックが、ピョートルに続いて4行目と5行目でピョートルのジョークを継続し、ファリダも皆のジョークにうまく応えながら（6行目）、自分の言いたかったことを述べるに至る。ジャックはファリダの発言に続けて、女性候補者の履歴を見ると彼女は 'up and go'（訳注　行動力のあることを表す表現）であることが読み取れるのに対し、男性候補者の行動力は週末にスポーツに専念しているという事実だけであると述べる。そして以下のコメントを発して自分のターンを終える。その後すぐファリダが別のユーモアを導入した。

グループU：抜粋7

1	**Jack:**	The only thing going for him is　彼の唯一確実な点は
2		that he could die of a heart attack quicker　心臓発作で早く死ぬということでしょう
3		he could be too fit and go for a run when he's crook　元気すぎて具合が悪くてもランニングに行くタイプ
4	**Faridah:**	Or she dies under stress (*laughing*)　女性はストレスで死ぬわ（笑いながら）

5	**Jack:**	(*laughing*) Or she could die under stress yes　（笑いながら）そう彼女はストレスで死ぬかもしれない
6	**Szezana:**	{In my opinion 1}　私の意見では
7	**Jack:**	{Then we give it to 1} number three (*laughter*)　それでは3番に決めましょう（笑い）

　ジャックのコメントは、実は先に候補からはずした男性についてなされたもので、皆の笑いを誘った。それから再び真剣に話し合いが続けられたが、会話は大きく長い笑い声とともに終了した。教師が会話の終了を告げ、モーニング・ティーにしようと言った時、教師とピョートルの間では次のような会話がなされた。

グループU：抜粋8

1	**Teacher:**	Come and have morning tea　モーニング・ティーに来てください
2	**Piotr:**	We can't　行けません
3		this is much more important Helen　こちらの方がずっと大事な問題ですからね　ヘレン
4		we haven't decided yet (*loud laughter*)　まだ結論が出てないんですよ（大きな笑い）

　このグループの例は、英語母語話者と非英語母語話者混合の会話では、双方が相手に対し肯定的な態度で臨み、共有の意味を求めようとすれば非常にうまくやりとりが進むことを如実に示していると言える。特にグループUのように非英語母語話者が就職向け英語クラスの学習者で高い言語能力をもっていると関係は対等になり、英語母語話者がとりたてて優位に立つという現象は見られなかった。英語母語話者が非英語母語話者に合わせて話し方を変えるということもなかった。特にジャックは長いターンでたくさん話し、英語母語話者に対するのと同じように話していた。しかしながら、あくまでこれは授業の場面であり、だから会話がうまくいったのかもしれない。競争しなければならない職場や学校の中では、英語母語話者は違った話し方をする可能性も否定できない。女性の話し方については、男性、それも英語母語話者の男性がいる中でも会話をリードし、不同意も辞さないことが今回

のデータでは観察できた。

9.3　考察

　今まで見てきた三つのグループのデータからまず言えることは、学習者が異文化間コミュニケーション能力および言語文化（linguacultural　訳注　本研究の場合は英語文化）コミュニケーション能力について（なぜ習う必要があるのか、その文化的意義やそれを使用するコンテクストは何かを含めて）明示的に教えられれば、ある程度その能力を獲得できることがわかったということである。英語のストラテジーは学習者が頻繁に使えるようになるまで練習すればよい。たとえばグループTとUのデータから、問題解決のスキルとそこで使用すべき言語ストラテジー、とりわけ仮定法と推測の表現は練習によって習得されることがわかる。それを学ぶことによって学習者は、英語文化で重要とされる、相手の包含や、断定の回避を実践し、コミュニケーション・スタイルをうまく変更しながら、状況により即した会話をすることができた。母語文化の中でも、学習者たちはそれぞれの自文化の中で適切とされるコミュニケーション・スタイルを獲得してきているのであるが、複数の文化が出会う異文化間コミュニケーションの場というのは複雑であり、適切な物言いに関する知識やそれを使いこなすスキルはさらに重要となる。多文化社会においてはそのようなトレーニングが必要であり、トレーニングを提供することが個人の、ひいては社会の利益に還元されることになる。

　ところが現実問題としては、非英語母語話者も英語母語話者もこのようなトレーニングを受けることは稀である。実は今回のデータの中でもトレーニングを受けずとも、そして異文化の人とやりとりを経験したことがなくても、異文化間の状況の中で無意識のうちにスタイルを変え、うまくコミュニケーションを図れる人がいる例があることを多々見た。（ここには英語母語話者も含まれる。会話に参加した英語母語話者はトレーニングは一切受けていなかった。）だからこそ収集データの多くの会話が成功だったのであるが、これは本研究の肯定的な発見である。トレーニングを受けていない人同士がうまくコミュニケーションをとる例は他に Clyne (1994)、Willing (1992) と Byrne & FitzGerald (1996) にも見られる。Clyne (1996: 130–31) は、分析した会話が大体において協調的であり、特に非英語母語話者同士の会話ではそれ

が顕著であり、英語が不自由な人を助けながら会話をしていたことを指摘している。トレーニングはコミュニケーションをより効果的にし、その成立に寄与するものではあるが、幸いなことに異文化間コミュニケーションを成功させるための必要不可欠な条件ではない。

第 10 章　結論

10.1　コンテクストの重要性

　本研究からどのような結論を導き出すことができるだろうか。一つは今回のデータ収集におけるコンテクスト（誰が、どのような状況で、何のために会話をするのかなどの、場面の状況）の果たした役割である。本書で取り上げたデータは対照的な二つの特徴をもつ。まずはデータの量である。過去の話しことばの分析に比べ、本書で分析したデータは、参加者の人数の多さ、話題、出身国、文化背景、課せられたタスクの種類の点で、多彩を極めると言ってよい。しかしながら場面の状況は逆に、極めて画一的であった。実際に異文化が出会う場でコミュニケーション不全につながりやすい社会的要因は不在であり、タスク達成のために必要なスピーチ・アクトも限られていた。会話参加者の文化背景は多様であったものの、教育、年齢、新しい文化との接触時間は比較的同質で、現実の集団を代表するものではなかった。タスクは職場や教育現場に即したものが与えられたが、地位の違いや、競争や、世論への影響といった、実際の現場につきもののプレッシャーは無かった。従って本書の研究結果を考察するには、これらの点を忘れることができないことを踏まえた上で結論を出していかなければならない。

　重要なのは、上で述べたようにコミュニケーションを成功させるコンテクストの好条件が揃っている会話であったにもかかわらず、データの中ではコミュニケーション行動や、コミュニケーションの成否にばらつきがあったという点である。個人の言語行動やコミュニケーションの良、不良の結果はグループの力学、トレーニングの受講経験、タスクや話題の内容によって影響を受けた。ラポールやコミュニケーションの成否は、会話の始まりのころに決まってしまうことが多く、始まりがよければそれが会話の終わりまで継続された。また逆も真なりで、最初につまずくと人間関係は悪くなる一方で改善されることはなかった。コミュニケーションを阻む要因としてあげられる

のは、まず話題の内容である。話題が文化的な信条に深くかかわるもので、参加者同士の信条が対立し合うとコミュニケーションは難しくなる。またタスクがお互いの協力を必要としないものであったり、一人だけ多弁で、他の参加者がそれに対抗できなかったり、スタイルを合わせないような時にもコミュニケーションは難しくなった。コミュニケーション成功の要因は、参加者の協働作業を必然的に促す内容のタスクであること、話題が文化的信条の対立に無縁であるもの、参加者の会話スタイルが量と流暢さにおいてあまり差がないことである。中には対立しそうな話題で、タスクも曖昧なものであったにもかかわらず会話が非常にうまくいったグループもある。これらのことを合わせて考えると、コミュニケーション成立の条件は次の点にあると思われる。他の意見を受入れ、自分の意見や考えを変えられる柔軟性、ことばのやりとりでお互いを包含しようとする姿勢、話の進行役の人間の存在、ユーモアを意図的に取り入れ、ユーモアが出された時にはそれを受け入れる態度である。

　本研究の分析の全体を通して言えることは、コミュニケーションの阻害要因となるのが文化背景の違いと共通言語である英語能力の差だけである場合、コミュニケーションの成功率が高いということである。コミュニケーションの成功を、参加者から協力的な発話がある、ラポールが生まれている、誤解や人間関係のつまずきに対処できている、タスクが完遂できているという点から検証すると、今回の76の会話のうち、おおよそ半分は成功していた。失敗例は八つで、それらには意思疎通があまりなく、人間関係に緊張があり、疎外も観察された。その他の会話は、成否どちらとも判断できないものであった。判断できないのは、意思疎通に問題は無いかわりに、ラポールもタスクの完遂も無いというようなものである。ペア会話ではほとんどが判断できないケースであった。お互いがターンを共有し、取り立てて不快感も無く話しが進行するのだが、深くお互いにかかわり合うようなラポールが見られないのである。決められた時間内に行う人工的に作り出されたペア会話だと、ラポールの発展を期待すること自体無理なのかもしれない。コミュニケーションの成否の率に関してここで言えるのは、コミュニケーション不全に結びつく要因が多く入ってくる実際の場面では、本書の実験データよりもさらに成功率は低くなるということである。

　異文化間コミュニケーションは、コンテクストを考慮せずには語れないと

いうことが本研究から導き出せる結論である。あるコンテクストでコミュニケーションが成功している例を、コンテクストが異なる場面に適用することはできないのである。コミュニケーション行動が、コンテクストにかかわらず有効であるという結論を出すためには、それがどんなコンテクストにおいても、あるいは全く異なったコンテクストでも出現することが立証されなければならない。

10.2　見えてきたもの

　前述したようにコンテクストの重要性を認識した上でもなお、今回の研究から一般化できることがあった。コミュニケーション行動に関しては、先行研究の結果と一致するものもあったが、そうではなく変更を迫るものもあった。異文化間コミュニケーションという複雑で変化するモザイクを解明しつつ、一方でその複雑さを単純化して英語教育に取り入れていくために、本研究の知見は貢献することができる。

　今回の研究から人間は、自文化を無意識に受け入れ、受動的にそれに従って行動する文化のロボットではないことが示された。先行研究には、人間が自文化のスキーマやフレームから受ける影響は限定的であり、異文化交流の場面では自文化に固執することなく、臨機応変に変えることができるとの議論があるが、われわれの分析結果のほとんどは、この議論を支持する結果となった。文化のスキーマやフレームは確かに人がコミュニケーションするときの土台とはなるものの、それを支配するものではないということである。同じ文化をもつ人間の間でのコミュニケーション・スタイルはその文化に支配されるであろうが、異文化接触という今回のような場面では、個人は自文化をより客観的にとらえ、進んで見方を変える建設的で自律的な会話者として行動していた。

　先にも強調したが、このような結論は、教育水準も高く、現代的な価値観をもっており、したがって世間の典型的な人間ではない今回の会話参加者に限定されるものである。オーストラリアに移民してきたこと自体、オーストラリア的価値観をある程度受け入れたと見ることができるし、移民という経験の中ですでに異文化の体験をもっていることも考えられる。それゆえ、社会の他の階層の人たちの会話であったなら、もっと違った結果になった可能

性は十分ある。

　上のパターンは一般的なものであったが、中には第4章で説明したように、会話参加者の会話へのかかわり方が文化的価値観に影響を受けているという証拠もあった。繰り返されるパターンは数種類あり、これは根強く維持される価値観があることを示す。また参加者に対する質問紙調査の結果でも文化的価値観の堅持が強く意識されているものがあり、会話のパターンと一致した。これは、文化はあらゆる面で西洋モデルの個人主義に収れんされていくという議論に反対する見解を支持する。

　コミュニケーション・スタイルに関しては多くの場合、先行研究の結果と一致することが見られたが、同時にそれはコンテクストで変動することがわかった。コミュニケーション・スタイルに関して一般化するにはデータが少なすぎるものもあったが、先行研究と合わせて、第8章で分析したように六つのスタイルを想定した。これは実用的に使えるものである。

　英語能力と発話量の関係についても発見があった。概して言えば、英語能力のある人物が一番よく発言するということは無かった。ただ人によっては、英語能力が低いと発言が少なくなるという傾向は観察された。しかし英語能力がかなり低いにもかかわらず、相手がたとえ英語母語話者であっても、自分の言いたいことを強く効果的に伝えることができるエルヴィド、アン、エイリシアやリ・ドンのように人たちもいた。本研究の焦点ではなかったが、本研究で得られた知見で、先行研究とは異なるものにはさらに次の3点があった。

　まず、ジェンダーと会話の関係である。英語母語話者の研究者による文献には、男性が議論の場を占領し、女性がより同意に傾きやすく、自分の意見を主張するよりもグループ内での人間関係に配慮することが多いとする研究報告が多い。本データではそのようなパターンがあてはまる会話もあるにはあったが、それよりも女性が男性と同様に多弁で自己主張をする例のほうが多かった。女性が時として自分の意見を優先し、議論を牛耳る例もあった。また女性が議論をリードし（英語母語話者が参加した二つの会話を含めて）議長のような立場をとる例もいくつかあった。

　第2点はユーモアについてである。ユーモアは異文化間コミュニケーションの場では問題を引き起こすことが多く、あまり出てこないとする先行研究が大半である。しかし本書のデータでは違っていた。いくつかの抜粋会話の

中にもあったように、データの多くに笑いやジョークが見られた。そして笑いのネタも英語の難しさについてのコメントであったり、話し合っている話題に関するもの(特に男女関係の話題)だったり、タスクに関するもの(無意識のうちにロールプレイの役割を忘れたり思い出したりする、いかにも役割に徹している等)だったりと、色々だった。不同意の場面で衝撃を和らげるために笑いが使われたり、ラポールが損なわれたと感じられた時ラポールを取り戻すために笑いが使われたこともあった。

　第3点は、英語を共通語とした異文化コミュニケーションにおける英語母語話者の態度についてである。今回のデータの中にもこれまでの研究で言われてきたように、英語母語話者が英語を相手に合わせて変えたり、会話の仕切り役になる現象はある程度は観察された。しかし英語母語話者が相手を一段低く見なしたり、言語能力の優位性を利用し自分たちの価値観や見解を押しつけようとすることは無かった。それどころか、本書の分析では英語母語話者がいることによって逆に発言量が平等になり、議論が深まり結果的にラポールの程度が高くなり、したがって人間関係が良好になった。最後に以上の3点は、今回のような場面状況に起因する、ということを再度強調しておかなければならない。上下関係のある競争的な状況では、かなり異なったコミュニケーション行動がとられているだろう。たとえば、実際の職場の多くの会話を分析した Byrne & FitzGerald (1996) では、ユーモアも笑いもまったく表出していないことが報告されている。

10.3　教育への応用とトレーニング

　本研究から導かれる結論の一つは、本書の会話データのようにコミュニケーションが成立すべき条件が最大限に整っていても、文化衝突が起こり誤解が生まれ、お互いを排除する会話があったということである。それは異文化に対する気づきや、異文化間コミュニケーション・トレーニングが誰にとっても必要であることを示唆する。それはまた、異文化間の効果的なコミュニケーションを妨げる要因が差別や偏見でなく、文化への気づきの欠落であることも意味する。データ分析のところで述べたが、コミュニケーションがうまくいかなかった例でも、もし参加者が文化的価値観やコミュニケーション・スタイル、また自分自身の文化やスタイルについて知識をもってい

れば、コミュニケーションはかなり改善されていただろうし、コミュニケーション不全を防ぐこともできただろう。会話を成功させたいという意図に知識と文化への気づきが加わる時、人は自分の言いたいことや言っている意味をどう伝え、わからせるかを理解できるようになる。何をどのようにたずねて相手の意味や意図を確認したらよいか、相手を納得させるにはどのように議論をすればよいのか等が理解できるようになる。

　このようなトレーニングは言語、コミュニケーション、社会学、心理学、マネージメントの授業で効果的に取り入れていくことができるはずである。それは、多文化の職場や教育機関の半日コースで扱われるような軽いものであってはならない。文化に根ざすコミュニケーション上の問題はもう無視できなくなっているし、現実問題として、海外で働くオーストラリア人を悩ませているからである。理想的な姿は、異文化間の折衝が日常的に起こる職場や教育現場では、英語母語話者も外国語を知っており（または習っているだけでもよい）、英語母語話者、非英語母語話者を問わず誰もが他の文化から学ぼうとする姿勢をもっていることである。オーストラリアでは文化の多様性を肯定する意見が幅をきかせ、英語母語話者のクローンのような移民だけを重要なポストに採用するのでなく、違いをもつ人を採用し、違いを資本化するというパラダイム・シフトが起こっている。しかしそれらを本当の意味で成功させるための異文化間トレーニングは、全く顧みられていない。コミュニケーションを成功させるには、そのためのスキルが必要であるにもかかわらず、英語文化を基準にしてコミュニケーションを捉えるだけで、異文化間という概念はそこから欠落してしまっている。

　異文化間コミュニケーションのトレーニングは英語母語話者と非英語母語話者の双方に必要である。大学のカリキュラムの中に入れられなければ、高校や職場の研修で教えられるべきである。非英語母語話者である移民と海外からの留学生には、職場研修の中でまたは英語教育の一環として、取り入れていかなければならない。トレーニングには長い教授時間は必ずしも必要ではなく、以下の点を目指す内容であればよい。

・コミュニケーションの過程と、文化によって異なるスキーマやフレームがコミュニケーションに及ぼす影響について理解する。
・言語の性質、特に言語は文化を反映しその土台となり、それを形作ること、したがって異言語間での意味の共有はほとんどないこと、バイリンガ

ルになるということは全く新しい社会的意味の世界に入ることを理解する。
- 目的と場所により英語は変わることを理解し、場と目的に合った英語を判断できる知識をもつ。
- 文化的価値観についての知識をもつこと。社会化における文化の役割を理解し、単一文化的な視点からでなく、異文化間的視点で人の行動を解釈し、評価することの重要性を理解する。
- カルチャー・ショックについて理解し、それが言語習得に与える影響について知る。
- 非言語コミュニケーションも含め、異なったコミュニケーション・スタイルの妥当性を知り、その知識が応用できること。スタイルの違いがどのようにして人物評価や才能評価や話し手の意図の評価に結びつくかを理解し、スタイルの違いがもたらす実害に関しても知識をもつ。
- 異文化間コミュニケーションを実行し強化する能力に関する知識や、スキルをもつ。文化の異なる他の人たちにも、自分のことや意図を伝える能力を理解し、その能力を中心的かつ最重要スキルとして練習する。

　トレーニングが最終目標とするのは、自文化中心的でなく文化相対論的な態度を育成することにある。一つのコミュニケーションのパターンを理想的で絶対的なものとして捉えるのでなく、「よいコミュニケーション」とはコンテクストによって柔軟に変わるものとして考える姿勢を養うことである。そのようなトレーニングは、言語が使用される社会政治的状況をも加味したものでなくてはならない。たとえば、非英語母語話者は職場や教育現場で機会均等の権利を実現するために、コミュニケーション技能を習得する機会が必要なのである。英語文化特有のスキルは、異文化間コミュニケーションというもっと大きな枠組の中で教えることができる。本書の補遺3には、英語の授業の一部として使えるトレーニングの方法や資料を掲載した。それは英語だけでなく、他の外国語のクラスでも使える一般的な内容となっている。この資料を基にして、学習者自身の文化と、学習している外国語の文化を大いに比較することもできる。

　また、本研究は従来の異文化間コミュニケーション研究や異文化間トレーニングに関して、次の3点が非常に問題であるという結果を出すこととなった。問題の一つは従来の文化分類が簡潔すぎることである。先行研究では文

化は主に2種類に分けられることが多い。高コンテクストの集団主義文化を一方とし、低コンテクストの個人主義文化をもう一方とする二分律である。そして東南アジアや東アジアといった一部の国にしかあてはまらない価値体系やコミュニケーション行動が高コンテクストの集団主義とされ、北アメリカを典型とする英語文化圏が低コンテクストの個人主義とされるのである。これは、社会言語学の知見を無視した、あるいはそれに疎い研究に基づいたトレーニングが多いことによるのであろう。社会言語学の研究や本書の研究結果を見れば、文化はこの二つに限定されないことは明らかである。

　第2に、先行研究やトレーニングにはコンテクストの役割を無視して結論を一般化しているものが多い。とくに上下関係が厳しく、高コンテクストといわれる文化をもつ人々に関する一般化が問題である。本研究はそのような背景をもつ話者でも、状況次第で話し方を極端に変えることができることを証明した。第3の問題点は、今までの研究が文化集団を単位として扱っており、その中の個人の多様性に目を向けてこなかったことである。本研究は、個人が出自の社会で優勢な価値観に従わないこともあることを示した。文化による違いは確かに存在し、ひとりひとりがその文化に身をおくことによって文化を習得するという過程は事実だが、個人は決して文化に支配されるロボットではないこと、そして人によっては自文化とは異なった文化に沿った行動を敢えて取る者もいることを、トレーニングでは強調しなければならない。

　現在多くのオーストラリア人が海外で中・長期の仕事に携わっている。現地の人と会話をし、そこでうまくコミュニケーションをとれるかどうかが仕事の成功に深くかかわってくるのだが、オーストラリア人の評判はあまりよくない。地元スタッフを交えて行われるさまざまな国でのトレーニングでは、地元スタッフは一緒に働いているオーストラリア人を一様に攻撃的で失礼であると評価するのである。データで見てきたように、この手の評価は言語文化の違いに根差すコミュニケーション・スタイルの違いから発生する。文化により是とするスタイルが違うのだということを知らないと、それが否定的な人物評価につながるのである。

　また、オーストラリア経済に欠かすことが出来ない重要な存在となっている留学生は、その大半がアジア出身である。先行研究には、これらアジアからの留学生が「議論に参加しようとしない」「自分の意見を言わない」等、

否定的な評価を大学から受けているとあるが (Byrne & FitzGerald 1998、Nixon 1993)、これもコミュニケーション・スタイルの相違から派生した評価である。ここでもまた学生と教員がトレーニングを受けることによって、さまざまな誤解や問題を解決できると思われる。

　近年のオーストラリアの移民政策は技能をもった移民を受入れることの価値を認め、そのための支援策もとっている。しかし言語および文化によって多くの移民が疎外されたり、コミュニケーションの問題が正しく認識されず人間関係が悪いままでは、政府が思い描くような生産的な結果を生み出すことはできないだろう。変革や雇用不安を強いられる職場は、ただでさえ非常にストレスの多い場所である。コミュニケーション能力はどのような職位にあっても重要だというのが筆者の認識である。そのような環境にあって、コミュニケーションがうまくとれずに誤解が続くと、不和や不信感につながり、それはさらに職場のストレスを生み出していく。そして多数勢のグループは移民を受け入れなくなり、移民がもつ能力や技能が有効に使われなくなってしまうのだ。移民たちは自分が直面する問題は差別であると感じているが、実はこれは文化に関して移民側とオーストラリア人(訳注　移民もその多くが法律上のオーストラリア人なので正確な訳ではないが、分かりやすいようにオーストラリア人とした)の双方が無知なために引き起こされている可能性がある。実際に差別がないのに差別されていると思う感情は、差別が本当にあるのと同様な問題を引き起こす。

　移民とオーストラリア人の間のこのような問題は解決可能なのか。トレーニングを実施した個人的な経験と職場の会話分析の研究結果から言うと、困難ではあるが、トレーニングは効果を発揮する。トレーニングを受けることによって、より協力して仕事が遂行できるようになるが、トレーニングは問題を明確に提示する分、反って問題を意識させてしまうという側面ももつ。したがって安易な楽観主義は避けるべきだが、本データが収録されたような非常に好ましい条件がそろっていても、英語での異文化間コミュニケーションがうまくいかなかったという結果が出ていたとしたら、絶望的な気持ちになるだろう。しかし、英語を共通言語とする (ELF: English as a lingua franca) 異文化同士の会話の今回のデータでは、多くの会話が成功していたことが示された。それらの会話では英語能力のばらつきがあっても、参加者たちは複雑な意見をしっかりと述べることができていた。さらに参加者たち

は対人関係のスキルももち合わせており、ラポールを築くこともできた。やりとりの談話標識(訳注　第9章参照)には特別に習わなくても使えるものもあったが、それらを含めて誤解を招きやすい談話標識、使いにくい談話標識等を、トレーニングではきちんと系統立てて教える必要があろう。本書の研究からそれらを教えることは十分可能で、かつ有効であることが示された。

　トレーニングを受けたからといって、偏見や差別、自文化優位意識や、無知がただちに無くなるわけではない。しかしトレーニングをすることによって、無知を克服し、偏見や自文化優位意識を弱める効果は期待できる。トレーニングを受けることによって、なかなか話題にできなかった文化の話を堂々とできるようになり、それが異文化間コミュニケーションを促進することになるという例もデータで示された。今まで行われた職場や教育機関でのトレーニングの受講者のコメントには、そのような意見がたくさん書かれている。そして英語母語話者、非英語母語話者に共通したコメントとして「今まで嫌だと感じていた相手の行動や言動や、不可解に感じた経験が初めて理解できた」というものが数多くあるのである。

　本書の最後の結論として、異文化間コミュニケーション・トレーニングはきわめて重要であることを述べておきたい。それはコミュニケーション成立のための必要条件ではないが、コミュニケーションの失敗を予防する効果がある。本研究でわかったように、コミュニケーションを成功に導く条件が最大限に揃っている状況でも、無知は問題につながる。そのような条件が揃っていない時の異文化間コミュニケーションは、とりかえしのつかない結果を生むことは火を見るよりも明らかである。本研究の会話参加者たちは、英語能力が不完全であっても英語を使いながらさまざまな意見や考えを引き出すことができ、また多様性があるからこそ生まれる異なった視点を取り入れながら最終的に創造的な解決策にたどり着くという、人がもっている素晴らしい能力を示した。正しい方向性をもつトレーニングや指導は、その能力を高めることになるのだ。Berry (1997: 149–50) がいみじくも述べているように「多様性に富む社会(多様性を内蔵する現在の世界)では、多様性がその日の憂鬱でなく、愉しみであればこそ、その解読が必要になる」のである。

補遺 1

会話参加者

本書の会話データに出てくる 74 名の参加者を名前のアルファベット順にリストアップした。オーストラリアの滞在期間は、オーストラリア到着からこの会話データを取った英語学校でのフルタイム学習までの時間を示す。就職活動や、実際に短期間であるが仕事をしてから英語を学習しに来た者も中には含まれている。また家族の事情ですぐ英語学習を始められなかった者もいるが、ほとんどは到着後すぐ英語学習を始めている。多くの参加者は自国の学校や大学で、または独学で中級レベルに達していた。仕事で英語を使った経験がある場合や、他の英語学校に通った経験がある場合にはそれも付記してある。フルタイムの英語学習クラスに空きができるまで、コミュニティー・クラスで英語を勉強した者もいた。就職向け英語クラス (English for Professional Employment 略して EPE) の中にはフルタイムで英語学習をした経験をもつ者もいた。

名前／性別	年齢	出身地	教育／職歴	オーストラリア滞在期間	過去の英語使用状況
Alain（男）	37	西ヨーロッパ	建築学士、建築家	1年	
Alex（男）	26	オーストラリア	人文系大学生		
Ana（女）	43	ラテンアメリカ	科学士、研究所勤務	6ヶ月	
Anh（女）	27	東南アジア	航空会社事務	2ヶ月	仕事で少し
Ari（女）	27	東南アジア	ラジオアナウンサー	1ヶ月	
Asmahan（女）	20	中東	大学1年、生物学専攻	2ヶ月	
Bai（男）	37	東アジア	経済学準学士、不動産管理者	5週間	仕事で
Bisominka（女）	33	南アジア	看護師	1ヶ月	
Budhasia（男）	34	南アジア	電気技師	6週間	
Cam（女）	31	東南アジア	科学士、物理教師	5ヶ月	コミュニティークラス
Carlos（男）	31	ラテンアメリカ	工学士	1年	過去2コース
Cveta（女）	29	東ヨーロッパ	薬学士、薬剤師	5週間	
Dana（女）	34	東ヨーロッパ	土木工学士	2週間	
Dolores（女）	48	ラテンアメリカ	保育準学士、保育師	6ヶ月	コミュニティークラス
Doai（男）	31	東南アジア	科学士、大学講師	2ヶ月	仕事で
Dusan（男）	45	東ヨーロッパ	機械工学士、デザイナー	2ヶ月	
Elica（女）	36	東ヨーロッパ	医学士、医師	3ヶ月	
Elini（女）	25	アフリカ	事務員	1ヶ月	
Elvid（男）	36	東ヨーロッパ	化学エンジニア修士、陸軍幹部	5ヶ月	コミュニティークラス
Eunsoo（女）	35	東アジア	大学1年、生化学専攻	2ヶ月	
Faridah（女）	32	中東	実業家	2ヶ月	仕事で
Filip（男）	33	東ヨーロッパ	メディア技術者	3週間	
Gia（女）	27	西ヨーロッパ	ホテル事務	2週間	仕事で
Govinda（男）	31	南アジア	工学博士、地質学者	8ヶ月	過去のオリエンテーションクラス
Hoa（女）	36	東南アジア	販売員	2ヶ月	
Irma（女）	32	東ヨーロッパ	体育学士、教師	3週間	

Ivan（男）	31	東ヨーロッパ	工学士、コンピュータ関連	1ヶ月	
Jack（男）	32	オーストラリア	人文系大学生、複数の仕事の経験		
Jamal（男）	45	中東	アラビア文学士、ジャーナリスト、詩人、作家	1ヶ月	イギリスで3年間在住
Jill（女）	21	オーストラリア	アジア研究専攻大学生		
John（男）	23	オーストラリア	言語学専攻大学生	18年	イギリス生まれ
Josef（男）	21	東ヨーロッパ	体育教育学士、教師、音楽家	2週間	
Julie（女）	28	オーストラリア	言語学専攻大学生		
Juxian（女）	38	東アジア	科学士、実験室技師	5ヶ月	オーストラリアで就業
Karim（男）	32	中東	数学士、高校教師	3週間	
Li Dong（男）	26	東アジア	科学士、教育大	1ヶ月	
Ling ling（女）	32	東アジア	科学士、森林庁役人	5ヶ月	ヨーロッパでの勉学／就業
Ljubica（女）	34	東ヨーロッパ	経済学修士、コンピュータープログラマー	2ヶ月	
Lola（女）	33	東ヨーロッパ	機械工学士	8ヶ月	過去のオリエンテーションクラス
Lu Hua（女）	38	東アジア	医学士、医師	8ヶ月	オーストラリアで漢方医
Marko（男）	29	東ヨーロッパ	電気工学士、電気技師	4ヶ月	コミュニティークラス
Marliss（女）	23	西ヨーロッパ	人文系大学生	2週間	
Meena（女）	30	中東	英文学士	3週間	
Ming（男）	39	東アジア	工学士、テレビ局	6ヶ月	オーストラリアの民間語学学校
Miron（男）	36	東ヨーロッパ	機械工学士、機械設計	7ヶ月	過去のオリエンテーションクラス
Mirta（女）	28	東南アジア	教育準学士、小学校教師	9ヶ月	
Netum（女）	26	南アジア	設計準学士、設計士	2ヶ月	ヨーロッパでの勉学／就業

Nikola（男）	23	東ヨーロッパ	建築士、技術者	1ヶ月	USAで1年少々
Omar（男）	35	中東	教育学士、理科教師	2ヶ月	
Paloma（女）	39	ラテンアメリカ	経営学修士、ホテル経営	5ヶ月	コミュニティークラス
Pawel（男）	23	東ヨーロッパ	技術者	3週間	
Pepple（女）	24	東アジア	12年教育、事務	2ヶ月	仕事で少々
Phien（男）	30	東南アジア	科学士、コンピュータープログラマー	5ヶ月	コミュニティークラス
Ping（女）	28	東アジア	科学士、研究助手	2年	
Piotr（男）	31	東ヨーロッパ	体育教育学士、教師／コーチ	1ヶ月	仕事で海外に行ったとき
Radmilla（女）	21	東ヨーロッパ	大学2年間在学、科学専攻	2ヶ月	
Raghat（女）	32	中東	建築学士、建築士	2週間	
Ramon（男）	63	ラテンアメリカ	社会学修士、大学講師	6ヶ月	コミュニティークラス
Renata（女）	32	ラテンアメリカ	教育学士、教師	13ヶ月	
Sallay（男）	46	南アジア	科学士、生命保険会社	3週間	多国籍企業勤務で
Sandra（女）	21	南ヨーロッパ	12年間学生	1ヶ月	
Sharad（男）	29	南アジア	経済学修士、コンピュータープログラマー	3ヶ月	
Simin（女）	30	中東	大学1年科学専攻	3週間	
Singh（男）	40	南アジア	土木工学士、土木技術士	2ヶ月	仕事で
Sylvia（女）	30	ラテンアメリカ	産業工学士、コンピュータープログラマー	1年	過去2コース
Szezana（女）	31	東ヨーロッパ	文書保管員	8ヶ月	オリエンテーションコース
Teresa（女）	32	東ヨーロッパ	観光学士、簿記係り	1年	USAで6ヶ月就労
Vera（女）	31	東南アジア	会計学士、投資研究	3年	オーストラリアで勉学、オーストラリアの学位
Vinh（男）	24	東南アジア	12年教育	1ヶ月	難民キャンプ
Wei（男）	31	東アジア	電気技師	3週間	
Wen（女）	35	東アジア	食物学士	6年	主婦　独学

Yolanda（女）	30	ラテンアメリカ	音楽学士、小学校教師	5ヶ月	コミュニティークラス
Zainab（男）	29	中東	ジャーナリズム学修士、報道カメラマン	15ヶ月	オリエンテーションコース
Zhiyan（女）	32	東アジア	医学士、医師	2ヶ月	

補遺 2

問題とタスクの内容

問題 1：心臓移植

　これは心臓の提供があったという状況で、7人の患者の誰が移植手術を受けるべきかを移植チームとして決定するというタスクであった。その過程で7人の手術優先順位を決めることも要求された。それぞれの患者の個人的背景や、現在の身体的状況も情報として与えられた。このタスクは英語学習者用のテキストでディスカッションと問題解決の練習としてあげられていたものから取り上げた。

問題 2：男女共学

　男女共学と男女別学のメリット・デメリットを話し合い、その上で教育委員会に地元のハイスクールをどちらにするかについて提言を行う。この問題は当時実際にニュースになっており、参加者らは新聞などでそのニュースを読んでいた。

問題 3：多文化マネージメント

　これはオーストラリアの職場についての講演を行ったゲストスピーカーが、実際に起こったこととして取り上げたものを題材にした。状況は次のようなものである。最近オーストラリアに移民としてやってきた会社勤めの男性（出身国は明らかにされていない）が自分の直属の上司である女性に仕事上の報告をすることを拒む。その理由は女性が自分より年下であることと、女性のはくスカートの丈が短すぎて不道徳で職場にふさわしくないということであった。学習者にはスカートの丈は当時「パワードレス」として企業の幹部女性が好んで身につけていたものと説明された。学習者らは中間管理職の立場でこの問題にうまく対処するようなロールプレイをするように指示された。

問題4：エイズ教育

学習者は子どもの保護者、またはエイズ教育を多民族社会のオーストラリアの高校でどのように導入するべきかを考える市民委員会のメンバーという立場でロールプレイを行った。これは当時マスコミをにぎわしていた問題であった。

問題5：学校予算削減

学習者は地元の高校の諮問委員会のメンバーであるという設定。学校予算の大幅カットが決定され、校長は教育プログラムの縮小や廃止を迫られていた。縮小できなければ学校そのものが閉鎖されることになっていた。コスト削減のための五つの提案が学習者に示され、学習者は五つのうち三つを選ばなければならなかった。

問題6：予算編成

状況の設定は、南アメリカの新国家の財務省の予算編成。その国家は未開発な自然を多くもっているが、国民の生活水準は低い。総理大臣は2百万ドルの予算案を編成するように指示した。輸送インフラ開発や教育を含めた八つの分野が提示され、グループはどの分野にどの程度の予算を当てるか、またその理由づけは何かを議論した。このタスクは英語学習者用のテキストから取り上げた。

問題7：印刷会社の減収

これは職場のチームワーク研修のために作成され、実際に出版されたものである。学習者は、ある印刷会社のそれぞれの部の部長をロールプレイする。取り組むタスクは、最近の突然の利益減少の原因を探り、解決案を出すことである。部長はそれぞれ情報を与えられるが、全員の部長が自分の情報をチームの他のメンバーと共有できたときに解決案が出せるように、前もって仕組まれている。

問題8：人事選考

これはアメリカで開発された多様性のためのトレーニング・キットを応用した。学習者は合計三人（女性一人、男性二人）の候補者の中から、いろいろ

な問題を抱える大学のある部署の責任者として相応しい人物をグループで選定する。ひとりひとりの候補者の年齢、性別、職務経験に関する情報が与えられているが、これらは文化によって異なる価値観が現れる項目になっている。

補遺 3

異文化間コミュニケーションのトレーニング―方法と材料

はじめに

　ここで述べられている方法論や教材は、本書で分析した会話データ収集の過程で、分析のニーズに合わせて数年間に渡って開発されたものであり、実際のクラスで使用されてきたものである。また第10章で述べたような結果を出すために開発されたトレーニング方法でもある。この教材を使用した学習者の英語能力は、オーストラリア第二言語能力測定で1+ から3 までに属す。それは中級から上級の能力に当たる。ここでは基礎的な材料も提示してあるので、教師が必要に応じて中身に変更を加えることが可能である。トレーニングの対象者は移民や海外からの留学生の英語クラスなどの非英語母語話者を想定しているが、英語母語話者に対するトレーニングとして使われ成功を収めたことも多い。非英語母語話者にはフルタイムの18週間の英語コースの中に組み込まれた形でこのトレーニングが実施されている。またオーストラリアの芸術、映画、文学、歴史を扱うオーストラリア文化のコースの一部にもこのトレーニングが含まれている。

　オーストラリアでは AMEP(Australian Migrant Education Programme オーストラリア移住者プログラム)の一環として、オーストラリア定住のための情報及び教育、健康、政治、法律に関する情報が移民に対して提供される仕組になっている。語学学校にはオーストラリアでの生活を始めるための一般英語クラスをはじめ、オーストラリアの職場や就職活動について学べる特別コースが設定されている。トレーニングを受けてオーストラリアの文化的側面がわかるようになると、その他の情報もよりよく理解できるようになる。また一般英語クラスでは教員が教えるべき英語能力が定められており、試験のそれぞれの段階で学習者がそれらを身につけているかを評価しなければならないのだが、その英語能力が実は文化の理解を前提にしているこ

とが非常に多い。たとえばビジネスレターを書いたり、短い報告書を作成したり、プレゼンテーションをしたりする能力は学習者が就職したいと思っている社会、つまりオーストラリアで好まれるスタイルに従うことが必須となる。海外からの留学生のための英語クラスや、移民のための英語クラスでもInternational English Language Testing Systems（IELTS）対策を主眼とすることが多いが、実はIELTSも文化的知識を前提とする。たとえばうまく英語を書こうと思ったら、英語をどのように書けばうまく内容を提示することができるかを知っていなければならないだろう。ところが、対策クラスを教える教員は文化的側面に配慮しないまま、自分で教材や教授法を決定してしまうのが現状である。自らのクラスでどの程度「文化」を教えるかという点も教師まかせになっている。

　筆者がかねがね述べているように、文化的相違が学習者に明確に示されないと、アメリカ、イギリス、オーストラリア製のテキストに無意識に入り込んだ文化は、教師の本能的な知識とあいまって、暗黙のうちに学習者に伝達され、学習者は経験を通してそれらを学ぶことを期待されてしまう。ところが、最近の研究成果から、文化は明示的に教えないと効果的に学べないことがわかってきた。自分の教授法はいつも正しいと思ったり、自分の文化的価値観や規範は普遍的だという態度（無意識であっても）で教えるならば、学習者は学ぶどころか、英語に対して反感をもつだけという結果になりかねない。英語への融合主義は、たとえ教師がそれを意図しているのではなくても、学習者にアイデンティティーの危機をもたらし、深刻な問題を生む。教授法や価値観や規範を文化の大きな全体像の中で位置づけることができれば、学習者は心理的な動揺を感じることはなくなるであろう。たとえば英語の文化的背景を知ることによって、英語を学ぶことは自分以外のものになるのではなく、一歩ひいて自分を見ながら、自分と英語的自分のどちらにするかという、客観的かつ意識的な選択が可能になることが理解できる。文化を教える時はそれが目安であり、文化領域を定めるものでもないことを強調しなければならない。学習者自身が観察者や分析者となり、自分で発見を重ねていく中で自分自身の領域を決め、地図を描いていくのであり、また領域はたえず変化するものであることを知っていなければならない。いわば教師が言語と文化の複雑な関係を教えながら地図の縁取りを示すかたわら、学習者は実際にそれに描きこむ作業をするようなものなのである。

以下で提示されている教材を読み、議論やグループワークをすれば、クラスの中で活発なコミュニケーションが生まれるであろう。英語の仮定法の使用の意味や、スピーチ・アクトの背後にある価値観を考えるための枠組を示すことにもなろう。異文化間コミュニケーションのトレーニングが英語コースに取り入れられていることを学習者が非常に有り難く感じている証拠を、筆者は今までの経験の中で多く見てきた。たとえば無記名の授業アンケートの質問で、学習内容について「非常に役に立つ、役に立つ、役に立たない」及び「楽しい、面白い、つまらない」の軸に沿って評価される時、「異文化間コミュニケーション」や「文化情報とスキル」のコースはいつも極めて高く評価されるのである。学期の中間調査でも、期末の調査でも、それは同じである。ときとして調査票にどれほど役に立ったかを書き記す学習者もいる。期末には質問紙調査だけでなく、面談式の授業調査も行うのだが、学習者からのフィードバックはそこでも非常に肯定的である。

　第10章で述べたが、授業や職場トレーニングではある特定の結果を目指すべきである。目指すものが何かによって、比較的簡単に教えられるものと、理解やスキルの獲得に時間がかかるものがある。

気づきのためのトレーニング

　このトレーニングでは、下の引用を読み議論することで学習者の気づきのレベルをあげることができる。教師はこれらの引用をパワーポイントで提示してもよいし、OHPや配布資料として示してもよい。英語のクラスでは授業で使う教材が何であれ、全ての教材のコピーをひとりひとりに配布することが重要である。引用はレベルによっては書き直しが必要であったり、また極端に学習者のレベルが低い場合には使えないこともある。異文化間トレーニングの最初のこのステップの目標は、学習者に異文化間トレーニングが必要であることをまず認識させることである。その必要性に気づくことによって、科目の具体的な中身が分らなくても科目を勉強しようとする意識が高まる。この引用を初めて読む時、学習者は完全に理解はしないかもしれないが、語学学習は文化的知識を含むものでなければならないという意識は出てくるはずである。

> もし我々が文化を無視して外国語を学ぶのであれば、我々はことばばかりが流暢な愚か者になる　(Sukwiwat 1989)
>
> 価値観は文化の中心を形作る　(Hofstede 1980)
>
> これらの価値観を学ぶことはゲームのルールを学ぶに等しい　(Samovar & Porter 1991)
>
> 多文化社会での危険性は、異文化的でなく単一文化的視点で、ある行動に対して判断を下すとところに潜んでいる　(Byrne 1999)

コミュニケーションの過程を理解するトレーニング

　これは第1章で述べた知識の構成(knowledge structure)を資料として、学習者には簡単に説明すればよい。このトレーニングの目的の一つは、コミュニケーションとは一般に思われているように、発信されたメッセージを発信者の意図どおりに受信者が読み解く作業ではないことを理解させることである。もう一つの目的はあらゆるレベルにおいて、コミュニケーションは文化と深くかかわっているということを教えることである。図にあるように、文化は話し手と聞き手両方に対し、かつ三つの知識層において同時に影響を与え、知識は社会文化的な知識に基づいていること明らかにしなければならない。

> **コミュニケーションの過程**
> かつての正しくない理解
> 　**話し手**　　　　　　　　　　　　　　　**聞き手**
> 　考え　→　明瞭なメッセージ　　　→　完全なメッセージを受け取る
>
> 正しい理解
> 　**話し手**　　　　　　　　　　　　　　　**聞き手**
> 　考え　→　以下の知識の構成によって影　→　メッセージを解読しなければ
> 　　　　　響を受けているメッセージ　　　　ならない
> 　　　　　(1)世界に関する知識
> 　　　　　(2)情報を並べる知識
> 　　　　　(3)文単位の文法

言語の性質と言語習得について理解するトレーニング

　これも下にある単語を使って簡潔に説明することができる。言語と文化は不可分であることを具体例で示し、不可分であるがゆえにそれぞれの言語に同じようなことばがあっても、意味づけが変わってくる場合があることを理解させる。

	言語と文化
intelligence	異なる意味
individualism	言外の意味が異なる
self-assertion	該当する単語がない

　英語の'intelligence'という単語を使って、違う文化では対応することばが違う意味をもつことを説明できる。ある文化では'intelligence'は素早く思考でき、考えをことばできちんと表せる特質を指すが、他の文化ではintelligentな人というのは熟慮した上で、かつ専門的な知識をもっている場合にのみ話す人を指す。'individualism'ということばは文化によって肯定的に解釈されたり、否定的に解釈されることばである。ある文化ではindividualであることは良しとされ、ある文化ではそれは自己中心的という意味に近い意味で使用され、よい意味では使われない。'self-assertion'ということばに対応する語彙をもたない文化もある。それは極めて文化特有の概念を表すことばだからである。このような例を出すことによって、外国語を学ぶことは異なった考え方をする自分の知らなかった世界に入ることだと理解できるであろう。

　このテーマは実は学習者にとって理解しにくいテーマなので、この次の英語社会の価値観を扱うテーマと関連づけて説明するとよい。「読解課題1」を使うとよい。「読解課題1」には二つの目的がある。ここまでにカバーした事柄を再度確認し明確にすることと、文化の相違ということを受け入れられない学習者に再考を促すことである。文化の相違を受け入れることは非英語母語話者にとっては実は難しくない。問題は単一文化、単一言語にしか慣れていない英語母語話者の方である。英語母語話者の文化への感受性を養うためには、ここで提示したよりもっと多くのトレーニング教材が必要になる可能性もある。その場合には、たとえば文化への感性を開発する過程を段階ごとに説明した *What Makes You say That? Cultural Diversity at Work* のパート

1 (Byrne & FitzGerald 1996)を使うことができる。

　本書でのトレーニングに含まれている読解教材に関しては全て、まずクラス全体で読むのがよい。クラス全体でひとりひとりが順番に声を出して読むという方法である。パラグラフごとに学習者から質問を引き出すようにして、説明が必要な場合には教師が詳しい説明を与える。読み終わったあとは、内容に関する質問の中に出てくる話題に関連してディスカッションを行うようにする。たとえばステレオタイプに関して学習者にわかりやすい具体例を出してディスカッションをすることができるであろう。筆者は個人的に初めてオーストラリア人のステレオタイプ化を聞かされた経験を話す。香港から台湾に向かう船上で中国人の若者と英語と中国語交じりで話をしていた時、私がオーストリアでなくオーストラリア人であることがわかった彼はこう言ったのである。「ああ、オーストラリアね。怠け者のオーストラリア人ですね。」教師は読解に関する設問を説明したあと、個人個人で答えを書くように指示する。これは授業中に行ってもよいし、宿題にしてもよい。こうすれば学習者はもう一度自分の好きなスピードで文章を読み返し、意味を考えることができる。

「読解課題１」
ことばと文化
　文化とは何か。それは言語、服装、行動や価値観など、ある集団の生活様式に関するもの全てを指す。価値観とは何が正しく、何が悪く、どういう行動が一番よいかという信念である。人が考え、行動する時、人は自分の文化の価値観に左右される。その事実に気づいていることもあるが、ほとんどの場合意識せず、考えることもない。人は、他の人も皆自分と同じ価値観をもっていると考えがちである。多くの文化に共通して存在している価値観があるのは事実だが、その重要性の順位は文化によって異なってくる。この違いがそれぞれの言語や話し方(コミュニケーション・スタイル)に反映される。
　同じ言語で同じ単語を使っても、意味している内容が異なることがある。たとえば、英語母語話者が 'individualism'(個人主義)という時、それはよいものとして捉えられ肯定的な意味で使うが、韓国人やスペイン人なら、その同じ英語の単語を自分の母語の単語に翻訳して考え、悪い意味で使うかもしれないのである。違う文化の人のことばや行動の裏にある意味を理解できないので誤解が起こるのである。英語母語話者は他の文化でも同じ英語のことばなら、同じ意味をもつと考えてしまう。
　違う文化の価値観を知ることは有用である。しかし価値観は不変ではないので、これは言うほど簡単ではない。特に現代社会においては価値観の変化は激しい。一般化された文化的価値観を知ることはもう一つ、ステレオタイプ化をする

危険性をはらんでいるのでやっかいである。ステレオタイプ化とはある文化に属する人々、または同じような文化の人はすべていつも同じ考え方をし、同じ行動をとると言い切ることである。どの文化集団にいようとも、ひとりひとりは他の人と違う存在であり、他の人とは違う個人がたくさんいることを心しておくことが重要である。

とはいえ、多文化主義社会ではある文化集団の典型的な価値観やコミュニケーション・スタイルを知っておくことが異文化間スキルにつながることが多い。異文化間スキルは多文化社会ではもちろん、さまざまな文化の接触がある現代において非常に重要なスキルである。

また自分自身が外国語を勉強したり外国に住むときには、その社会で好まれる価値観やコミュニケーション・スタイルをできるだけたくさん知っておくとよい。あることばが使われた時、自分のことばで近いものと同じ意味かどうか吟味することができるだろうし、その社会で礼儀正しくよいコミュニケーション・スタイルを理解することもできる。新しい文化やコミュニケーション・スタイルを学ぶことは、自分のもともとの文化やコミュニケーション・スタイルを捨てることを意味するものではない。それは二文化併用者（bicultural）になり、どちらの言語や文化でも機能できるので自分の目標に到達しやすくなるということなのである。新しい価値観やスタイルをどの程度取り入れるかは自分自身で決めればいい。

<u>設問</u>
　できるだけ自分自身のことばを使って次の問いに文の形で答えなさい。
(1) 他の文化に触れた経験がないと、自分の文化的価値観を説明するのが困難であるのはなぜか。
(2) 異なった集団の人々の間で誤解が起こりやすいのはなぜか。
(3) 現代では文化的価値観がどんどん変化している。なぜこのようなことが起こっていると思うか。
(4) ステレオタイプ化とは何か。ステレオタイプ化はなぜ誤解を招きやすいのか。
(5) 二言語使用者（bilingual）や二文化併用者（bicultural）は単一言語使用者（monolingual）や単一文化使用者（monocultural）よりもなぜ有利だと思うか。

英語の種類に関するトレーニング

　このテーマにもそれほど時間をかける必要はない。たとえば教師がOHPで3種の英語を紹介し、簡単に説明するだけでよいであろう。またはその代わりに、次の「読解課題2」を読むのでもよい。ここでの目的は、学習者が自分たちの習ってきた英語の種類について知り、英語母語話者が使う種類に関する知識を得ることである。このようなことを知っていると、英語圏で勉学したり、仕事につくために英語を第二言語として習ったり使ったりする際に何が必要かを理解しやすくなるであろう。学習者の多くは自分の国ではよ

い英語の使い手であったのに、たとえばオーストラリアではそのように見なされないので自信を喪失してしまうことがある。

「読解課題2」
英語の種類
　現在の世界では少なくとも三つの種類の英語が存在する。まず英語母語話者によって話されている英語で、そこには非常に多くのイディオムや文化的な意味を知らないとわからない言い回しが含まれている。英語母語話者同士でも地域が異なると意味が通じない場合もある。たとえばアメリカ英語話者にはオーストラリア英語の言い回しがわかるとは限らない。
　2番目に英語を公用語としているインドやシンガポールやマレーシアなどの国の人たちが使う英語がある。英語母語話者の英語も第二言語としての英語もどちらも明らかに英語ではあるが、内に隠れている意味やコミュニケーション・スタイルは実は国によって独特である。英語が通じるがゆえにかえってこの事実を把握している人は少ない。
　3番目に外国語として、または国際語としてビジネスのような場で英語を使う人々の英語がある。ここでの英語は取引のための実用的な英語となっている。このような英語には文化の影響はないと思うかもしれないが、翻訳された単語には異なった意味が含まれるかもしれないし、言語間で対応する単語が無い可能性もある。また外国語として英語を使う人びとの話の展開の仕方はその人の母語での展開方法と同じであることがほとんどである。
設問
できるだけ自分のことばを使って完全な文の形で答えなさい。
(1)あなたがオーストラリアに来る前に習った英語はどの種類の英語か。
(2)オーストラリアでは、なぜあなたが今まで習ってきた英語と異なる種類の英語を習わなくてはいけないと思うか。
(3)言語の使用には必ず文化が入り込むのはなぜか。

文化的価値観に関するトレーニング

　このテーマを導入するよい方法はHofstede (1991: 6)にある3種類の心理的プログラミングの図を示すことである。これを提示することで学習者は文化の観察者になり、分析者になるべきであること、教師はあくまでおおよその手引きしか与えることができないのでその後は学習者自身が図を完成しなければならないことが説明できる。Hofstedeの図を使いながら、文化は重要ではあるものの、一つの要因でしかなく、個人の資質を決して忘れてはならないという点を強調できる。また文化とは遺伝的に伝わるものではなく、成長の過程で習得されるものであることも合わせて指摘できるだろう。

このトレーニングは以下の三つの段階に分けて行うのがよい。第1段階は学習者にペア・リーディングをさせ、英語圏の文化はどちらの区分に入るかをペアで考えさせる。その後もう一度教材を読ませて、今度はクラス全体でそれぞれの区分について話し合い、英語の区分の答えを出していく。話し合いの中で、英語の区分は個人主義的な国の区分にあてはまること、その他の区分は集団主義の国の文化にあてはまることを指摘しておくと、次のトレーニングにつながりやすい。もちろん例外もあることを言い忘れてはいけない。たとえば時間に正確であることや計画性は集団主義とされる日本でも大事な価値観であること、フランスは個人主義的だが同時に階層的な社会であることが今までの研究から明らかにされている。また個人主義文化の問題点にも触れておくとよい。たとえば個人主義社会は孤独な社会であること、若さが極端に重視されることなどを伝えれば、個人主義社会のほうが優れていると主張しているのではないことが学習者にわかる。次の段階では学習者に設問(1)と(2)の答えを書かせる。しかしこれはやりたい者だけがやる宿題にする。なぜなら学習者には喜んで自分の意見を書く者がいる一方、書きたくない者もいるからである。データには現れなかったために、第3章で述べなかった二つの区分がここには入っている。これも学習者が知っておくべき区分なのでこのトレーニングには入れてある。一つはTrompenaars(1993)の研究にある特殊／普遍の区分、もう一つはHall(1983)の、時間に関する区分である。文献から直接用語を借りたが、これは言語と文化を話し合うために教師も学習者もメタ言語が必要だからである。

「読解課題3」
個人主義／集団主義
(a)集団よりも個人に価値を置く文化がある。個人主義文化とよばれる文化である。そこでは個人は他者から独立した存在として考えられている。子どもは小さいうちから独立するように教えられる。「自分の足で立ち(stand on their own feet)」「自分で考え(think for themselves)」「権威を疑う(question authority)」ように言われ、自分の勉強や将来の仕事について自分で決めるように言われる。友達と出かけるか、親類を訪問するかは自分の自由意志で決めることができる。この社会では援助をしなければならないと感じる範囲は直近の核家族(配偶者や子ども)だけである。この文化では名・姓という順番で名前を名乗る。
(b)集団主義の文化では子どもは自分が集団の一部であることを教えられる。集団とは兄弟、姉妹、おじ、おば、従兄弟を含む大家族制の家族であることが

多い。「わたし(I)」より「我々(we)」的な思考で、自分だけでなく集団の利益を考える。職場では競争するより協力し合うことが多く、仕事のチームは褒賞を公平に分け合いたがる。自分で将来を決めるより親が将来を決めることも多い。友情は長く続き、友人や家族は援助を期待することができる。たとえば一緒に多くの時間を過ごしたり、経済的に困ったときなどもお互いに助けあうことが期待される。

階層主義／平等主義
(a)家族や社会の中で、性や年齢や家などの要因で明確に階層が形成されている文化がある。これらの文化では由緒があり裕福な家族が社会的に高い位置に来る。家族の中では年齢の若い女子が一番低い地位を占める。この文化の言語もこれらの階層を反映する。たとえば、「あなた(you)」を表わすことばが多く存在し、話すときには相手の地位によってそれらを正しく使い分けなければならない。職場では下の地位の者は上の者（ボス）に忠実で、敬意を表わすことが期待される。その見返りに下の者は職場だけでなく、私生活の面でも上の者が面倒をみてくれることを期待できる。先生と教え子の関係もこれに類似する。教え子は先生に疑問を投げかけることも自分の意見を述べることも期待されない。学び方は、権威あるものによって書かれた事柄を暗記することである。男性と女性もまったく異なる行動をとることが期待される。高齢者は若い者に面倒をみてもらうことを期待し、また敬意を受けることを期待する。
(b)全ての人が同じように扱われるべきと考える文化がある。現実とは異なるとしても、人の平等性や個人の価値は平等であるという考え方が尊重される。権力をもった者は権力をもっていないかのように振舞う。たとえば相手が誰であろうとファースト・ネームで呼び合ったりする。人々は自らイニシアティヴを取り、自分の意見を述べたり先生や権威に疑問を投げかけることが奨励される。女性も自分で好きなように行動できる自由がある。高齢者も若者と違う扱いをされるのを好まない。

後天的／先天的
(a)個人は出自や家族や出身大学に関係なく、自分で達成したことにより尊敬されたり、評価されたり、報いを得たりすべきだと考える文化がある。そこでは就職や昇進は自己の能力や成果（コミュニケーションのうまさ、仕事ぶりや、出した結果）で決定され、学歴や就業年数では決まらない。
(b)多くの文化では家族的な背景に従って扱いが変わる。たとえば金持ちで社会的地位の高い父親がいると子どもも高い地位につくという具合である。就職や昇進にはこのような社会的地位、学歴、年功が個人の能力や成果よりも重視される。

個別／普遍
(a)多くの集団主義の文化では家族や友人関係が規則や法律よりも重要である。それぞれのケースは個別に扱われ、どのような人物が関わっているのか、その人たちは自分の友人か家族かまたは身内集団の者か、社会的地位は高いか

低いかで判断が変わる。またその人間が普段よい人物だと思われているか、前科はあるかが違法行為を告訴するかどうかの重要な判断材料になる。
(b)個人主義的な文化では自分を守ってくれる集団はない。これは誰もが公平に扱われる規則や法律が必要となることを意味する。このような文化においては法の遵守が最も大切であり、たとえ家族の一員であろうとも法を曲げてまでその人物を救おうとはしない。

単一時間／複合時間
(a)文化によっては時間に正確であることや、計画性が重視される。「時間を節約する」「時間を無駄にする」「時間を取り戻す」「時間をうまく使う」という表現をする。相手に時間をとってくれたお礼を述べたり、「時は金なり」と言ったりする。この文化では人々は同時に複数のことをしない。たとえば人は列を作り、一人ずつ相手をする。
(b)他の文化は時間や計画性や締め切りを守ることよりも、人との関係をより大切だと考える。時間を守ることはさほど重要でなく、時間を節約したり浪費したりという考え方をしない。この文化の人は、一度に何人も接客するというように、一度に複数のことを行うことがある。

設問
できるだけ自分のことばを使って、完全な文の形で答えなさい。上の区分をもう一度読んで次の設問に答えなさい。
(1)それぞれの区分で自分に当てはまると思うものや、共感するのはどちらか。
(2)自分の属している文化についてはどうか。

　トレーニングの対象者が英語母語話者の場合は、次の演習をする時にロールプレイのシミュレーションを含むことが必要になってくる。しかし英語学習者はすでに毎日の生活の中で文化の違いを経験しているので、次の二つの演習と読解をするだけで十分であろう。
　次の演習は単一文化でなく異文化的な見方をすることが重要なことを強調するのに役立つ。オーストラリアにやってきた移民や海外からの留学生が口々に言うのは、オーストラリア人は老人を敬わないし、冷たい扱いをしているということである。個人主義的な文化では若干そういうこともあり、学習者同士でその点について話し合うこともできると思うが、実はもう一つの見方もあるのである。まず学習者に配布資料で次の演習問題を配り、グループやペアで話し合ってもらう。登場人物の国籍は適宜変更してもよい。

> 「演習1」
> **異文化への気づき**
>   異文化への気づきトレーニングで、タイ人とオーストラリア人が次の状況のロールプレイをするように言われた。隣人である白髪で高齢の女性が重そうな荷物をもち、車の多い道を渡って家へ戻ろうとしている状況である。
>   ロールプレーではタイ人の学生は年をとった女性に近づき、荷物をもってあげて一緒に家まで歩いていった。オーストラリア人の学生は女性をしばらく見て、肩をすぼめるとそのまま歩き去っていった。
> <u>設問</u>
>   タイ人とオーストラリア人の行動はおそらくそれぞれの文化での典型的な行動である。あなたはこれらの行動をどう解釈し、どんな判断をくだすか。タイ人、またはオーストラリア人はなぜそのような行動をとったと思うか。

この設問に対して学習者がペアやグループで十分話し合いができる時間を与える。異なった文化からさまざまな批判的な意見が出されるはずである。話し合いが終わった頃に、次の資料を配る。これは教師が必要に応じて説明を加えたり話し合いをしながら、クラス全体で声に出して読むのがよい。

> **異文化理解**
>   重要なことは、自文化の物差しで他の文化の人の行動を解釈したり判断したりしないということである。自分が学んで知っている他の文化にある価値観に応じて解釈を試みるべきである。
>   上のケースではタイ人の学生は、自分の文化では若者は老人を敬い、手助けをして守らなければならないと感じるので、あのような行動をとったと述べた。老人もこのような行動を期待し、感謝する。
>   オーストラリア人の学生は自分があのように行動したのは、オーストラリアでは自立が尊重され、自分のことは自分でできるのがいいとされるからだと説明した。隣の女性が自分で何とかできそうに見えたので彼はそのままにしておこうと思った。彼は女性の自尊感情への計らいからあえて手助けをしなかったのである。もしあそこで手助けをしていたら、彼女は自分が年老いてまわりに依存しなければならない存在のように感じたかもしれない。オーストラリア人の多くはそのように感じることを嫌うのだ。相手が若者だったら彼は絶対手助けしないだろうから、なぜ老人というだけで手助けをするのがよいのだろうか？
>   ここで大事なことは、どちらの学生の行動も動機は同じだということである。つまりどちらも年老いた女性に一番親切でいいと思ったことをした、ということである。異文化の人々は同じ動機をもっていても、それを異なった形で表わすことが多い。

この演習をすると学習者間の議論が盛んになり他の行動にまで話が及んだりして、学習者は異文化的な視点から物事をみる必要性を理解するようになる。
　次の演習ではこの理解をさらに深める。使われた状況はオーストラリアでよくみられる誤解を基にしている。前の練習と同じように、これも参加者に応じて適宜変更可能である。個人的な経験を語りやすい小グループで行うのがベストである。

「演習 2」
　個人主義／集団主義
以下の状況が起こりやすいのはオーストラリアのような個人主義の社会だろうか、それとも集団主義の社会だろうか。なぜそのように思うか。
(1)職場の仲間は年上の上司にもファーストネームで呼びかけて、冗談を言ったり親しげにおしゃべりをしたりする。
(2)先生が何かを説明しているとき間違ったことを言っても、学生は先生を直すことをしない。
(3)家では食事がそれぞれのお皿に一人の分ずつ盛られている。レストランではひとりひとり好きなものを注文し、お互いに分け合うことはなく、一人が自分の飲み物と食べ物のお金を払う。
(4)仕事の面接では自分の背景を聞かれる。面接を受ける人は家族のことや、自分の卒業した学校や大学のことについて話す。
(5)大きなプロジェクトにチームとして取り組み成功させた。中には実質ほとんど何もしていないメンバーや、逆にプロジェクトに何時間もかけたメンバーがいて、仕事の量はさまざまである。しかし上司は全てのメンバーに平等にボーナスを出す。チームのメンバーもそれでよしとする。
(6)二人が昇進を申告した。一人は年上で素晴らしい資格をもっており、経験豊富である。しかし最近は目立った結果を出していない。もう一人は年も若く資格も少ないし、経験もあまりない。しかし最近は仕事ぶりもよく、結果を出している。若い方に昇進が与えられる。
(7)小さなレストランのオーナーが軽い違法行為を犯した。役所の調査官たちは問題を説明し罰金を払うように言う。オーナーは、調査官たちが自分の今までの正しい行いを知っていることだし、食事でもしながら、どのように今回の片をつけるか相談しようと調査官たちに提案する。
(8)少し大きくなった子どもは自分の部屋をもつ。子どもの部屋に入る時は、親でもノックをする。
(9)人は列を作って順番を待つ。割り込みをされることを嫌う。
(10)若い女子大学生が病気で休学している。出かけられないので、大学まで書類を取りに行くことができない。父親が代わりに大学の事務室まで出向き書類をもらおうとする。しかし父親は、個人情報に関する法律のために本人しか書類を受け取ることができないと言われる。

グループワークの時間を与えた後、(1)から(10)まで学習者の説明を聞きながら、正解を順番に引き出していく。(1)から(10)の解説は補遺4に載せておいた。

カルチャー・ショックに関するトレーニング

　この時点で、学生にカルチャー・ショックとは何か、どんなはたらきがあるのかを自分の経験を通して考えさせる。それには次の課題を使う。ここでも難しい単語などを説明しながら、まずクラス全体で読むとよい。長い文なのでパート1とパート2に分けて提示した。

「読解課題4」
カルチャー・ショック：パート1
　カルチャー・ショックとは何か？それは新しい文化に接した時しばしば起きる反応である。研究者はカルチャー・ショックは環境の変化に対するごく自然な反応として捉えている。
　自分の文化の中に埋没している時は、さまざまな状況に対する対処の仕方がきちんとわかる。他の人のことば、声の調子、顔の表情、ジェスチャー、身振り、習慣や行動の意味を暗黙のうちに理解している。このような知識は無意識の領域にあり、ことばを母語として習得していくように人が成長する環境から身につくものである。
　人が新しい文化に突入すると、相手を理解するのに使っていた手がかりが喪失する。初めての匂い、音、風景などの新しい刺激を経験するだけでなく、その社会で何が受け入れられていて、すべきことは何で、やってはいけないことは何かなどがわからないまま、未知の環境の中で家事なり、仕事なり、勉強なりの日常をこなしていかなければならないのである。文化の迷路の中で、焦燥感や、怒り、絶望感等を感じるようになる。カルチャー・ショックの形は人によっていろいろあるが、ほとんどの人に共通してみられるのはストレスである。全てがよく見える最初のハネムーン段階を経て、次に何でも悪く思える段階がやってくるのが共通のパターンであるとする研究もあるが、最近の大規模調査からわかってきたことは、全ての人がハネムーン段階を経験するわけではなく、人は躁と鬱を繰り返しながら新しい文化へ適応していくということである。
　新天地に到着した者は、ごく簡単なことをするにもやり方や、決まりを知らないために大変な努力を要するかもしれない。小さなイライラが理不尽に大きくなることもある。周りの人間が不親切であるばかりでなく、わざと無礼にふるまっているように思えてしまう。新しくやってきた人はイライラしやすく、現地の人に対して悪感情を抱き、この国はすべてがだめだというような偏った見方をしたり、現地の人をステレオタイプ化したりする。たとえば、この国の人間は皆いかさま師で人種差別主義者だというように。人によっては極端に落ち込み、極度のホームシックにかかり帰国したいと思うようになる。また身体上のさまざまな不

具合、たとえば腹痛、発疹、胃腸の変調、食欲の異常、下痢、疲労感、不眠、多眠を発症することがある。
　中にはどんなに大変な労力がかかろうとも本国に帰る者もいる。対応の仕方は次のように人によってまちまちである。
　(1) 差異を最小化する：文化的な差異を認めないで、自分が自然だと思うように行動していれば問題はすべて解決するだろうと信じる。他の人がどう思っているかは関心がない。このような行動はいろいろな文化が同時に存在する職場では、人間関係の問題につながっていく。
　(2) 逃避：現地の人間を避け、自国出身者とのみ交流する。自国の人と長い時間を過ごし、新天地の不満をお互いに述べあう。自国を美化し、自国を完璧な場所のように思い出す。逃避は当面のストレスを解消する自然で有効な方法だが、そのままにしておくと最終的には問題は解決せず悪化する。
　(3) 闘う：反感と怒りと敵意を抱く。うまくいかないのはすべて新しい文化と現地人のせいだと考える。
　(4) 現地人になりきる：自文化より新しい文化のほうが全て勝っていると感じる。自国の文化を否定し、現地人になりきろうとする。
　(5) 合理的対処法をとる：ある文化から他の文化に移行したときは問題が起こるのは普通だと考え、経験をなるべく前向きに捉え、学びの機会と考える。問題の解決につながるようにいろいろ試してみる。

〈部分的な適応〉
　ほとんどの人はカルチャー・ショックの次の段階で、ある程度まで新しい文化に適応するようになる。社会の基本的な決まりごとを覚えて効果的に物事に対処できるようになる。新天地でよりくつろげるようになるが、この時点で適応することをやめてしまう人もいる。こういう人は新天地で異邦人のままだが、帰国してみると自文化の中で逆カルチャー・ショックに苦しむことになる。

〈適応〉
　新しい文化を受け入れるようになる人もいる。新しい文化には他の文化と同じように悪いところもよいところもあることを認識する。このような人は二文化併用者（biclutural）となり、必要に応じて新しい文化と自文化を使い分けることができる。二文化併用能力をもっている人は単一文化しか知らない人より有利である。文化間の橋渡し者になることができるからである。多文化社会やさまざまな文化が交わる現代の世界で、大変有用な役割を果たすことができる。

設問
　完全な文の形で、なるべく自分のことばを使って答えなさい。
(1) カルチャー・ショックは異常な反応か、普通の反応か。その主な原因は何か。
(2) オーストラリアに来てから発症した精神的、肉体的な症状はあるか。
(3) カルチャー・ショックに対処するために一番よいと思われる方法は何か。対処法によっては、どんなまずい結果が出るだろうか。

カルチャー・ショック：パート2
　どのような人に強いカルチャー・ショックが出やすいだろうか。
(a)以前に他の文化を経験したことがあり、違った生活様式を経験している人はカルチャー・ショックに比較的強い。
(b)家族や友達からの支援がある人はカルチャー・ショックにかかりにくい。
(c)新しい言語や文化について知識があるとカルチャー・ショックの予防になる。
(d)新しい文化と性格的に合うことは重要な要因である。人によっては新しい文化が自分の性格にぴったりだと思うこともある。
(e)自分についてどのくらい理解できているか、柔軟性のある思考回路をもっているか、受容しやすか、イライラや怒りをうまく管理できるか等、本人の性格上の特徴も重要である。
(f)かつてもっていた権力や決定権を失うこともカルチャー・ショックの要因となる。たとえば伝統的な社会で高い地位をもっていた人が新天地であまり高い地位につけないとカルチャー・ショックに苦しむ。

〈カルチャー・ショックの合理的対処法〉
(1)カルチャー・ショックは他の人たちが自分と同じように考え行動することを期待することから起こるということを忘れないようにする。こちらが思っているように相手が考えたり行動しないと、人はうろたえるのである。
(2)新しい文化についてできるだけ多くのことを学ぶ。家族がいる人は家族も同じように学ぶように仕向ける。仕事を持たない配偶者が一番カルチャー・ショックを受けやすいという研究もある。
(3)自分のやり方が一番だという考えを変えてみる。自分の文化での基準で他人の行動を判断しない。文化の全体像が見えないうちに、ひとつの事項を取り上げてそれを批判しない。
(4)完全主義を目指さない。少しでも進展があったらよしとする態度で構える。
(5)自分の出身国と新天地の国を比べて批判しない。現実をよく見つめ、自分の国にいたときも問題はあったことを思い出す。
(6)新天地で自分と共通の趣味などをもつ友達を作る。新しい文化への適応を経験した他の移民の人たちと交流してみる。また自国の人と自国語で話してリラックスすることも必要である。
(7)運動、マッサージ、ヨガ、瞑想をしてストレスを管理する。健康に留意する。
(8)以上のことは全て自分の心がけ次第であることを忘れない。カルチャー・ショックは新しい社会へ適応するためのいたって普通のプロセスであると考えるとよい。

設問
　完全な文の形で、なるべく自分のことばを使って答えなさい。
(1)人によってカルチャー・ショックの度合いが異なるのはどうしてだと思うか。
(2)オーストラリアで、人がこちらが期待したとおり行動しなかったという経験をしたことがあるか。　どうしてそういうことになったか理解できるか。
(3)自分にとって一番効果的だと思う対処法はどれか。それを選んだ理由はあるか。

コミュニケーション・スタイルに関するトレーニング

　ここからのトレーニングは小人数のグループで行うとよい。下記の資料を読ませて、英語圏で好まれるスタイルはどれかについて話し合わせる。最初に六つのスタイルを提示することで、学習者は文化よって好まれるスタイルは他にもいろいろあるということが理解しやすくなる。また自文化のコミュニケーション・スタイルについて理解できれば、自分のスタイルに見られる特徴が異文化間コミュニケーションを妨げていることに気づくかもしれない。ここに提示したものは演習問題としてあえて簡潔にしてあるので、個人的経験は個人の話として聞いておき、特定の国や文化集団とスタイルを1対1で結びつけないように指導したほうがよい。ただし学習者側から自発的に出てくる場合は、どの集団がどのスタイルを好みやすいかについて緩やかに指摘することはよいだろう。英語圏と比べると、アジア文化はより間接的で対立しないスタイルを好み、反対にヨーロッパ文化はより強い対立的なスタイルを好むことは、少なくとも学習者に知らせておく必要がある。

「演習3」
コミュニケーション・スタイル
　それぞれの文化には「好ましいコミュニケーション・スタイル」が存在するが、それは文化に内在する価値観に基づくものである。外国語を話すとき、自分の母語のスタイルで話すのは普通のことである。したがって、自分が学んでいる外国語で好まれるスタイルを知ること、他の文化のスタイルを知ることは大切である。知っていれば、必要だと感じたときに、そのスタイルに変えることができるからである。以下の(1)から(6)は世界に存在する六つの文化集団に見られるスタイルをまとめたものである。その中で英語圏、特に学校や職場で好まれるスタイルはどれか考えよう。単語がわからない場合には辞書を使ってもよい。

(1)この文化は温かみと感情表現を大事にする。人々は自分の気持ちを隠さない。会話では同時進行で複数の人が話したりする。これは会話に対して温かい気持ちをもち、興味をもっていることを表わす。議論や大げさな表現や感情的な表現を好み、話のつながりを理解するのは聞き手の役割だと考える。会話の途中でいろいろな話題を持ち込み、会話を面白くしようとする。本当に言いたいことは、ことばでなく、話題に対する立場や自分の気持ちとして表わす。

(2)この文化ではグループの調和、温かい人間関係と大げさなスタイルを大事にする。何でも決めつけること、強い意見をもつことがよいとされる。そして比較や、繰り返し表現や、詩的な表現を用いて相手を説得しようとする。強い、手の込んだ表現を用いなければ自分の言っていることに自信がないと相手に思われてしまう。

(3) この文化では調和を重んじ、対立や不同意を避けようとする。話し方は間接的である。たとえば直接的に「ノー」と言わなかったり、何かをすすめられた時、最初から「イエス」と言わなかったりする。悪い知らせ、批判、不同意、断り、依頼はほのめかしを使って表わされ、聞き手は意味を推測しなければならない。まず物事の背景を話して、相手がどんな意見かを確かめてから、自分の意見を述べる。ひとりひとりターンを取りながら話し、ターンの間には少し時間を置く。これにはきちんと聞いたということを伝える意味がある。沈黙があっても気にしない。そして謙遜した言い方をしなければならない。

(4) この文化は誠実であることと自発的であることを好む。いい感情も悪い感情も自由に表わしてよい。激しい議論は悪いことでなく、相手が間違っているとはっきりとストレートに言ってもよい。自分がいかに考え方を変える気がないか示すために、相手の観点を見ようとしないことがある。

(5) この文化では個人の自立が尊ばれる。ターンを交互に取りながら会話をし、割り込みはしない。しかしターンとターンの間が空き、誰も話していないと居心地が悪いので、間を空けずに会話をする。人は直接的ではっきりとした話し方を好み、何かをすすめられた時は最初から「イエス」か「ノー」かを述べる。大事なことは話の始めに何の話かをまずわかるようにしなければならない。議論や批判をするときは落ち着いた口調で感情的にならず、両方の言い分を理解しようとしなければならない。また自分の感情をあからさまにすることも避けなければならない。プライバシーを尊重し、相手に何かを押しつけることを避ける。

(6) この文化では調和のとれた人間関係を重んじるが、議論を避けることはしない。同じターンの中で賛成したり、反対したりするが、自分の論点を弱めているとは解釈されない。自分の意見を正当化しようとするので、1回のターンが長くなることがある。繰り返しを多用し、また改まった表現を使う。主眼点を述べる前に、背景を説明したり、理由をまず述べる。

　この演習でのポイントは、どのスタイルが英語圏で好まれる話し方かを理解することである。詳しくは後でまたさらに見ていくことを伝える。学習者から自分の文化のスタイルについて意見が出た場合は、それが正しいかどうかを教える。またスタイルが原因で個人の性格や能力が否定的に判断されてしまう点に関して話し合いをすることもよいであろう。分類はどのスタイルが間違いとか正しいという性質のものではなく、英語文化スタイルが 'rude'（無礼）、'aggressive'（攻撃的）、'naive'（世間知らず）、'simplistic'（短絡的）、'cold'（冷たい）、'boring'（つまらない）、ということばで他の文化の人々から批判されていることを強調する。しかしながら、異文化間での状況で、礼儀正しく、効果的で、説得力のある話し方をしたいと思ったら、相手がどのスタイルの文化なのかを考慮し、自分のスタイルを変えることが必要になるか

もしれない。

　スタイルの分類の後で行うと効果的なのは、次の練習である。実際に学習者によって書かれた手紙であることを伝える。英語は完璧なのに、英語母語話者にはどこか変に感じられる。学習者は何がおかしいかわかるだろうか。

「演習4」
　Dear teacher,
　My brother and his family came to Australia last week. They are going to live in Sydney. I went to Sydney and met them at the airport. They have never traveled overseas before. I did not come back to Canberra until Sunday night. I am sorry I was not able to come to class last Thursday and Friday.

　親愛なる先生
私の兄と家族が先週オーストラリアに来ました。シドニーに住むことになりました。私はシドニーに行って空港で出迎えました。みんな海外に行くのは初めてでした。日曜の夜まで私はキャンベラに戻ることができませんでした。先週の木曜日と金曜日、授業に出ることができなくて申し訳ありませんでした。

　この手紙の一番肝心なポイント、つまりコミュニケーションのまさに目的の部分が一番後に来ている点を学習者から引き出す。状況の背景や理由が先に書かれている。また読み手は文章のつながりを書いていないので、それも推測して読まなければならない。英語で好まれる書き方は言いたいことを最初に述べ、それから because や so などの接続詞を使い、意味を明確にしながら理由などを述べていく書き方である。この演習を通して異文化間コミュニケーションでは言いたいことを最初と最後に言えば、いずれのスタイルにも適合するので、間違いが起こりにくいことを指摘できる。

　次の演習は小人数のグループで行うのがよい。それぞれのグループの一人が事例を声に出して読む。グループでそれについて話し合ってから次に進む。全てのグループが作業を終えたら、教師がもう一度事例を一つずつ取り上げ、答えを学生から聞き出しながら、正しい説明ができているかを確認する。それぞれの事例の解説は補遺5にある。

「演習5」
異文化間接触：事例
　文化の価値観に根ざしたコミュニケーション・スタイルの違いは、さまざまな誤解を引き起こす。どのような誤解が起こるか解明しようとした研究は多い。スタイルが異なることにより、人は相手のことを無礼者、うそつき、優柔不断、頭が悪い、異常に感情的、不誠実などと思ってしまう。次の事例でどのような誤解が起きているだろうか。またその原因になっているものは何か。

(1) ある英語母語話者が南ヨーロッパ出身の複数の女性とチームを組んで仕事をしていた。南ヨーロッパ出身の女性たちは毎日英語母語話者に 'how are you?' と聞いていたのだが、いつも返ってくる答えは 'Fine, thank you' だった。何ヶ月か経った後、南ヨーロッパ出身の女性たちは怒り出した。「どうしていつも fine って言うの？いつも fine なんてありえないでしょ。」

(2) 最近東アジアから移住してきた男性がオーストラリアの会社で働いていた。母親を病院に連れて行くのに仕事を休みたいと思った彼は、オーストラリア生まれの上司に頼んだ。次の会話がそのときの会話である。

'Ah, my parents have just come to Australia'
'Yes'
'They are both quite old. Last week my mother got a very bad cold.'
'Get to the point, man. What are you trying to wheedle out of me?'
'Ah…nothing. It doesn't matter.'

「最近家族がオーストラリアに来まして」
「はい」
「二人とも高齢で。先週母がひどい風邪をひきました。」
「言いたいことは何？　たくらんでいることでもあるの？」
「あー、いいえ何でも。結構です。」

(3) 何人かのフランス人とオーストラリア人が同じ事務所で仕事をしていた。フランス人はペン、ノート、ホッチキス、クリップなどを頻繁に近くにいる同僚から借りた。借りるときも返すときも何も言わないで。これがオーストラリア人たちを怒らせた。そして人間関係が悪化する原因の一つになっていった。

(4) 大学の事務や食堂のスタッフは、ある文化の出身者たちが失礼であることに腹を立てていた。これを知った教師は、クラスではまったくそのような経験が無いので驚いた。

(5) ある東ヨーロッパ出身のデザイナーが、女性の服飾デザインをする小さな会社でインターンシップをすることになった。お茶を淹れたり、食洗機の食器をしまったり、その他家事的な仕事を順番でするように言われたとき、彼女はオーストラリア生まれの会社のオーナーのとことろに行き、強く、かつ感情的に、これらのことは時間の無駄遣いであることを訴えた。オーナーは当初よりインターンシップの期間を短縮した。

> (6)東南アジア出身の女性が、英語母語話者である上司から仕事を増やしてくれるように頼まれた。彼女はその新しい仕事の訓練も経験もないので非常に難しいだろうが、どうするか考えてみると言った。その後彼女はそれまでと同じ仕事を続け、新しい仕事をしようとしなかった。上司は彼女が言ったことを守らないと思い、大変気分を悪くした。

これに続く、上級者向けのフォローアップ演習として Anna Wierzbicka が自らの行動として選択した部分(第9章に引用)を読むことができる。学習者たちはこの部分をとても役立つと感じるようだ。彼女が移民としてオーストラリアに来たこと、現在は国際的に名声のある言語学の教授でオーストラリア国立大学で教鞭をとっていることも伝える。

ノンバーバル・コミュニケーションに関するトレーニング

この演習はまず小グループの話し合いをしてからクラス全体でやる方法がよい。この解説は補遺6にある。

> 「演習6」
> 　ノンバーバル・コミュニケーション(ボディー・ランゲージ):カルチャー・クイズ
> 　異文化間で誤解の原因になりやすいものにノンバーバル・コミュニケーション(ボディー・ランゲージ)がある。ある文化で礼儀正しく容認されている身振りが、他の文化では無礼とされることがあるからである。次のうちで英語圏でよしとされ容認されるものはどれか。また容認されないものはどれか。
> (1)誰かを手招きする
> (2)誰かの頭をさわる
> (3)痰やつばを吐き出す
> (4)他の人の目の前で、ハンカチで鼻をかむ
> (5)足の裏や靴底を相手に見せる
> (6)指で人を指す
> (7)誰かの目をまっすぐに見る
> (8)物、特に食べ物を左手で渡す
> (9)誰かにウインクをする
> (10)口を閉じて食べたり、皿の食べ物を残さず食べたりする
> (11)女性が足を組んで座る
> (12)人の名前を赤色のインクで書く

異文化間コミュニケーション能力開発のための課題

第9章にまとめた異文化間コミュニケーション能力をリストアップする。本書の実際のデータを使ってそれぞれの能力が示された例、またはそれが欠落している例を示す。これらの能力と英語文化特有の能力で重ならない部分(問題解決能力も含めて)を、以前の章で説明したようなグループ・ディスカッション形式で練習するのもよい。ディスカッションを録音・録画すれば、学習者自身で能力を判定できるであろう。教師は注意すべき項目のチェックリストを用意する。

英語文化特有の能力に関するトレーニング

どの英語のテキストにもこの能力に関してはたくさんの練習問題があるので、ここでは基本的なものに留めておく。正しい指示の仕方、依頼の仕方、法助動詞を使って仮定法で話す話し方についてはどんなテキストにも必ず出ているため、あえてここには出していない。しかしながら、それらの用法の裏にある文化的価値観を強調しておくことは重要である。以下の演習には教師の判断で演習問題を加えたりすることは自由である。たとえば、ここにある演習問題を使って、あるコミュニケーション行動が受動的に見られるか、主張しているように見られるか、攻撃的に見られるか、というような練習ができるであろう。学習者にこれらの練習は、英語圏の「よいコミュニケーション」(求人広告で謳われるような)とされるコミュニケーションの方法を練習するのが目的であることを説明する。クラスで練習を進めていく間に英語圏だけでなく、異文化間の状況でも効果的に使えることを示すとよい。また覚えるべきフレーズ、意味の理解が難しい慣用的フレーズもあわせて学習者に示すようにする。以下の演習はまずクラス全体で英文と例を読み、それから小グループやペアに分かれて活動を行う。活動には学習者がよく知っている話題や、やさしい話題が選ばれているので、学習者は内容にとらわれずに、英語学習に集中することができるはずである。

「演習7」
英語のコミュニケーション・スタイル:情報の展開方法
(1)英語でうまくコミュニケーションする人はまず一番大事なことを述べてから、詳細、例、理由などの背景情報を述べる。たとえば意見を述べる場合に

はまず自分の意見を言ってから、なぜそう思うかという理由づけを行う。報告書を書く場合にもまずわかった点や提案を書き、なぜかという他の背景的詳細をその後にもってくる。プレゼンテーションを行う場合も同じで、まず言いたいことを簡単に述べる。そして最後にまとめとしてもう一度言いたいことを繰り返す。文化によってはこの情報の並べ方は直接的すぎて効果的ではないと考えられている。そのような文化では最初に背景や理由を述べて、最後に主眼点を言うので、英語と逆の順番になる。それはそれで有利な点もあるが、少なくとも英語圏では多くの人がその順番に慣れていないので、言いたいことがうまく伝わらず、わけがわからない人だと思われてしまうだろう。それどころか、本当に言いたいことは別にあるのに隠していると思われてしまうかもしれない。

英語文化には上述のような傾向があることを示す表現：
Get to the point.（ポイントを言って）
Don't beat about the bush.（もってまわった言い方をしないで）
Make your point.（ポイントを明らかにして）

こちらの言いたいことは、次のような表現ではっきりさせる。
For me the most important thing is …（私にとって一番大事なのは…）
The real problem is …（本当の問題は…）
The main reason is …（主な理由は…）
The whole point is …（肝心な点は…）
In fact the only really important point is …（実際には本当に大事なポイントは…だけです）
The crux of the matter is …（これの核心は…）
It all boils down to …（これは結局…ということになる）

(2) 言うことに関連性を持たせる。英語のレトリックは直接的であり、普通は発話のすべてが話題に関連のある内容でなければない。他のことを言うと脇道に逸れたとか、関係がないと批判を受けるだろう。文化によってはこのような話し方を単純で面白みがなく繊細さに欠けると思うだろう。下の表現は英語文化でのこのような「好み」を示すものである：

Stick to the subject.（話題を維持して）
Don't get off the track.（話題を逸らさないで）
Let's not get side-tracked.（話の筋から逸れないようにしよう）

ペアワーク
　下のテーマに関してかわるがわる意見を言いなさい。
(a) 自分が一番重視すること
　◆仕事を探す時
　◆家を買ったり借りたりする時
(b) 一番大事な資質

◆友達として
　　　◆結婚相手として
　(c)最も問題となること
　　　◆新しい言語を学ぶ時
　　　◆テレビをたくさん見ることについて

次のような表現を使いながらまず自分の意見を述べなさい。
In my opinion, the most important thing is …
I am mainly concerned about…
The main thing is …
I think the main problem is …
As I see it, the greatest difficulty is …
For me, the main problem is …

そして次のような表現を使いながらその意見の理由を述べなさい。
The main reason is …
One reason is …
Another reason is …

「演習8」
英語のコミュニケーション・スタイル：仲間表現と不確実性を示すソフナーの使い方

　英語でうまくコミュニケーションするには、自分の意見だけが正しいというような独断的な言い方を避けなければならない。職場のミーティングや大学のチュートリアルなどの問題解決の話し合いでは、これは特に重要になる。自分の意見はそれがあたかも仮で不確かなような言い方をし、他の人の意見も聞きたいというニュアンスをもたせるのである。英語母語話者は意思決定に際し、他の人の考えは関係ないという印象を与えないように気を遣う。

　強すぎる話し方、独断的な言い方、感情的な話し方は英語母語話者が嫌う話し方である。そのように話されると英語母語話者はうんざりしたり、腹を立てたりする。たとえば 'we must do this' とか 'we have to do this' と言うのは「わたしが言っていることは正しいから、あなたは同意するべき」と言っているのと同じ意味に聞こえるのである。英語母語話者は誰もが自分の意見を述べ、意思決定に公平にかかわる自由をよしとする。自分の意見や提案を柔らかくする方法はいくつかある。

(a) COULD、WOULD、MIGHTなどの法助動詞や 'maybe'、'perhaps'、'probably' などの副詞を使う。

　　　よい例　　　　　　　　　　　　悪い例
The problem could be that …　　The problem is …
It is possible that the real problem is …　The real problem is …
Maybe we could …　　　　　　　We can do …

Perhaps we might do it his way …　　We must do it his way …
This might be successful　　　　　　We have to do …
I would prefer to do …　　　　　　　I want to do …
That would probably be difficult …　　That is too difficult.
　　注意：英語母語話者に比べて英語を第二言語として使用する人は、このような
　　　　単語や言い回しが非常に少ないことが職場での言語使用の研究からわ
　　　　かってきている。

(b) 'I think'、'In my opinion'、'I'm afraid'、'quite' を使いこなす。
　　　　よい例　　　　　　　　　　　　悪い例
　　I think we should do …　　　　　　We should do …
　　In my opinion, that might not work.　That won't work.
　　I'm afraid that is not quite correct.　That is wrong.

(c) 提案は疑問形でする。
　　　　よい例　　　　　　　　　　　　悪い例
　　Could we give the staff more training …　We must give the staff …
　　Would it be a good idea to give …　　We have to give …
　　What/How about giving them …　　　We can give them …
　　疑問形は聞き手を会話に必然的に巻き込むからよいのである。相手を巻き込む
他の方法は自分の言っていることが相手に理解されているか、相手は同意してい
るかを確認することである。たとえば 'What do you think?'、'Do you agree?'、'Am
I right?'、'Do you see what I mean?'、' Right?' のような表現を使用する。また特定
の相手だけでなく、全ての相手とアイコンタクトをとりながら話すことも相手を
巻き込んでいるという意味になる。

(d) 同意や不同意には配慮を示す。英語では同意や不同意の度合いをいろいろ表
　　現する。
　　　　同意　　　　　　　　　　　　　不同意
　　I partly agree　　　　　　　　　　　That's a good argument/suggestion but …
　　I agree.　　　　　　　　　　　　　I see your point but …
　　I think so too.　　　　　　　　　　I partly agree but …
　　That's right.　　　　　　　　　　　Yes, but …
　　I couldn't agree more.　　　　　　　I agree to some extent.
　　You can say that again.　　　　　　 I'm afraid I can't agree with you.
　　　　　　　　　　　　　　　　　　　I (completely) disagree.（本当に強く反
　　　　　　　　　　　　　　　　　　　　対したい場合）

活動
　　三〜四人のグループになり、大きな企業のワークチームと想定する。あなたは
自分の課の課長である。一人ひとつずつ下の(1)〜(4)の意見を述べる。聞いてい
る人は同意したり、問題解決につながる提案をしたりする。なるべく多くの提案
を出して、一番よい解決策を決める。アイ・コンタクト、不同意の際の配慮、相

手を巻き込む表現を忘れないようにすること。
(1) Some of our computers are getting very old and outdated, but we can't really afford new ones. Any suggestions?
（課のパソコンがかなり古いが、新しいパソコンを購入する費用はありません。何かいいアイデアはないですか？）
(2) In my opinion, some of our staff members are having too many long, personal phone calls in office time. They're even ringing inter-state sometimes. What do you think?
（私の意見では、個人的な目的で会社の電話を使い、それも長い通話をする人たちがいます。中には他の州に電話をしている人もいます。どうしたらいいと思いますか？）
(3) I don't think our new receptionist sounds polite enough on the phone. Do you agree?
（今度の受付は外部からの電話の対応があまり丁寧でありません。そう思いませんか。）
(4) It seems to me that our accounts section is overworked and understaffed. Am I right?
（われわれ財務課は人手が足らず働きすぎに思えます。私の印象は間違っていますか。）

「演習9」
英語のコミュニケーション・スタイル：ターン・テイキングと話題管理

(a) ターン・テイキング
　英語母語話者は二人の人が同時に話さないように気をつける。発話が重ならないようにし、かつターンとターンの間には沈黙の時間を置かない。
　自分が何か言おうとする場合、体を前に屈めたり、手を前に出したりするなどのボディー・ランゲージで自分が話したいという意思を示すことがある。誰かの話に割り込みそうな時は、前もって 'But'、'Well'、'One minute'、'Can I say something?'、'I'd like to make a point here'、'Excuse me'、'Sorry' などと言ってからターンを取ろうとする。
　自分の話中に割り込まれたと思った場合は 'Wait'、'Please let me finish'、'Hold on'、'Just a minute' と言って話し終えようとするし、他の人が割り込まれそうなときも 'Let him/her finish' と言って割り込みを止めようとする。
　自分のターンを維持しておきたいときは 'um'、'er'、'well'、'you know' と言いつつターンを確保しながら次に言うことを考え、沈黙が起こらないようにする。沈黙があると他の人にターンが取られてしまうからである。
　自分のターンが終わったときには 'That's it' とか 'Go ahead' と言ったり、次に話す人に目をやったり、椅子に深く腰掛けなおしたりして、自分のターンが終わったことを示す。
　会話を独り占めしないようにする。一人だけ長く話したりすると、'hogging the floor'（自分だけで話してる）、とか 'not let anyone get a word in'（誰にも話させ

ない)と非難を受ける。
　誰もが発話すべきで、大人しい人も会話に引き込まなければならない。話していない人がいると、'What do you think, X?'（Xはどう思う？）とか 'What about you, X?'（Xはどうなの？）'Would you like to say something about this, X?'（これについて何か言うことはない、X?）と聞く。

(b) 話題管理
(1) 話し合いのための話題の導入
　　Well, let's begin by …
　　We could start by …
　　X, perhaps you would like to start by …
(2) その話題についての話を打ち切る
　　Well, that's about it, isn't it?
　　Has anybody got anything more they'd like to add on that?
　　Well that just about wraps it up.
(3) 話を変え、新しい話題を導入する
　　Could I change the subject?
　　Can we move on to another matter?
　　I'd like to bring up another matter.
　　What about …
　　There's a related matter …
(4) 話をそらす
　　By the way, there is something else …
　　Incidentally, what about …
(5) 元の話題にもどす
　　I'd like to go back to a point X made earlier …
　　Can we just go back to the subject of …
(6) フィラーや言い直しを使って考える時間を作る
　　Well, um …
　　How can I put it?
　　Q: How do you picture our business 5 years form now?
　　A: Our business 5 years from now, well …

活動
　5〜6人のグループを作る。余暇に何をするのが好きかを話し合う。上に示した表現を使い、どの人も自分のターンをきちんと話し終わるようにする。全ての話題に関し、全員が発言するようにする。次のテーマをこの順序どおりに話し合う。
・好きな本
・好きな音楽
・好きなテレビ番組、嫌いなテレビ番組
・インターネットの利点、欠点
・好きなスポーツ

「演習10」
英語のコミュニケーション・スタイル：能動的なスピーキングとリスニング

　ここは方向づけ（guidance）、チェック（checking）、フィードバック、認知（acknowledgment）、明確化（clarification）についての練習である。よい話し手というのは、聞き手を「ガイド」して、自分の意図を明確にする。たとえば提案をするのに 'I suggest'、'Perhaps we could' と言って、やることを提案しているのだという意図をことばにする。または重大事項であれば、'This is a serious matter' とか 'I have to warn you' とことばで明確にする。そして自分の意図が理解してもらえたかチェックをする。たとえば 'Is that clear?'、'Are you with me?'、'Have you got all that?'、'Have I explained that clearly enough?' などと言うのである。

　よい聞き手はフィードバックを返す。理解できていることを、たとえば 'Mmmm'、'I see'、'I'm with you'、'Yeah'、'Ah, now I understand'、とか 'Ah ha' という表現で示す。何かすることに対する同意は、'Okay'、'Right'、'Sure'、'Yep'、'Of cousrse'、'Okeydoke'、'Right oh' で表わす。'Really'、'Honestly'、'Wow'、'Gosh'、'No kidding' を使って驚きや興味を表わす。よいニュースには、'That's great' とか 'Congratulations' を、同情を示したり悪いニュースに対しては、'Oh, I am sorry'、'What a pity'、'Oh, that's no good' を使う。

　よい聞き手は相手が言ったどんなことにも何らかの「認知」を行う。同感なら、'That's right' とか 'That's a good idea/point/suggestion' などと言えばよいし、また 'Well, I partly agree' と言って同感の程度を言うのでもよい。同感できないのなら、とりあえず 'yes' と前置きしてから 'but' と返して 'I'm afraid I can't agree' というような配慮のある言い方で不同意を示す。

　よい聞き手はまた「明確化」も行う。相手の言ったことがわからない場合は、'What do you mean ...?'、'How come?'、'Too many what?'、'Can you say that another way?'、'What you are saying is ...（理解の範囲で自分のことばで繰り返す）'、'I don't quite understand'、'I didn't get that'、'Are you serious?'、'What does the word X mean?' などと言って、わからなかったことを伝える。ほとんど聞き取れなかった場合には、'Sorry, what was that?'、'I didn't quite catch that'、'Beg yours'、'Did you say X?'、'How many X did you say?' と言うことができる。

<u>活動</u>
　AとBのペアになる。最初にAがBに自分の背景、今までの人生、信条、興味を語る。悲しかった経験を一つと、成功談を一つ入れること。Bは聞きながらフィードバックを返し、わからないところでは明確化を行う。次にBはAが語ったことをなるべくたくさん思い出して繰り返して語る。Aはフィードバックを示しながら、Bの言ったことが合っているかどうかを確認する。次に役割りを交代して同じことを行う。

　ここに書いた活動は一度にいくつものフレーズを練習させようとするものである。他の教材を使ってこのようなコミュニケーションの例をもっと提示し、練習を重ねるのがよいだろう。

これらのトレーニングを省略したり、他の材料を加えることは自由だが、提示の順番は守ったほうがよい。ここに含まれているトレーニングを全部やるには週1時間から2時間のペースで14週を見積もる。オーストラリアでは普通これはコースの第2週目か3週目で開始され、最終週を待たずに終了をみる。最後に、このトレーニングはもともとオーストラリアで学ぶ留学生やESLの学習者を対象に開発されたものであるが、英語圏であれば多文化多民族の環境の職場や、移民、留学生、海外勤務予定者を対象にした異文化トレーニングに応用できるものである。

補遺 4

「演習 2」の解説

(1) これは平等的な個人主義の文化でより起こりやすい。階層を重んじる集団主義社会では目上は敬意を受ける存在であるため、より改まった形式で呼ばれる。

(2) これは階層を重んじる集団主義でより起こりやすい。このような社会では社会的に上に当たる人の間違いを指摘することは、その人の面子を台無しにすることである。平等をよしとする個人主義社会では学生はまず上にくる者の権威を疑い、自分自身で考えることを教えられる。

(3) これは個人主義の社会で多い。集団主義社会では食べ物を共有したり、もてなす人がお客の分まで払ったりする傾向がある。

(4) これは階層的な集団主義社会でより起こりやすい。集団主義社会では地位は個人が手に入れるものでなく、生まれながらに与えられたものという考えがあるからである。

(5) これは集団主義社会で起こることである。そこでは個人より集団のほうが大事であり、集団内では協力体制がとられたり、また手柄を集団のメンバー全員が平等に共有したりする。

(6) これは個人主義社会でより起こりやすい。資格や年功よりも最近の実績が重視されるからである。

(7) これは集団主義文化でより起こりやすい。集団主義文化では人間関係、身内かどうか、社会的地位、人物の性格などが規則と同じように考慮要因となるからである。個人主義文化ではすべての人を平等に扱おうとする。

(8) 個人主義文化でより多い。個人主義文化はプライバシーや個人の場所の確保が重要事項だからである。

(9) 個人主義社会でより起こりやすい。個人主義社会では一人が 1 回ずつ一

つのことをすると考え、早い者順の規則に従うからである。集団主義文化では複数の人が同時に対応されることがある。
(10) 個人主義文化でより起こりやすい。個人主義社会では個人が公的、あるいは法的な主権の象徴だからである。集団主義文化では家長が家族の象徴となることがある。

補遺 5

「演習 5」の事例研究の解説

(1) 英語母語話者は 'how are you?' のような一連の挨拶に対して慣用的に短く答えるのが普通である。答えが事実かどうかは関係ない。南ヨーロッパや東ヨーロッパと異なり、英語文化では詳細にわたる真剣な答えは期待されないのである。

(2) 多くの文化、特にアジアの文化では、依頼や意見を言う前にまず説明や背景を述べることが丁寧なこととされる。まず話し相手の様子を見ながら、少しでも相手から否定的な言動が出た場合には、自分の意見や依頼を引っ込める。英語母語話者はもっと直接的な言い方に慣れているので、このような間接的な話し方をされると相手は何かもっと重大なことを隠しているのではないかと疑ってしまう。

(3) イギリス系オーストラリア人は、個人の分というものを大切にする。それが会社のもので、些細なものであったとしても、他人が自分が使っているものを 'please' や 'thank you' と言わずに取っていくことは考えられない。人にものを頼んだり、してもらったりしたときは、'please' や 'thank you' を口にするのが礼儀である。ところが、多くの文化ではいちいちそれを口走ることが不誠実な印象を与える。それらの語句はもっと重要なことに使われるからである。

(4) 階層的な社会出身の学生にとって、教師は地位の高い存在だが、店では客である自分のほうが偉い。平等主義的に行動するオーストラリア人と異なり、店の人に丁寧に話したり、親しげに話したりする必要はないのである。

(5) この女性は出身国では高い地位を得ていた。そしてオフィスの雑用は全員で平等にするというオーストラリアの習慣を知らなかった。しかしここでの一番の問題は、この女性の苦情の述べ方であった。言い方が感情

的で、けんか腰であったのである。
(6) アジア圏の文化では頼まれごとや誘いを直接的に断ることを厭うことが多い。たとえば日本語では「ノー」を伝えるのに 16 通りもの言い方がある。そういった文化の人たちはより間接的で丁重な断りを求めるので、「むずかしい」というのが断りの意味に使われる。しかしそのような文化をもたない人は直接的な言い方の断りに慣れているため、「むずかしい」を承諾の意味であると解釈してしまう。

補遺6

「演習6」の非言語行動に関する解説

(1) 手招きは英語文化圏ではなんでもない行為だが、アジアやヨーロッパの国には極めて無礼な行為だと見なす文化もある。

(2) 誰かの頭をなでることは英語文化圏では問題のない行為だが、東南アジアの国には失礼で不愉快な行為となる文化も存在する。

(3) 痰やつばを吐いたりするのは英語文化圏では好ましくない行為であるが、それを許容する文化もある(体から不要で不健康なものを排出するということで)。

(4) 人前でハンカチを使って洟をかむことは英語圏文化では普通に見られるが、非常に不愉快な行為と見なす文化もある(たとえば日本の文化のように)。

(5) 足の裏や靴底を見せるのは英語文化圏では問題のない行為だが、中東の国々では失礼な行為と見なされる。東南アジアの国にも失礼と見なすところがある。

(6) 誰かを指さすことは英語文化圏ではあまり好ましい行為とはされないが、許容する文化もある。

(7) 相手の目をまっすぐ見ることは英語文化圏では問題ないが、多くの文化では許されない。特に自分より地位の高い相手や異性の相手に対しては許されないことが多い。

(8) 左手で何かを渡すことは英語文化圏では問題ないが、左手が不浄なことに使われる伝統を持つ文化では不快な行為となる。

(9) ウインクを許容しない文化は多い。英語文化圏では時と場合により許容される。

(10) 食べる時には口を閉じて残さず食べるのが、英語文化圏ではよいマナーとされる。しかし口を開けて食べるのを許容する文化は多い。また皿

に少し食べ残しをして、十分すぎるほどの食べ物があったという意味を表す文化もある。そのような文化では、皿を空にすると、もっと食べるように強要されてしまう。
(11) 女性が足を組むのは英語文化圏では問題がない。アジアの文化の中にはそれを嫌う文化もある。
(12) 人の名前を赤で書くのは英語文化圏では問題がない。しかしアジアの文化の中にはそれを不愉快で無礼なこととする文化もある。

参考文献

Adler, N. (1991) *International Dimensions of Organisational Behaviour* (2nd edn). Boston: PWS, Kent Publishing Company.

Adler, N. and Kiggundu, M. (1983) Awareness at the crossroads: Designing translator-based training programs. In D. Landis and R. Brislin (eds) *Handbook of Intercultural Training*. New York: Pergamon Press.

Agar, M. (1994) The intercultural frame. *International Journal of Intercultural Relations* 18 (2), 221-231.

Agrawal, A. (1976) Who will speak next. *Papers in Linguistic Analysis* 1:58-71. Delhi: University of Delhi.

Albert, R.D. (1996) A framework and model for understanding Latin American and Latin/Hispanic cultural patterns. In D. Landis and Rabi S. Bhagat (eds) *Handbook of Intercultural Training* (2nd edn). Newbury Park, CA:Sage.

Almaney, A.J. and Alwan, A.J. (1982) *Communicating with the Arabs: A Handbook for the Business Executive*. Prospect Heights, IL: Waveland Press.

Amir, Y. (1969) Contact hypothesis in ethnic relations. *Psychological Bulletin* 71, 319-342.

Andersen, P. (1994) Explaining intercultural differences in nonverbal communication. In L. Samovar and R.E. Porter (eds) *Intercultural Communication: A Reader* (7th edn). Belmont, CA: Wadsworth.

Anderson, J. (1994) A comparison of Arab and American conceptions of 'effective' persuasion. In L. Samovar and R.E. Porter (eds) *Intercultural Communication: A Reader* (7th edn). Belmont, CA: Wadsworth.

Antaki, C. (1988) Explanations, communication and social cognition. In C. Antaki (ed.) *Analysing Everyday Explanations: A Casebook of Methods*. Newbury Park, CA: Sage.

Argyle, M., Henderson, M., Bond, M., Iczukka, Y. and Contarelo, A. (1986) Cross-cultural variations in relationship rules. *International Journal of Psychology* 21, 287-315.

Bachman, L. (1990) *Fundamental Considerations in Language Testing*. London: Oxford University Press.

Barlund, D. (1994) Communication in a global village. In L. Samovar and R.E. Porter (eds) *Intercultural Communication: A Reader* (7th edn). Belmont, CA: Wadsworth.

Beal, C. (1990) It's all in the asking: A perspective on problems of cross-cultural communication between native speakers of French and native speakers of Australian English in the workplace. *Australian Review of Applied Linguistics Series S* 7, 16-22.

Beal, C. (1994) Keeping the peace: A cross-cultural comparison of questions and requests in Australian English and French. *Multilingua* 13 (1/2), 35-58.

Berry, J. W. (1997) Cruising the world: A nomad in academe. In M. Bond (ed.) *Working at the Interface of Cultures*. London: Routledge.

Blum-Kulka, S., House J. and Kasper G. (1989) Investigating cross-cultural pragmatics: An introductory overview. In S. Blum-Kulka, J. House and G. Kasper (eds) *Cross-cultural Pragmatics: Requests and Apologies*. Norwood, NJ: Ablex.

Bowe, H. and Fernandez, S. (1996) *English and Multicultural Team: A Collaborative Approach*. Melbourne: Monash University Dept of Linguistics and the Language and Society Centre of the National Languages and Literacy Institute of Australia.

Brick, J. (1991) *China: A Handbook in Intercultural Communication*. Sydney: National Centre of English Language Training and Research.

Broome, B. (1994) Palerome: Foundations of struggle and conflict in Greek interpersonal communication. In L. Samovar and R.E. Porter (eds) *Intercultural Communication: A Reader* (7th edn). Belmont, CA: Wadsworth.

Brown, P. (1993) Gender politeness and confrontation in Tenejapa. In D. Tannen (ed.) *Gender and Conversational Interaction*. New York: Oxford University Press.

Brown, P. and Levinson, S.C. (1987) *Politeness: Some Universals in Language Usage* (rev. 2nd edn). Cambridge: Cambridge University Press.

Bublitz, W. (1980) Hoflichkeit im Englischen. *Liguistik und Didaklick*, 40: 56-69.

Bunge, F.M. and Shinn, R.S. (1981) *China: A Country Study*. US Foreign Area Studies: The American University.

Byram, M. (1997) *Teaching and Assessing Intercultural Communication Competencies*. Clevedon: Multilingual Matters.

Byram, M. (1999) Questions of identity in foreign language teaching. In J. Lo Bianco, A.J. Liddicoat and C. Crozet (eds) *Striving For the Third Place: Intercultural Competence Through Language Education*. Melbourne: Language Australia.

Byrne, M. (1997) 'Unheard I felt invisible': The problem with meetings. Paper presented at New Images of Workplace Communication seminar, 3-5 September. Macquarie University.

Byrne, M. (1999) Challenging the way we work. Introductory seminar notes. Loganholme, Qld: Marcom Projects.

Byrne, M. and FitzGerald, H. (1994) Intercultural communication and problem-solving skills: A training approach. *Prospect: a Journal of Australian* TESOL 9 (3), 7-16.

Byrne, M. and FitzGerald, H. (1996) *What Makes You Say That? Cultural Diversity at Work*. Training handbook. Sydney: SBS Publications.

Byrne, M. and FitzGerald, H. (1998a) *Blue Eyed: Training Kit on Discrimination and Prejudice for Use in an Australian Context*. Trainers' manual. Loganholme, Qld: Marcom

Projects.

Byrne, M. and FitzGerald, H. (1998b) New skills for new times: What does it actually mean to think internationally? Paper presented at Twelfth Australian International Education Conference. Canberra: ANU.

Canale, M. and Swain, M. (1980) Theoretical bases of communicative approaches to second language teaching and testing. *Applied Linguistics* 1(1), 1-47.

Carroll, R. (1988) *Cultural Misunderstandings: The French-American Experience.* Chicago: University of Chicago Press.

Chick J. (1990) The interactional accomplishment of discrimination in South Africa. In D. Carbaugh (ed.) *Cultural Communication and Intercultural Contact.* Hillsdale, NJ: Lawrence Erlbaum.

Chua, E. and Gudykunst, W. (1987) Conflict resolution style in low- and high-context cultures. *Communication Research Reports* 4, 32-37.

Clackworthy, D. (1996) Training Germans and Americans in conflict management. In M. Berger (ed.) *Cross-cultural Team Building: Guide for More Effective Communication and Negotiation.* Maidenhead, Berkshire: McGraw Hill.

Clancy, P. (1986) The acquisition of communicative style in Japanese. In B. Schieffelin and E. Ochs (eds) *Language Socialisation Across Cultures.* Cambridge: Cambridge University Press.

Clyne, M. (1985) Beyond grammar: Some thoughts on communication rules in our multicultural society. In J.B. Pride (ed.) *Cross-cultural Encounters: Communication and Miscommunication.* Melbourne: River Seine Publications.

Clyne, M. (1994) *Intercultural Communication at Work: Cultural Values in Discourse.* Cambridge: Cambridge University Press.

Clyne, M. (1996) Interview published in M. Byrne and H. FitzGerald, *What Makes You Say That? Cultural Diversity at Work* (pp.129-133). Sydney: SBS Publications.

Cohen, R. (1987) Problems of intercultural communication in Egyptian-American diplomatic relations. *International Journal of Intercultural Relations* 11, 29-47.

Collins, J. (1998) *Migrant Hands in a Distant Land: Australia's Post War Immigration.* Sydney: Pluto Press.

Condon, J. (1986) So near the United States. In J. Valdes (ed.) *Culture Bound: Bridging the Culture Gap in Language Teaching.* Cambridge: Cambridge University Press.

Cosic, M. (1994) Intermarried with children. *Sydney Morning Herald,* November 1.

Cox, T. and Blake, S. (1991) Managing cultural diversity: Implications for organisational effectiveness. *Academy of Management Executive* 5 (2), 45-56.

Crozet, C. and Liddicoat, A.J. (1997) Teaching culture as an integrated part of language teaching: An introduction. *Australian Review of Applied Linguistics Series S* 14, 1-22.

Cuff, E.C. and Sharock, W.W. (1985) Meetings. In T.A. van Dijk (ed.) *Handbook of*

Discourse Analysis (Vol. 3). London: Academic Press.

DIMA (1998) *Fact Sheet.* Canberra: Australian Government Printing Service.

DIMA (2000) Department of Immigration and Multicultural Affairs home page on the Web at http / www.immi.gov.au / amep.

Dubois, J., Cumming, S. and Schuetze-Coburn, S. (1988) *Guide for Transcribing Spoken Discourse.* Santa Barbara: University of California.

Dunnett, S.C., Dubin, F. and Lezberg, A. (1986) English language teaching from an intercultural perspective. In J. Valdes (ed.) *Culture Bound: Bridging the Culture Gap in Language Teaching.* Cambridge: Cambridge University Press.

Edelsky, C. (1993) Who's got the floor? In D. Tannen (ed.) *Gender and Conversational Interaction.* New York: Oxford University Press.

Erickson, F. and Shultz, J. (1982) *The Counsellor as Gatekeeper: Social Interaction in Interviews.* New York: Academic Press.

Ervin-Tripp, S. (1987) Cross-cultural and development sources of pragmatic generalisations. In J. Verschueren and M. Bertuccelli-Papi (eds) *The Pragmatic Perspective.* Amsterdam: John Benjamin.

Fantini, A. (1995) An expanded goal for language education: The development of intercultural communication competencies. In M.L. Tickoo (ed.) *Language and Culture in Multilingual Societies.* Singapore: SEAMEO.

Fieg, J. (1989) *A Common Core: Thais and Americans.* Yarmouth, ME: Intercultural Press.

FitzGerald, H. (1996) Misunderstanding in cross-cultural communication: The influence of different value systems as reflected in spoken discourse. *Australian Review of Applied Linguistics* 19 (1), 21-38.

FitzGerald, H. (1998) *Cross-Cultural Communication for the Tourism and Hospitality Industry.* Melbourne: Hospitality Press.

FitzGerald, H. (1999) Adult ESL: What culture do we teach? In J. Lo Bianco, A.J. Liddicoat and C. Crozet (eds) *Striving for the Third Place: Intercultural Competence Through Language Education.* Melbourne: Language Australia.

Gao, G. (1998) 'Don't take my word for it': Understanding Chinese speaking practices. *International Journal of Intercultural Relations* 22 (20), 163-186.

Garcez, P. (1993) Point-making styles in cross-cultural business negotiation: A microethnographic study. *English for Specific Purposes* 12, 103-120.

Goodenough, W.H. (1981) *Culture, Language and Society* (2nd edn). California: Benjamin / Cummings.

Goodwin, R. and Tang, C.S.K. (1996) Chinese personal relations. In M.H. Bond (ed.) *Handbook of Chinese Psychology.* Hong Kong: Oxford University Press.

Green, G. (1989) *Pragmatics and Natural Language Understanding.* New Jersey: Lawrence Erlbaum.

Grice, H. (1975) Logic and conversation. In P. Cole and J. Morgan (eds) *Syntax and Semantics* (Vol. 3), *Speech Acts*. New York: Academic Press.

Gudykunst, W. (1991) *Bridging Differnces: Effective Intergroup Communication*. Newbury Park, CA: Sage.

Gudykunst, W., Ting-Toomey, S. and Chua, E. (1988) *Culture and Interpersonal Communication*. Newbury Park, CA: Sage.

Gumperz, J. (1978) Dialect and conversational inference in urban communication. *Language in Society* 7:393-409.

Gumperz, J. (1982) *Discourse Strategies: Studies in Interactional Sociolinguistics*. London: Cambridge University Press.

Gumperz, J. (1990) The conversational analysis of interethnic communication. In R. Scarcella, E. Andersen and S. Krashen (eds) *Developing Communicative Competence in a Second Language*. New York: Newbury House.

Gumperz, J. (1992a) Contextualisation and understanding. In A. Duranti and C. Goodwin (eds) *Rethinking Context: Language as an Interactive Phenomenon*. Cambridge: Cambridge University Press.

Gumperz, J. (1992b) Interviewing in intercultural situations. In P. Drew and J. Heritage (eds) *Talk at Work: Interaction in Institutional Settings*. Cambridge: Cambridge University Press.

Gumperz, J. (1996) The linguistic and cultural relativity of conversational inference. In J. Gumperz and S. Levinson (eds) *Rethinking Linguistic Relativity*. Cambridge: Cambridge University Press.

Gumperz, J., Aulakkh, G. and Kaltman, H. (1982) Thematic structure and progress in discourse. In J. Gumperz (ed.) *Language and Social Identity*. Cambridge: Cambridge University Press.

Gumperz, J., Jupp, T.C. and Roberts, C. (1979) *Crosstalk: A Study of Cross-Cultural Communication*. London: The National Centre for Industrial Language Training.

Gumperz, J. and Tannen, D. (1979) Individual and social differences in language use. In C.J. Fillmore, D. Kemplar and W. Wang (eds) *Individual Differences in Language Ability and Language Behaviour*. New York: Academic Press.

Gunn, M. (1997) Marriage results mixed. *The Australian*, May 3.

Hall, E.T. (1976) *Beyond Culture*. New York: Doubleday.

Hall, E.T. (1983) *The Dance of Life: The Other Dimensions of Time*. New York: Doubleday.

Hijirida, K. and Sohn, H. (1986) Cross-cultural patterns of honorifics and sociolinguistic sensitivity to honorific variables: Evidence from English, Japanese and Korean. *Papers in Linguistics* 19 (3), 365-401.

Hirst, J. (2001) A core culture is vital to our success. *The Australian*, February 14.

Hofstede, G. (1980) *Culture's Consequences: International Differences in Work Related Values*.

Beverly Hills, CA: Sage.
Hofstede, G. (1991) *Cultures and Organisations: Software of the Mind.* London: McGraw Hill.
Hofstede, G. and Bond, M.H. (1993) The Confucius connection: From cultural roots to economic growth. In P. Blunt and D. Richards (eds) *Readings in Management, Organisation and Culture in East and South East Asia.* Darwin: University of Northern Territory Press.
Hogarth, W. (1995) *Job Focus* (2nd edn). Surrey Hills, NSW: AMES.
Hu, W. and Grove, C. (1991) *Encountering the Chinese.* Yarmouth, ME: Intercultural Press.
Ingram, D.E. and Wylie, E. (1984) *Australian Second Language Professional Ratings.* Canberra: Australian Government Publishing Service.
Irwin, H. (1996) *Communicating with Asia: Understanding People and Customs.* Sydney: Allen & Unwin.
James, D. and Clarke, S. (1993) Women, men and interruptions. In D. Tannen (ed.) *Gender and Conversational Interaction.* Oxford: Oxford University Press.
Jayasuriya, L. (1991) The problematic of culture and identity in cross-cultural theorizing. In M. Clare and L. Jayasuriya (eds) *Issues of Cross-cultural Practice.* Perth: University of Western Australia.
Kachru, B. (1982) Models for non-native Englishes. In B. Kachru (ed.) *The Other Tongue: English Across Cultures.* Oxford: Pergamon.
Kagitcibasi, C. (1994) A critical appraisal of individualism and collectivism: Towards a new formulation. In U. Kim, H.C. Triandis, C. Kagitcibasi, S.C. Choi and G. Yoon (eds) *Individualism and Collectivism: Theory, Methods and Applications.* Thousand Oaks, CA: Sage.
Kagitcibasi, C. (1997) Crossing the Bosphorus: Toward a socially relevant and culturally sensitive career in psychology. In M.H. Bond (ed.) *Working at the Interface of Cultures.* London: Routledge.
Kasper, G. (1989) Interactive procedures in interlanguage discourse. In W. Olesky (ed.) *Contrastive Pragmatics.* Amsterdam: John Benjamin.
Kasper, G. (1997) Beyond reference. In G. Kasper and E. Kellerman (eds) *Communication Strategies: Psycholinguistic and Sociolinguistic Perspectives.* London: Longman.
Kasper, G. and Dahl, M. (1991) *Research Methods in Interlanguage Pragmatics.* Hawaii: University of Hawaii Press.
Katriel, T. (1986) *Talking Straight: Dugri Speech in Israeli Sabra Culture.* Cambridge: Cambridge University Press.
Kirkpatrick, A. (1993) Information sequencing in modern standard Chinese. *Australian Reviews of Applied Linguistics* 16 (2), 27-60.
Knapp, K. and Knapp-Potthoff, M. (1987) Instead of an introduction: Conceptual Issues

in analyzing intercultural communication. In K. Knapp (ed.) *Analysing Intercultural Communication.* Berlin: Mouton de Gruyter.

Kochman, T. (1981) *Black and White Styles in Conflict.* Chicago: University of Chicago.

Kochman, T. (1990) Cultural pluralism: Black and white styles. In D. Carbaugh (ed.) *Cultural Communication and Intercultural Contact.* Hillsdale, NJ: Lawrence Erlbaum.

Kramsch, C. (1993) *Context and Culture in Language Teaching.* Oxford: Oxford University Press.

Krasnick, H. (1995) The role of lingua culture and intercultural communication in ASEAN in the year 2020: Prospects and predictions. In M. L. Tickoo (ed.) *Language and Culture in Multilingual Societies: Viewpoints and Visions.* Singapore: SEAMEO Regional Language Centre.

Lambert, R.D. (1999) Language and intercultural competence. In J. Lo Bianco, A. J. Liddicoat and C. Crozet (eds) *Striving For The Third Place: Intercultural Competence Through Language Education.* Melbourne: Language Australia.

Leung, K. (1987) Some determinants of reactions to procedural matters for conflict resolution: A cross-national study. *Journal of Psychology and Social Psychology* 53 (5), 898-908.

Liddicoat, A.J. (1997) Everyday speech as culture: Implications for language teaching. *Australian Review of Applied Linguistics* 14, 55-70.

Little, R and Reed, W. (1989) *The Confucian Renaissance.* Sydney: The Federation Press.

Loveday, L. (1982) *The Sociolinguistics of Learning and Using a Non-native Language.* Oxford: Pergamon Press.

Luce, L. and Smith E. (1987) Cross-cultural literacy: A national priority. In L. Luce and E. Smith (eds) *Towards Internationalism.* Cambridge, MA: Newbury House.

Lustig, M. and Koester, J. (1993) *Intercultural Competence: Interpersonal Communication Across Cultures.* New York: Harper Collins.

Mak, A., Westwood, M., Ishiyama, F. and Barker, M. (1999) Optimising conditions for learning sociocultural competencies for success. *International Journal of Intercultural Relations* 23(1), 77-90.

Mao, L.M.(1995) Understanding self-face through compliment responses. In M.L. Tickoo (ed.) *Language and Culture in Multilingual Societies: Viewpoints and Visions.* Singapore: SEAMEO Regional Language Centre.

Martin, J.M. (1993) Intercultural communication competence: A review. In R. L. Wiseman and J. Koester (eds) *Intercultural Communication Competence.* Newbury Park, CA: Sage.

Matsumoto, Y. (1988) Re-examination of the universality of face: Politeness phenomenon in Japan. *Journal of Pragmatics* 12, 403-426.

Millen, M., O'Grady, C. and Porter, J. (1992) Communicating in a multicultural workforce:

Pragmatics and a problem-centred approach to cross-cultural training. *Prospect: A Journal of Australian TESOL* 7 (2), 46-56.

National Multicultural Advisory Committee Report (1999) *Australian Multiculturalism for a New Century: Towards Inclusiveness.* Canberra: Australian Government Printing Service.

Nguyen, C. (1994) Barriers to communication between Vietnamese and non-Vietnamese. In X.T.Nguyen (ed.) *Vietnamese Studies in a Multicultural World.* Pascoe Vale, Victoria: Vietnamese Language and Culture Publications.

Nguyen, D. L. (1980) Vietnamese-American cross-cultural communication. *Bilingual Resources* 3 (2), 9-15.

Nguyen, D. L. (1994) Indochinese cross-cultural communication and adjustment. In X. T. Nguyen (ed.) *Vietnamese Studies in a Multicultural World.* Pascoe Vale, Victoria: Vietnamese Language and Culture Publications.

Nixon, U. (1993) Coping in Australia: Problems faced by overseas students. *Prospect: A Journal of Australia TESOL* 8 (3), 42-51.

NOOSR (1992) A guide to the development of competency standards for professions. *Research Paper 7.* National Office of Overseas Skills Recognition.

Ong, W. (1981) *Fighting For Life: Contest, Sexuality and Consciousness.* Ithaca: Cornell University Press.

O'Sullivan, K. (1994) *Understanding Ways: Communication Between Cultures.* Sydney: Hale and Iremonger.

Patai, R. (1973) *The Arab Mind.* New York: Charles Scribners Sones.

Porter, P. (1986) How learners talk to each other: Input and interaction in task-centred discussions. In R. Day (ed.) *Talking to Learn: Conversation in Second Language Acquisition.* Cambridge, MA: Newbury House.

Reddy, M. J. (1979) The conduit metaphor: A case of frame conflict in our language about language. In A. Ortony (ed.) *Metaphor and Thought.* Cambridge: Cambridge University Press.

Reykowski, J. (1994) Collectivism and individualism as dimensions of social change. In U. Kim, H.C. Triandis, C. Kagitcibasi, S. C. Choi and G. Yoon (eds) *Individualism and Collectivism: Theory, Method and Applications.* Thousand Oaks, CA: Sage.

Richards, J. and Sukwiwat, M. (1986) Language transfer and conversational competence. *Applied Linguistics* 4 (2), 113-127.

Roberts, C., Davies, E. and Jupp, T. (1992) *Language and Discrimination: A Study of Communication in Multi-ethnic Workplaces.* London: Longman.

Robinson, G. (1985) *Crosscultural Understanding: Processes and Approaches for Foreign Language, ESL and Bilingual Educators.* New York: Pergamon.

Rohwer, J. (1996) *Asia Rising.* London: Nicholas Brealey.

Ronowicz, E. (1995) *Poland: A Handbook in Intercultural Communication.* Sydney: National Centre of English Language Training and Research.

Sacks, H., Schegloff, E. and Jefferson, G. (1974) A simplest systematics for the organisation of turn-taking in conversation. *Language* 50, 696-735.

Samovar, L. and Porter, R.E. (1991) *Communication Between Cultures.* Belmont, CA: Wadsworth.

Sarbaugh, L.E. (1979) *Intercultural Communication.* New Jersey: Haydn Book Company.

Sarbaugh, L. (1988) *Intercultural Communication* (rev. edn). New Brunswick: Transaction Books.

Saunders, G.R. (1985) Silence and noise as emotion management styles: An Italian case. In D. Tannen and M. Saville-Troike (eds) *Perspectives on Silence.* Norwood, NJ: Ablex.

Saville-Troike, M. (1982) *The Ethnography of Communication: An Introduction.* Oxford: Basil Blackwell.

Schegloff, E. (1984) On some questions and ambiguities in conversation. In J. Heritage and J. M. Atkinson (eds) *Structures in Social Action.* New York: Cambridge University Press.

Schegloff, E., Jefferson, G. and Sacks, H. (1990) The preference for self-correction in the organisation of repair in conversation. In G. Psathas (ed.) *Studies in Ethnomethodology and Conversational Analysis.* Maryland: University Press of America.

Scheu-Lottgen, U.D. and Herandez-Campoy, J.M. (1998) Analysis of sociocultural miscommunication. *International Journal of Intercultural Relations* 22 (4), 375-394.

Schiffrin, D. (1984) Jewish argument as sociability. *Language and Society* 13, 311-335.

Schwartz, S.H. (1994) Beyond individualism/collectivism: New cultural dimensions of values. In U. Kim, H.C. Triandis, C. Kagitcibasi, S.C. Choi and G. Yoon (eds) *Individualism and Collectivism: Theory, Method and Applications.* Thousand Oaks, CA: Sage.

Scollon, R. and Scollon, S. (1983) Face in interethnic communication. In J. Richards and R. Schmidt (eds) *Language and Communication.* London: Longman.

Scollon, R. and Scollon, S. (1990) Athabaskan and English interethnic communication. In D. Carbaugh (ed.) *Cultural Communication and Intercultural Contact.* Hillsdale, NJ: Lawrence Erlbaum.

Scollon, R. and Scollon, S. (1995) *Intercultural Communication: A Discourse Approach.* Oxford: Blackwell.

Seaman, P. (1972) *Modern Greek and American English in Contact.* The Hague: Mouton.

Sinha, D. and Tripathi, R.C. (1994) Individualism in a collectivist culture: A case of coexistence of opposites. In U. Kim, H.C. Triandis, C. Kagitcibasi, S.C. Choi and G. Yoon (eds) *Individualism and Collectivism: Theory, Method and Applications.* Thousand Oaks, CA: Sage.

Smith, L.E. (1987) Introduction: Discourse strategies and cross-cultural communication. In L. E. Smith (ed.) *Discourse Across Cultures: Strategies in World Englishes.* New York: Prentice Hall.

Smith, P.B. and Bond, M.H. (1999) *Social Psychology Across Cultures* (2nd edn). Boston: Allyn and Bacon.

Smith, P.B., Dugan, S., Peterson, M. and Leung, K. (1998) Individualism: Collectivism and the handling of disagreement, a 23 country study. *International Journal of Intercultural Relations* 22 (3), 351-367.

Smith, P.B., Dugan, S. and Trompenaars, F. (1996) National culture and the values of organisational employees: A dimensional analysis across 43 nations. *Journal of Cross-Cultural Psychology* 27 (2), 231-264.

Smith, P.B. and Schwartz, S.H. (1997) Values. In J. W. Berry, M. H. Segall and C. Kagitcibasi (eds) *Handbook of Cross-Cultural Psychology* (Vol.3, 2nd edn). Boston: Allyn and Bacon.

Sohn, H.M. (1983) Intercultural communication in cognitive values: Americans and Koreans. *Language and Linguistics* 9, 93-136.

Stevenson, H.W. and Lee, S.Y. (1996) The academic achievement of Chinese students. In M. H. Bond (ed.) *The Handbook of Chinese Psychology.* Hong Kong: Oxford University Press.

Stewart, E.C. (1972) *American Cultural Patterns: A Cross-cultural Perspective.* Yarmouth, ME: Intercultural Press.

Stewart, E.C. (1987) American assumptions and values: Orientation to action. In L. Luce and E. Smith (eds) *Toward Internationalism.* Cambridge, MA: Newbury House.

Stubbs, M. (1986) A matter of prolonged field work: Notes towards a modal grammar of English. *Applied Linguistics* 7 (1), 1-23.

Sukwiwat, M. (1981) Crossing the cultural threshold. In L.E. Smith (ed.) *English for Cross-cultural Communication.* London: MacMillan Press.

Sullivan, C.S. (1987) Machismo and its cultural dimension. In L. Luce and E. Smith (eds) *Towards Internationalism.* Cambridge, MA: Newbury House.

Tannen, D. (1981) New York Jewish Conversational Style. *International Journal of the Sociology of Language* 30, 133-149.

Tannen, D. (1984a) The pragmatics of cross-cultural communication. *Applied Linguistics* 5 (3), 189-195.

Tannen, D. (1984b) *Conversational Style: Analysing Talk Among Friends.* Norwood, NJ: Ablex.

Tannen, D. (1985) Cross-cultural communication. In T. van Dijk (ed.) *Handbook of Discourse Analysis* (Vol.4). London: Academic Press.

Tannen, D. (1989) *Talking Voices.* Cambridge: Cambridge University Press.

Tannen, D. (1993) Introduction. In D. Tannen (ed.) *Framing in Discourse.* Oxford: Oxford University Press.

Tannen, D. (1994) *Gender and Discourse.* New York: Oxford University Press.

Tarone, E. and Yule, G. (1989) *Focus on the Language Learner.* Oxford: Oxford University Press.

Ting-Toomey, S. (1988) Intercultural conflict styles: A face negotiation theory. In Y. Kim and W. Gudykunst (eds) *Theories in Intercultural Communication.* Newbury Park, CA: Sage.

Ting-Toomey, S. (1994) Managing intercultural conflicts effectively. In L. Samovar and R.E. Porter (eds) *Intercultural Communication: A Reader* (7th edn). Belmont, CA: Wadsworth.

Trifonovitch, G. (1981) English as an international language: An attitudinal approach. In L. Smith (ed.) *English for Cross-cultural Communication.* London: MacMillan.

Trompenaars, F. (1993) *Riding the Waves of Culture: Understanding Cultural Diversity in Business.* London: The Economist.

Tsuda, Y. (1986) *Language Inequality and Distortion in Intercultural Communication: A Critical Theory Approach.* Amsterdam: John Benjamin.

Valentine, T.M. (1995) Agreeing and disagreeing in Indian English discourse: Implications for language teaching. In M.L. Tickoo (ed.) *Language and Culture in Multilingual Societies: Viewpoints and Visions.* Singapore: SEAMEO Regional Language Centre.

Varonis, E. and Gass, S.M. (1985) Miscommunication in native/non-native conversation. *Language and Society* 14, 327-343.

Watson, W., Johnson, L., Kumar, K. and Critelli, J. (1998) Process gain and process loss: Comparing interpersonal processes and performance of culturally diverse and non-diverse teams across time. *International Journal of Intercultural Relations* 22 (4), 409-430.

Wierzbicka, A. (1985) Different cultures, different languages, different speech acts: Polish vs. English. *Journal of Pragmatics* 9, 145-178.

Wierzbicka, A. (1991) *Cross-cultural Pragmatics: The Semantics of Social Interaction.* Berlin: Mouton De Gruyter.

Wierzbicka, A. (1992) Intercultural communication in Australia. In G. Schulz (ed.) *The Languages of Australia.* Canberra: Academy of the Humanities.

Wierzbicka, A. (1997) The double life of a bilingual: A cross-cultural perspective. In M.H. Bond (ed.) *Working at the Interface of Cultures: Eighteen Lives in Social Science.* New York: Routledge.

Williams, A. (1995) TESOL and cultural incorporation: Are we doing the devil's work? *TESOL in Context* 5 (1), 21-24.

Williams, A., Giles, H. and Pierson, H. (1990) Asian Pacific language and communication.

Journal of Asian Pacific Communication 1, 1-26.

Williams, T. (1985) The nature of miscommunication in the cross-cultural employment interview. In J. Pride (ed.) *Cross-Cultural Encounters: Communication and Mis-Communication.* Melbourne: River Seine Publications.

Willing, K. (1992) *Talking it Through: Clarification and Problem-Solving in Professional Work.* Sydney: National Centre of English Language Training and Research.

Yamada, H. (1992) *American and Japanese Business Discourse: A Comparison of Interactional Styles.* Norwood, NJ: Ablex.

Yang, K.S. (1988) Will societal modernisation eventually eliminate cross-cultural psychological differences? In M.H. Bond (ed.) *The Cross-Cultural Challenge to Social Psychology.* Newbury Park, CA: Sage.

Young, L. (1994) *Crosstalk and Culture in Sino-American Communication.* Cambridge: Cambridge University Press.

Yum, J.O. (1994) The impact of Confucianism on interpersonal relationships and communication patterns in East Asia. In L. Samovar and R.E. Porter (eds) *Intercultural Communication: A Reader* (7th edn). Belmont, CA: Wadsworth.

Zubrzycki, J. (1995) How politics poses a threat to ethnic harmony. *The Weekend Australian,* April 8-9, Appendix 1.

索引

事項索引

A
anglo　103

C
convergence　123

E
ELF: English as a lingua franca　283
EPE　227
ESL　143

I
International English Language Testing Systems（IELTS）　294

M
musayra　181

あ
アングロ的　236

い
意見の対立　179
意思決定法　30
異文化間コミュニケーション能力　228, 232
異文化間コミュニケーションのスキル　236
異文化間リテラシー　6
異文化語用論　29

う
ウチ　102, 180

え
英語文化　175
英語文化圏　235
演繹的　109

お
オーストラリアの移民プログラム　6
オーバーラップの無いターン　145

か
階級社会　28
階層　38
階層主義　28
会話の進行を仕切る人のいるタイプ　149
会話の展開方法　2
垣根ことば　234
寡黙な・控えめなスタイル　224
官僚的・文脈依存的スタイル　224
緩和表現　191

き
帰納的　109
教育の資格　52
教育の高さ　42
協調の原理　229
協働的　221

け
言語文化　227
権力格差　28

こ
高コンテクスト　102
後天的達成　30
高度にかかわり合うスタイル　146
高度に配慮したスタイル　146
個人主義　27
コミュニケーション・スタイル　2
コミュニケーション能力　240
コミュニケーションの決裂　186
コミュニケーションの対立　187
コンテクストの重要性　275

さ
差別　284

し

ジェンダー　93
自己主張　179
失敗例　xi, 163
自発的・理屈っぽいスタイル　223
自文化優位意識　284
社会言語学　282
集団主義　27
手段重視の・的確なスタイル　223
順応　216
順番に話すタイプ　148
上下関係　102
女性性　29

す

スモール・トーク　237

せ

成功例　xii
性のモラル　42
積極的にかかわる・感情豊かなスタイル　223
先天的属性　30

そ

ソト　102, 180
ソフナー　235

た

ターン・テイキング　2, 145
対人関係調節　245
第二言語能力評価段階　14

多文化主義　7
男性性　29
談話標識　244

ち

地位のフェイス　32
直接的　209
沈黙　258

て

低コンテクスト　102
適応（accommodation）と同調（convergence）　22

と

同時開始発話　152
同時に入り乱れて話すタイプ　148
同調　123, 216

に

二言語併用　238
二文化主義　238
日本人　148
入念な・芝居じみたスタイル　224
認知（acknowledgement）　232
認知のマーカー　191

ね

ネガティブ・フェイス　32
ネガティブ・ポライトネス　32

は

発話量　2

ひ

ひとりひとりが気軽に話すがオーバーラップがないタイプ　148, 149
平等主義　28

ふ

フィラー　231
フェイス　32
フェイス・ワーク　32
フォリナー・トーク　230
付加疑問　235
不同意　2, 179
文化衝突　63
文化的価値観　25
文化の収れん　33
文化への気づきのためのトレーニング　241

へ

平行構造（parallel structures）　119
偏見　284

ほ

包含的な言い方　235
法助動詞　234
ポーズ　257
ポジティブ・フェイス　32
ポジティブ・ポライトネス　31
ポライトネス　31

も

問題解決法　30
問題解決を目的とした対立スタイル　179
問題回避を目的とした対立スタイル　179

ゆ

融和的　208

ら

ラポールとユーモア　22

り

理由先行型配列　109
リンガ・フランカ（共通言語）　4

れ

レトリック・スタイル　2

わ

話者交替　156
割り込み　152

人名索引

Adler, N.　5, 181
Adler, N. & Kiggundu, M.　31
Agar, M.　10
Agrawal, A.　162
Albert, R.D.　29, 181
Almaney, A.J. & Alwan, A.J.　29, 105, 134
Amir, Y.　19
Andersen, P.　100
Anderson, J.　105, 134, 181
Antaki, C.　11
Argyle, M., Henderson, M., Bond, M., Iczukka, Y. & Cantarelo, A.　31, 180
Bachman, L.　4
Barlund, D.　99
Beal, C.　182, 239, 240
Berry, J.W.　284
Blum-Kulka, S., House J. & Kasper G.　239
Bowe, H. & Fernandez, S.　229, 230, 239
Brick, J.　110
Broome, B.　182
Brown, P.　186
Brown, P. & Levinson, S.C.　11, 22, 32, 245
Bublitz, W.　235
Bunge, F.M. & Shinn, R.S.　30, 61
Byram, M.　228
Byrne, M.　7, 147, 148, 296
Byrne, M. & FitzGerald, H.　3, 31, 146, 147, 148, 172, 174, 185, 230, 264, 273, 279, 283, 298
Canale, M. & Swain, M.　4
Carroll, R.　146
Chick, J.　101
Chua, E. & Gudykunst, W.　179
Clackworthy, D.　182
Clancy, P.　99
Clyne, M.　17, 99, 100, 101, 105, 106, 107, 118, 119, 123, 147, 180, 186, 220, 229, 238, 273
Cohen, R.　105, 134
Collins, J.　8
Condon, J.　181
Cosic, M.　8
Cox, T. & Blake, S.　5
Crozet, C. & Liddicoat, A.J.　238
Cuff, E.C. & Sharock, W.W.　149
DIMA (Department of Immigration and Multicultural Affairs)　7, 9
Dubois, J., Cummings, S. & Schuetze-Coburn, S.　vii
Dunnett, S.C., Dubin, F. & Lezberg, A.　30
Edelsky, C.　149
Erickson, F. & Shultz, J.　101
Fantini, A.　227
Fieg, J.　180
FitzGerald, H.　3, 76, 96, 215
Gao, G.　180
Garcez, P.　110
Goodenough, W.H.　25

Goodwin, R. & Tang, C.S.K. 30
Green, G. 10
Grice, H. 229
Gudykunst, W. 5
Gudykunst, W., Ting-Toomey, S. & Chua, E. 101, 103, 104, 105, 107, 179, 183, 239
Gumperz, J. 11, 100, 101, 110
Gumperz, J., Jupp, T.C. & Roberts, C. 110, 123
Gumperz, J. & Tannen, D. 110
Gunn, M. 8
Hall, E.T. 101, 103, 105, 180, 181, 301
Hijirida, K. & Sohn, H. 29
Hirst, J. 8
Hofstede, G. 25, 26, 27, 28, 29, 31, 61, 103, 104, 296, 300
Hofstede, G. & Bond, M.H. 27
Hogarth, W. 227
Hu, W. & Grove, C. 30, 61
Ingram, D.E. & Wylie, E. 14
Irwin, H. 31, 61, 146, 180
James, D. & Clarke, S. 149
Jayasuria, L. 11
Kachru, B. 21
Kagitcibasi, C. 27, 39
Kasper, G. 4, 216, 232, 245, 252
Kasper, G. & Dahl, M. 17
Katriel, T. 180
Kirkpatrick, A. 109, 110
Knapp, K. & Knapp-Potthoff, M. 10
Kochman, T. 147, 182
Kramasch, C. 238
Krasnick, H. 131
Lambert, R.D. 228
Leung, K. 183
Liddicoat, A.J. 238
Little, R. & Reed, W. 30
Loveday, L. 25, 235
Luce, L. & Smith E. 6
Lustig, M. & Koester, J. 103
Mak, A., Westwood, M., Ishiyama, F. & Barker, M. 238
Mao, L.M. 32
Martin, J.M. 228
Matsumoto, Y. 32
Millen, M., O'Grady, C. & Porter, J. 9
NOOR (National Office of Overseas Skills Recognition) 9
Nguyen, C. 103
Nguyen, D.L. 30, 103
Nixon, U. 283
Ong, W. 180, 186
O'Sullivan, K. 26
Patai, R. 29, 181
Porter, P. 216, 232, 234, 247
Reddy., M.J. 10
Reykowski, J. 28
Richards, J. & Sukwiwat, M. 180
Roberts, C. Davies, E. & Jupp, T. 11
Robinson, G. 110
Rohwer, J. 180
Ronowicz, E. 28, 181, 182
Sacks, H., Schegloff, E. & Jefferson, G. 149
Samovar, L. & Porter, R.E. 25, 26, 296
Sarbaugh, L.E. 5, 19, 63
Saunders, G.R. 182
Saville-Troike, M. 19, 21
Schegloff, E. 244
Schegloff, E., Jefferson, G. & Sacks, H. 232
Scheu-Lottgen, U.D. & Hernandez-Campoy, J.M. 147
Schiffrin, D. 181
Schwartz, S.H. 28, 30
Scollon, R. & Scollon, S. 5, 11, 32, 99, 100, 107, 110, 147, 183
Seaman, P. 100
Sinha, D. & Tripathi, R.C. 183
Smith, L.E. 5
Smith, P.B. & Bond, M.H. 27, 102
Smith, P.B., Dugan, S.& Trompenaars, F. 27, 30, 187
Smith, P.B. & Schwartz, S.H. 28
Sohn, H.M. 28
Stevenson, H.W. & Lee, S.Y. 30
Stewart, E.C. 31, 32
Stubbs, M. 234
Sukwiwat, M. 296
Sullivan, C.S. 29

Tannen, D.　5, 11, 100, 101, 107, 145, 146, 147, 149, 186
Tarone, E. & Yule, G.　22
Ting-Toomey, S.　32, 102, 179, 208, 239
Trifonovitch, F.　4
Trompenaars, F.　27, 28, 30, 145, 146, 148, 301
Tsuda, Y.　3
Valentine, T.M.　180
Varonis, E. & Gass, S.M.　232
Watson, W., Johnson, L., Kumar, K. & Critelli, J.　5
Wierzbicka, A.　26, 29, 99, 181, 182, 186, 236, 237, 240, 247
Williams, A.　235
Williams, A., Giles, H. & Pierson, H.　183
Williams, T.　110
Willing, K.　9, 232, 234, 273
Yamada, H.　103, 146, 183, 216
Yang, K.S.　34
Young, L.　31, 61, 101, 107, 109, 110, 191
Yum, J.O.　102, 103
Zubrzycki, J.　7, 8

〈著者紹介〉
ヘレン・フィッツジェラルド(Helen FitzGerald)　キャンベラ工科大学教授(退官)
オーストラリア国立大学Applied Linguistics (Intercultural Communication) 博士課程修了(Ph.D)
Cross-cultural Communication Skills for the Tourism and Hospitality Industry, Revised Edition (Sydney: Pearson Education Australia 2002), Adult ESL: What culture do we teach? (J. Lo Bianco, A.J. Liddicoat and C. Crozet 編 *Striving for the Third Place: Intercultural Copmetence Through Language Education.* Melbourne: Language Australia 1999), *What Makes You Say That? Cultural Divesity at Work.* Training handbook. (Sydney: SBS Publications 1996 共著)

〈訳者紹介〉
村田泰美(むらた やすみ)　名城大学人間学部教授
オーストラリア国立大学大学院アジア研究科博士課程修了 (Ph.D)
The 44th RELC International Seminar 報告(『Asian Englishes』Vol.12　2009)、「「ことばとジェンダー」研究小史」(名城大学人間学部紀要『人間学研究』 第6号　2008)、『ポライトネスと英語教育―言語使用における対人関係の機能―』(ひつじ書房　2006　共著)

重光由加(しげみつ ゆか)　東京工芸大学工学部准教授・青山学院大学非常勤講師
日本女子大学大学院文学研究科修士課程修了(文学修士)
『ポライトネスと英語教育―言語使用における対人関係の機能―』(ひつじ書房　2006　共著)、「何を「心地よい」と感じるか」(井出祥子・平賀正子編『社会言語科学講座第1巻 異文化とコミュニケーション』　ひつじ書房　2005)、『応用言語学事典』(研究社　2003　分担執筆)

大谷麻美(おおたに まみ)　京都女子大学文学部准教授
お茶の水女子大学大学院人間文化研究科後期博士課程修了(人文科学博士)
「日本の英語教育への「ヨーロッパ共通参照枠」導入の意義と課題：社会言語能力と言語運用能力からの考察」(『京都女子大学人文学会　人文論叢』第58号　2010)、「謝罪研究の概観と今後の課題：日本語と英語の対照研究を中心とした考察」(『言語文化と日本語教育』増刊特集号『第二言語習得・教育の研究最前線』凡人社　2009)、『ポライトネスと英語教育―言語使用における対人関係の機能―』(ひつじ書房　2006　共著)

大塚容子(おおつか ようこ)　岐阜聖徳学園大学外国語学部教授
金城学院大学大学院文学研究科修士課程修了(文学修士)
「異文化間会話における日本語母語話者の言語行動―ポジティブ・ポライトネス・ストラテジーを中心に」(岐阜聖徳学園大学外国語学部編『ポスト／コロニアルの諸相』彩流社 2010)、「日本語のあいづちは異文化でどのように解釈されるのか―会話の展開方法の観点から」(岐阜聖徳学園大学外国語学部編『異文化のクロスロード―文学・文化・言語』彩流社　2007)、『ポライトネスと英語教育―言語使用における対人関係の機能―』(ひつじ書房　2006　共著)

言語学翻訳叢書 第 11 巻

文化と会話スタイル
―多文化社会・オーストラリアに見る
異文化間コミュニケーション―

発行	2010 年 9 月 1 日　初版 1 刷
定価	2800 円＋税
著者	ヘレン・フィッツジェラルド
監訳者	村田泰美
訳者	重光由加・大谷麻美・大塚容子
発行者	松本 功
組版者	内山彰議（4&4, 2）
印刷製本所	株式会社シナノ
発行所	株式会社 ひつじ書房 〒112-0011 東京都文京区千石 2-1-2 大和ビル 2 階 Tel.03-5319-4916　Fax.03-5319-4917 郵便振替 00120-8-142852 toiawase@hituzi.co.jp http://www.hituzi.co.jp

造本には充分注意しておりますが、落丁・乱丁などがございましたら、小社かお買上げ書店にておとりかえいたします。ご意見、ご感想など、小社までお寄せ下されば幸いです。

ISBN978-4-89476-480-4

ガイドブック文章・談話
高崎みどり・立川和美 編
A5判並製　定価 2,500 円＋税　ISBN 978-4-89476-370-8

言語学翻訳叢書　10
認知と社会の語用論　統合的アプローチを求めて
ジェフ・ヴァーシューレン 著　東森勲 監訳
五十嵐海理・春木茂宏・大村吉弘・塩田英子・飯田由幸 訳
A5判並製　定価 3,500 円＋税　ISBN 978-4-89476-491-0